L'édito d'ÉRIC FOTTORINO

ON SE SOUVIENT de la phrase de Jean-Luc Godard : « C'est la marge qui tient la page. » De là à prétendre que les banlieues font la France, il y a un pas qu'il serait dangereux de franchir. La démagogie n'a pas droit de cité dans les quartiers. C'est de vérité qu'ont besoin ceux qui y vivent, souvent difficilement, qui y travaillent, quand ils trouvent un emploi, qui s'y construisent un avenir aussi, en créant leurs entreprises et les conditions d'un présent enviable. Dans ce numéro de rentrée de *Zadig*, nous avons donné la parole – une parole libre et décapante – à Jean-Louis Borloo, qui sait ce que banlieue veut dire. S'il croit à la dynamique de sa jeunesse, « lumineuse, intelligente et habile », le coup de froid ne tarde pas : « Le drame de la France, dit-il, c'est d'être une voiture à quatre cylindres qui tourne sur trois. Le quatrième cylindre, c'est la jeunesse des quartiers : 150 000 jeunes qui ne sont pas dans le train. Vous connaissez un pays qui peut se permettre d'avoir 150 000 jeunes en bas des immeubles, qui attendent ? »

S'il n'a pas fait de vagues après le rejet de son plan pour les banlieues par le président Macron en 2018 – élégance républicaine oblige –, l'ancien ministre de l'Emploi et de la Cohésion sociale n'a pas pour autant éteint sa flamme pour ces quartiers ni ses critiques des politiques publiques, au point de prôner la création d'une cour d'équité territoriale afin de combattre les inégalités persistantes et les discriminations dans ces territoires. Nul doute que son propos sera scruté de près par tous ceux qui veulent croire à la capacité des banlieues de contribuer à la réinvention du modèle français, en matière d'éducation, d'emploi et de lien social entre les Français, dans la diversité de leurs origines. À condition d'y mettre des moyens, d'y insuffler une volonté, de recréer de la confiance. Azouz Begag, ancien ministre à l'Égalité des chances, rejette l'angélisme comme le pessimisme et défend pour les banlieues un ambitieux projet d'apprentissage des langues étrangères.

Comme toujours dans *Zadig*, vous retrouverez une nouvelle immersion signée de notre reporter Arthur Frayer-Laleix, cette fois dans une pharmacie au cœur des Ardennes. Et vous lirez le plaidoyer vibrant d'Hélène Carrère d'Encausse, secrétaire perpétuel de l'Académie française, en faveur du rôle de rassembleur de son institution, dans un moment où le communautarisme menace de diviser le pays. Des banlieues jusque sous la Coupole, c'est une même ambition qui persiste : apprendre à partager une langue et un destin communs, faits des apports de tous dans leur diversité.

L'ŒIL de CATHERINE MEURISSE

New!
New!
c. meurisse

SOMMAIRE

CES BANLIEUES QUI RÉINVENTENT LA FRANCE

Dessin en page précédente :
CATHERINE MEURISSE est illustratrice, dessinatrice de presse et autrice. Diplômée de lettres modernes, d'Estienne et des Arts décoratifs, elle entre en 2005 à *Charlie Hebdo*, puis collabore à *L'Obs*, *Libération*, *Marianne* ou *XXI*. Après l'attentat de 2015, elle publie chez Dargaud *La Légèreté*, et, en 2018, *Les Grands Espaces*. En 2020, elle est élue à l'Académie des beaux-arts. *Mes hommes de lettres* et *Le Pont des arts* ont été récemment réédités en coffret chez Sarbacane Éditions.

Dessins de couverture et d'ouverture du dossier :
HIFUMIYO est une illustratrice japonaise. Formée à l'université des Arts de Kyoto, elle vit depuis 2010, à Lyon. Elle a notamment illustré le livre jeunesse de Pauline Delabroy-Allard, *Avec toi* (Thierry Magnier, 2019) et le manuel ludique pour enfant *Je sais le faire*, d'Alain Laboile (2020). Son style d'une grande douceur, marqué par sa maîtrise de la sérigraphie, offre une imagerie lumineuse au touché délicat où se peint un quotidien paisible.

Illustration de HifuMiyo

CHRONOLOGIE

TROIS MOIS EN FRANCE

Texte CLARA WRIGHT
Illustration SIMON BAILLY

15 AVRIL. 100 000 personnes sont décédées du Covid-19. • Violences sexuelles : une nouvelle loi définit tout acte de pénétration commis par un adulte sur un mineur de moins de 15 ans, ou de moins de 18 ans en cas d'inceste, comme un viol.

17 AVRIL. Face à un épisode de gel inhabituel, le Premier ministre Jean Castex annonce un fonds d'un milliard d'euros d'aide aux agriculteurs.

21 AVRIL. Dans une tribune publiée par le magazine d'extrême droite *Valeurs actuelles*, une vingtaine de généraux fustigent le « délitement de la France ». Une prise de parole rare pour des militaires et dénoncée par le gouvernement.

4 MAI. L'Assemblée nationale adopte, en première lecture, le projet de loi climat, qui prévoit notamment la suppression de lignes aériennes intérieures.

5 MAI. À Avignon, le policier Éric Masson est tué lors du contrôle d'un point de deal, deux semaines après l'attentat de Rambouillet. Des milliers de policiers manifesteront devant l'Assemblée nationale le 19 mai, accusant la justice d'être laxiste.
À leurs côtés, le ministre de l'Intérieur, Gérald Darmanin.

10 MAI. Décès du tueur en série Michel Fourniret, à 79 ans.

21 MAI. Basque, corse, breton… La loi Molac, en faveur de la protection des langues régionales, est promulguée, mais sans le volet de l'« enseignement immersif », qui prévoyait l'étude de la majorité des matières en langue régionale.

25 MAI. Après 22 mois de grève contre le groupe Accor, 19 femmes de chambre de l'hôtel Ibis Batignolles, à Paris, obtiennent une amélioration de leur salaire et de leurs conditions de travail.

26 MAI. La loi de Sécurité globale est promulguée, mais sans l'article qui prévoyait la pénalisation de la « diffusion malveillante d'images de policiers ».

27 MAI. En déplacement au Rwanda, Emmanuel Macron reconnaît la responsabilité de la France dans le génocide rwandais. • Covid-19 : le Parlement adopte le « pass sanitaire » jusqu'au 30 septembre. Les Français doivent présenter une preuve de vaccination ou de test négatif pour accéder à des rassemblements de plus de 1 000 personnes.

29 MAI. Covid-19 : le groupe Indochine joue devant 5 000 spectateurs. L'objectif est d'évaluer les risques de contagion lors d'un concert.

2 JUIN. Panne chez l'opérateur Orange : de nombreuses personnes ne parviennent plus à joindre les numéros d'urgence. Cette nuit-là, au moins cinq décès ont lieu. Une enquête interne conclut à un *bug* logiciel.

8 JUIN. Emmanuel Macron, en déplacement dans la Drôme, est giflé par un homme de 28 ans, qui sera condamné à quatre mois d'emprisonnement ferme.

10 JUIN. Fin de l'opération Barkhane : le gouvernement annonce la réduction de la présence militaire française au Sahel, au profit d'un dispositif international. • Le Conseil d'État annule plusieurs dispositions du schéma de maintien de l'ordre voulu par le ministre de l'Intérieur Gérald Darmanin, dont une technique d'encerclement des manifestants.

12 JUIN. Trente millions de Français ont reçu une première dose de vaccin, se félicite le gouvernement.

16 JUIN. Féminicide : l'ex-compagnon de Julie Douib, dont le meurtre en mars 2019 en Corse avait poussé le gouvernement à organiser un sommet sur les violences faites aux femmes, est condamné à perpétuité. Il fait appel.

17 JUIN. Covid-19 : la fin du port obligatoire du masque en extérieur marque le début de la levée des restrictions sanitaires (couvre-feu, jauge dans les restaurants, reprise des festivals…). • Procès Bygmalion : le parquet requiert six mois de prison ferme contre Nicolas Sarkozy, dans l'affaire des dépenses excessives de sa campagne présidentielle de 2012.

15 JUIN. Deux nappes d'hydrocarbures d'environ 35 km de long sont aperçues en Corse. Une enquête est ouverte.

18 JUIN. Près de 1 500 personnes participent à une rave party à Redon, en Bretagne. Un jeune de 22 ans a la main arrachée lors de l'intervention des gendarmes. • Grève chez Europe 1 contre la montée en puissance de l'actionnaire Vincent Bolloré.

23 JUIN. Un rapport alarmant du Giec prévoit des pénuries d'eau, des famines, des déplacements de population et l'extinction d'espèces d'ici à trente ans.

27 JUIN. Élections régionales et départementales : Les Républicains arrivent en tête, la gauche résiste, La République en marche et le Rassemblement national ne remportent aucune région. Le scrutin est marqué par une abstention record sous la Vᵉ République.

28 JUIN. Le Conseil d'État interdit la chasse à la glu. • Euro 2021 : lors d'un match trépidant contre la Suisse, la France est éliminée en huitième de finale aux tirs au but.

29 JUIN. Après deux ans de débats, le Parlement adopte la loi PMA pour toutes et le projet de loi bioéthique.

30 JUIN. Covid-19 : levée de nombreuses restrictions sanitaires (reprise des festivals en plein air, plus de jauge dans les restaurants…) – sauf dans les Landes, où le variant Delta se propage.

1ᴱᴿ JUIL. Le Conseil d'État ordonne au gouvernement de prendre « toutes les mesures utiles » pour atteindre l'objectif d'une baisse de 40 % des émissions de gaz à effet de serre d'ici à 2030. • Perquisitions au ministère de la Justice, dans l'enquête visant le ministre et ancien avocat Éric Dupond-Moretti, soupçonné de conflits d'intérêts.

6 JUIL. Décès d'Axel Kahn, à 76 ans. • Première édition du bac sans filière mais avec spécialités. En raison du contexte sanitaire, plus de poids a été accordé au contrôle continu.

7 JUIL. 11 personnes condamnées à 4 à 6 mois de prison avec sursis pour avoir cyberharcelé Mila, lycéenne qui avait critiqué l'islam sur les réseaux.

Y'A DE LA JOIE
la chronique de LEÏLA SLIMANI
Illustrée par IRIS HATZFELD

DÉCONNECTÉE

SAMUEL PATY a été assassiné le 16 octobre 2020 par un terroriste islamiste. Ce professeur est mort alors qu'il ne faisait que son travail : lors d'un cours sur la liberté d'expression, il leur a montré les caricatures du Prophète publié par *Charlie Hebdo*. Il voulait inviter ses jeunes élèves à développer leur esprit critique, à comprendre le monde dans sa complexité. Dans les jours qui suivent, une de ses élèves – qui s'avérera n'avoir même pas été en cours ce jour-là – prétend sur les réseaux sociaux que le professeur a été insultant envers les musulmans. Le père de cette élève s'en mêle, puis toute une série d'inconnus tweetent et retweetent des messages haineux. Le meurtrier revendiquera son crime sur Twitter et ira jusqu'à poster une photo de la tête décapitée, avant que l'image ne soit retirée.

Comme tous les Français, j'ai été profondément choquée par ce meurtre. Et j'ai décidé de quitter tous les réseaux sociaux. Il me semblait alors inconcevable de continuer d'accepter que ceux-ci soient le théâtre de la haine, de l'insulte, des fausses informations. J'étais épuisée et dégoûtée non seulement par la violence qui s'y déverse, mais aussi par cette société du commentaire permanent, du jugement à l'emporte-pièce. Au fond, ces réseaux ne sont puissants que parce que nous acceptons tous d'y être. Nous acceptons tous que des gens y soient moqués, menacés de mort ou de viol. Nous disons : « Ça arrive », comme si c'était normal. Imagine-t-on que, dans la vraie vie, dans la rue ou dans un café, il soit admis de se traiter ainsi les uns les autres ?

Il me semble que nous vivons dans l'ère de la pulsion. Une ère où il ne s'agit pas de réfléchir, de se documenter, de peser le pour ou le contre, mais simplement d'exprimer, au moment où cela nous vient, un sentiment, une idée, quand bien même elle serait fausse ou de mauvaise foi. Ce qui compte, c'est de réagir, le plus vite possible, à une information ou à une polémique. Ce qui compte, c'est de faire le buzz, de faire parler de soi, en bien ou en mal d'ailleurs. Sur les réseaux, protégé bien souvent par l'anonymat, chacun se sent libre de montrer sa face la plus sombre. Nombre se comportent comme de petits procureurs, prompts à juger tout et n'importe quoi. L'ancien président Trump en est la parfaite incarnation, lui qui tweetait plusieurs fois par jour des messages parfois erronés ou dangereux sans s'inquiéter des conséquences. Or, la démocratie est basée sur la rétention. Comme le disait Camus : « Un homme, ça s'empêche. » Et comme on l'apprend à nos enfants, il faut réfléchir avant de parler. Nous vivons dans le mythe de la caverne de Platon et nous prenons les ombres pour la réalité. Ce qui n'est qu'une opinion se fait passer pour un savoir, une connaissance, et nous mettons toutes les paroles sur le même plan. Est-ce que toutes les paroles se valent ? Est-ce que l'avis de pancake44 sur les vaccins ou la menace nucléaire pèse autant que celui d'un professeur en médecine ou d'un physicien ?

Quand on écrit sur les réseaux sociaux, on dit que l'on « publie un post ». Publier des livres, voilà mon métier. Or, est-ce que je peux accepter que Facebook soit mon éditeur ? Un réseau social sur

Une personne qui passe la journée devant son écran est-elle plus « connectée » que quelqu'un qui cultive son jardin ?

lequel n'importe quelles informations, même fausses, même dangereuses, circulent ? Lorsque j'ai quitté les réseaux sociaux, un journaliste m'a demandé si je ne craignais pas, en tant qu'intellectuelle, d'être déconnectée du monde et des préoccupations de mes concitoyens. Oui, je suis déconnectée. Je vis dans une bulle. Je passe mes journées à écrire des livres sur des personnages qui n'existent pas. Je parle à des fantômes. Je lis des poèmes. Et je ne veux pas m'excuser pour ça. Oui, je suis déconnectée, et plus les années avancent, plus j'ai envie de protéger cette solitude qui est essentielle à mon métier d'écrivain. Je ne crois pas qu'on ait besoin d'être sur Facebook pour comprendre le monde. Une personne qui passe la journée devant son écran est-elle plus « connectée » que quelqu'un qui cultive son jardin, qui élève ses enfants ou qui lit des romans ? La vie est là, autour de moi. Je parle avec mes amis, avec mes voisins. Je regarde le monde qui m'entoure. Et je pense souvent à ces écrivains qui, comme Emily Dickinson ou les sœurs Brontë, ne sont presque jamais sortis de chez eux, mais qui ont écrit des chefs-d'œuvre qui nous bouleversent encore par leur force et leur universalité. Nous contenons en nous, dans nos âmes et dans nos cœurs, une part du monde. Et il me semble que c'est dans cette intimité, dans notre être profond, que réside notre capacité à être connecté aux autres. Tous les autres, quels qu'ils soient. Oui, je suis déconnectée, j'écris des livres et peut-être que je ne sers à rien. Mais je crois que penser, rêver, débattre demandent du temps et du travail. Je suis dans ce monde, à ma manière, et plutôt que ce déballage constant, que cette mise en scène de soi, je préfère la discrétion et le secret.

LEÏLA SLIMANI quitte le Maroc pour la France à l'âge de 18 ans. Diplômée de Sciences Po, elle devient journaliste à *Jeune Afrique*. Son premier roman, *Dans le jardin de l'ogre*, a paru chez Gallimard en 2014. Le suivant, *Chanson douce* (id.), a obtenu le prix Goncourt en 2016. Elle a depuis publié plusieurs livres, dont *Le Pays des autres* (id., 2020), *À mains nues* (Les Arènes, 2020) et *Le Parfum des fleurs la nuit* (Flammarion, 2021).

ILLUSTRATIONS
SERGE BLOCH

PROPOS RECUEILLIS PAR
ÉRIC FOTTORINO & FRANÇOIS VEY

PHOTOGRAPHIES
ÉRIC GARAULT

CONVERSATION
AVEC

HÉLÈNE CARRÈRE D'ENCAUSSE

Intellectuelle née apatride, elle s'est prise d'une formidable passion pour la France, qui l'a conduite à devenir le secrétaire perpétuel de l'Académie française. Européenne dans l'âme, historienne de métier, elle défend avec fougue la langue française et ouvre largement sa prestigieuse institution aux femmes et aux écrivains francophones.

HÉLÈNE CARRÈRE D'ENCAUSSE est historienne. Elle a enseigné comme professeur à l'université Paris 1 et à Sciences Po Paris et publié de nombreux livres consacrés à la Russie, notamment *L'Empire éclaté*, dans lequel elle annonçait dès 1978 la fin de l'URSS. Fervente européenne, elle a siégé au parlement de l'UE de 1994 à 1999. Membre de l'Académie française depuis 1990, elle est la première femme à en être élue secrétaire perpétuel, en 1999. Son dernier livre, *La Russie et la France : de Pierre le Grand à Lénine* (Fayard, 2019) paraîtra prochainement dans la collection de poche « Pluriel ».

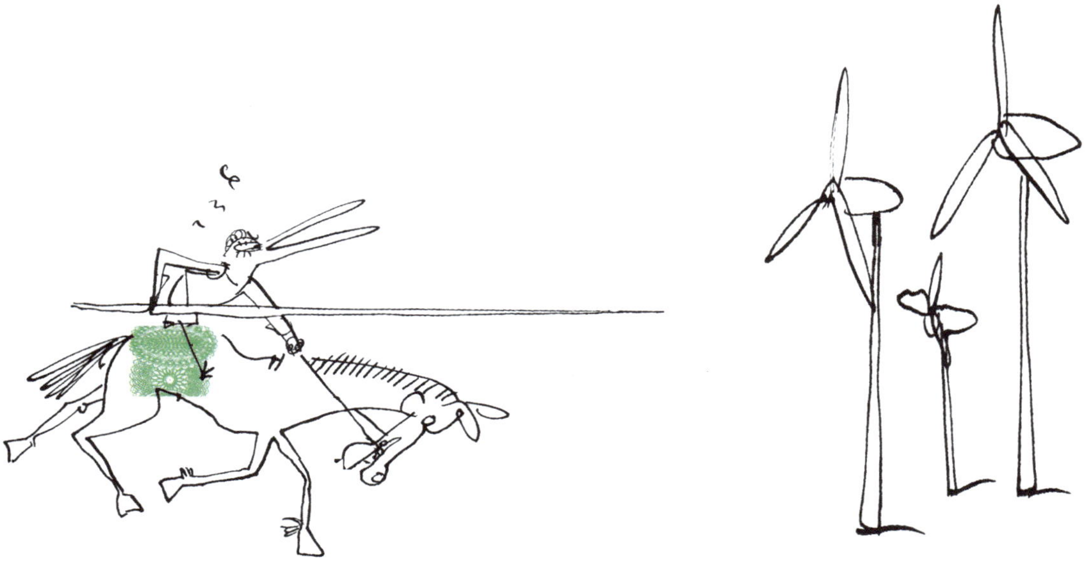

« J'ai deux cultures. Mais, fondamentalement, je suis française. C'est le choix du cœur, qui me poursuit depuis toujours »

ZADIG *Comment définissez-vous ce que vous appelez votre « relation charnelle à la France » ?*

H.C.d'E. Quand on parle de la France, j'ai l'impression que l'on parle de moi, que les deux sont indissolubles. Je ne peux pas expliquer pourquoi. J'ai été élevée comme ça. Petite, mes parents m'ont dit : « Être français, c'est fantastique. » Et surtout : « C'est à toi de décider si tu veux le devenir, la France t'acceptera[1]. » C'est devenu chez moi une idée fixe. Je bénis mes parents de ne pas m'avoir appliqué le droit du sol, mais de m'avoir laissé le choix de dire : « C'est ça que je veux, recevoir ce cadeau d'être française. » Cela n'a jamais été une évidence pour moi, c'était un rêve jusqu'à ma majorité, qui était alors fixée à 21 ans. J'ai attendu ce moment. Il y a eu entre la France et moi un mariage d'amour, ce qui ne va pas de soi quand on est né français. Dès qu'il s'agit de la France, de la langue française, il s'agit d'une relation amoureuse, d'un choix personnel, d'une adhésion. Ça n'est ni de l'inadvertance ni du : « Ça s'est fait comme ça. » Non, ça ne se fait pas comme ça. Pour moi, la France est comme un être vivant. D'abord, il y a ces paysages admirables. J'ai beaucoup voyagé à travers le monde. Lors de tous mes retours en avion, j'ai été frappée, en survolant la France, par cette variété. L'Asie, la Russie, la Sibérie, ce sont des espaces immenses. La France a presque l'air d'un jouet. On dirait qu'elle est dessinée comme une suite de petits tableaux qui changent d'une seconde à l'autre. À ce sujet, je suis folle de rage contre l'éolien. C'est une destruction du paysage éhontée. Je trouve qu'on n'a pas le droit de défigurer la France. Je suis paniquée quand, lors d'un voyage en train pour aller en vacances, je vois ces paysages de la Beauce couverts d'éoliennes. C'est chaque fois une blessure. Je suis étonnée qu'il n'y ait pas une révolte en France contre ça. Les gens manifestent contre des installations d'usines. Ils feraient mieux d'aller arracher les éoliennes. Et puis, j'aime la langue, je l'ai toujours aimée, bien avant d'être élue à l'Académie française. Toute ma biographie le montre.

ZADIG *Il se dit d'ailleurs que vous aimez beaucoup Brassens...*

H.C.d'E. Oui, beaucoup. J'aime la poésie, il était la poésie incarnée. Il s'inscrit dans la lignée de François Villon, d'une anarchie française absolument délicieuse. Mais j'ai aussi infiniment aimé Charles Trenet, autre poète, qui a failli entrer à l'Académie française. J'ai aimé ces chanteurs, mais je ne chantais pas leurs chansons car je chante faux !
Durant mon enfance, ma première matière forte était la récitation. J'avais toujours le prix de récitation et le prix de lecture – pas d'orthographe, car j'avais quelques faiblesses. La récitation, c'était le plaisir de dire à voix haute des textes. J'avais un rapport gourmand à la langue. Tout ce qui était l'expression. C'était spontané, c'est comme ça. Comme l'histoire de la France. Je ne suis pas historienne par hasard. Pas historienne de la France, certes, même si je connais bien son histoire ; je m'intéressais aux rapports de celle-ci avec d'autres pays. La France ne m'a jamais quittée. J'aime la peinture française, j'aime tout ce que ce pays a fourni. Je suis d'un chauvinisme spectaculaire, éhonté. Je ne dis jamais : « C'était mieux avant. » Je dis : « C'est mieux là qu'ailleurs. » J'ai deux cultures. Mais, fondamentalement, je suis française. C'est le choix du cœur, qui me poursuit depuis toujours.
La première langue que j'ai parlée, c'est le russe. Cadeau de mes parents, qui ont pensé que disposer dès le départ d'une langue étrangère était indispensable. Ils considéraient même qu'il fallait en connaître cinq.
Ils n'avaient cependant pas les moyens de faire apprendre cinq langues à leurs enfants. Mais j'ai été au moins bilingue à l'âge de 4 ans et demi. La première langue que j'ai su lire était le français. Il y a une explication à cela : dans le métro était affichée la réclame « Dubo, Dubon, Dubonnet ». Je demandais des explications et j'ai déchiffré. J'ai su lire presque spontanément en français. Le russe, pour la lecture, est venu en second. Ce sont des allers-retours.

ZADIG *Quels ont été vos enracinements successifs en France ?*

H.C.d'E. Je suis née en plein Paris, dans le 16e arrondissement, rue de l'Assomption. C'est un enracinement absolu. Paris sera toujours ma ville d'existence. J'ai besoin du bruit, même pour travailler. J'ouvre la fenêtre pour entendre le bruit des voitures. Rien ne me dérange. C'est moi.
Le second lieu d'enracinement remonte à ma petite enfance, qui s'est passée en partie à Meudon, où s'étaient installés des immigrés russes. Mes parents, orthodoxes, avaient là leur paroisse. Leur prêtre, un homme extraordinaire, avait fondé un orphelinat accueillant des enfants abandonnés.
C'est resté pour moi un lieu magique. On m'y envoyait pour attraper toutes les maladies d'enfants ! S'il y avait un cas de rougeole, mes parents étaient alertés le jour de la messe : « On a une rougeole. » On m'installait dans le dortoir avec les enfants malades pour que je l'attrape. Jusqu'à la guerre, on allait le dimanche à Meudon.
Mon troisième lieu d'enracinement est celui où j'ai appris le français. C'était en Bretagne, un endroit extraordinaire, qui s'appelait Keremma. Jean Touchard a fait une thèse sur son ancêtre Louis Rousseau, qui y avait fondé un phalanstère, sur une bande du littoral[2].
On m'y a envoyée quand j'avais 4 ans et demi. On m'a installée parmi tous les enfants de la même famille. Ils ne parlaient pas russe, et je ne parlais pas français. Je me suis enracinée comme ça. J'ai passé deux étés formidables parmi une trentaine d'enfants. Le deuxième été, j'y retrouvais mes amis. Je parlais français d'emblée. Ce lieu a nourri mon imagination, avec ses grèves parcourues de crabes.
J'ai commencé à lire, à apprendre les fables de La Fontaine. Je n'y suis plus retournée parce que le phalanstère n'existe plus.

ZADIG *La cathédrale orthodoxe de la rue Daru, à Paris, a aussi compté pour vous...*

H.C.d'E. J'ai vécu à côté peu après m'être mariée. C'était la crise du logement.

1. Née d'un père géorgien et d'une mère d'origine germano-russe, Hélène Carrère d'Encausse n'a obtenu la nationalité française qu'à ses 21 ans.

2. *Aux origines du catholicisme social : Louis Rousseau (1787-1856)*, Armand Colin, 1968. Rousseau avait réuni autour de lui une vingtaine de jeunes agriculteurs à Tréflez dans le nord Finistère, pour y mener un projet d'inspiration utopiste : de son installation en 1823 à sa mort en 1856, ils travaillèrent à l'assèchement et à l'exploitation de terres gagnées sur la mer, baptisées les dunes de Keremma (ou Ker Emma, du nom de son épouse).

Un des prêtres était ami de mes parents. Comme ceux-ci étaient morts, il a voulu veiller sur moi et a refusé que je vive à l'hôtel. Nous nous sommes installés chez lui, dans l'une des petites maisons longeant la cathédrale qui avaient été construites pour les ouvriers qui l'avaient bâtie. J'y ai habité trois ans. C'était amusant. La gardienne était vieille-croyante.

ZADIG *C'est-à-dire ?*

H.C.d'E. Les vieux-croyants sont une secte orthodoxe née en 1654-1656 du *Raskol*, le schisme provoqué par la réforme – modeste – du patriarche Nikon à l'époque du tsar Alexis. L'Église orthodoxe s'est alors divisée[3]. Les vieux-croyants existent encore aujourd'hui. La gardienne de la cathédrale était une petite femme pittoresque : si on poussait une porte, elle nettoyait aussitôt la poignée derrière nous. Pareil pour le combiné du téléphone collectif : si on l'utilisait, elle passait ensuite beaucoup de temps à le frotter. Elle considérait qu'elle devait fermer portes et volets à 9 heures du soir, sinon le voisin lui envoyait des rayons maudits. Quand nous allions au cinéma, il fallait dormir à l'hôtel puisqu'elle avait bouclé la porte. C'était peu ordinaire !

ZADIG *Pouvez-vous nous parler de vos parents, de leurs origines et de leurs conditions de vie en France ?*

H.C.d'E. Ma famille est un peu spéciale. Mes deux parents étaient différents. Ma mère appartenait à une famille de l'aristocratie russe, qui était le reflet d'une certaine Europe. Sa mère, née de parents russes, avait épousé un Allemand. Quand ils se sont mariés, ils se sont demandé où des gens civilisés pouvaient vivre. Réponse : à Florence, où est née ma mère. C'était avant la Révolution russe. Ma mère fut ainsi d'abord italienne. Quand elle s'est mariée avec mon père, qui était apatride[4], elle a dû renoncer à sa nationalité italienne pour partager sa destinée. Preuve qu'à l'époque, on réfléchissait à ces problèmes de nationalité. La famille russe de ma mère était aussi un mélange d'Italiens et de Suédois. En 1930, ma mère ne connaissait pas la Russie. Elle n'y était allée qu'une fois, avant la révolution, pour faire la connaissance de sa famille.
Quant à mon père, il était Géorgien, avec ce détail particulier : il avait une grand-mère russe. Dans ma famille géorgienne, où on était très nationaliste, on n'avouait pas la grand-mère russe. Ma grand-mère paternelle, moitié russe moitié géorgienne, donc, a joué un rôle intellectuel très intéressant, car elle a traduit en russe et installé dans l'Empire des auteurs français, notamment George Sand, un écrivain qui a marqué les Russes non pas avec *La Petite Fadette*, mais plutôt par le personnage qu'elle s'était composé, par ses œuvres où elle faisait passer sa pensée socialiste : *Consuelo*, sa correspondance… Sand a eu une très grande influence en Russie, c'est une grande voix du socialisme. Dostoïevski l'a citée. Ma grand-mère a aussi traduit Flaubert. Son père était un grand publiciste, l'un des fondateurs du mouvement national géorgien. On avait ainsi une famille d'aristocrates très cultivés d'un côté et une famille d'intellectuels de l'autre.

ZADIG *Rien à voir avec les Russes blancs arrivés en France après la révolution d'Octobre ?*

H.C.d'E. Non, mes parents n'ont pas eu le même cheminement. Ma mère était née et avait vécu en Italie. Mon père, avant de venir en France, avait été étudiant en Allemagne. Il était originaire du Caucase, ce qui intéressait beaucoup l'Allemagne, dont le rêve d'une percée vers ces terres pétrolières était une constante. L'Empire allemand, puis l'Allemagne hitlérienne et jusqu'à l'Allemagne d'aujourd'hui, ont porté un intérêt constant au Caucase et à l'Ukraine. Si, après l'indépendance géorgienne[5], mon père est allé en Allemagne, c'est parce que la République de Weimar donnait des bourses aux jeunes Caucasiens. Il a fait ses études à Berlin et à Heidelberg. Il n'est donc

3. Le patriarche de Moscou Nikon souhaitait unifier certaines pratiques rituelles de l'Église russe avec celles des autres Églises orthodoxes. Face à l'opposition grandissante d'une part du clergé et des fidèles, le Grand Concile fut convoqué en 1666, qui démit Nikon de ses fonctions en raison de son autoritarisme, mais entérina les réformes et excommunia leurs opposants.

4. Il avait perdu la nationalité russe lors de la guerre civile, par le décret soviétique du 15 décembre 1921.

5. À la suite de la révolution d'Octobre, refusant de reconnaître le pouvoir bolchévique, plusieurs territoires de l'Empire russe proclamèrent leur indépendance, dont la République démocratique de Géorgie, le 26 mai 1918. Elle sera finalement envahie en février 1921 par l'Armée rouge.

pas arrivé dans la foulée de l'immigration russe. Pour ma part, je n'ai pas participé à la vie de l'immigration russe ou géorgienne. Mes parents en étaient éloignés car, pour eux, c'était s'isoler de la France. Ils sont restés apatrides jusqu'à leur mort. Ils auraient pu demander à être naturalisés français, mais ils étaient nés ailleurs, avaient été éduqués ailleurs. C'était leurs enfants, nés en France, qui avaient la possibilité de choisir.

ZADIG *Vous êtes vous-même née apatride. Qu'est-ce que cela a représenté pour vous ?*

H.C.d'E. Je bénéficiais du passeport Nansen. Il y a toujours eu des mouvements de population, mais pas toujours de statut ceux qui n'avaient plus de nationalité. En 1921-1922, un scientifique norvégien devenu diplomate a inventé un passeport qui était très intelligent :

« Ma grand-mère a traduit en russe et installé dans l'Empire des auteurs français, notamment George Sand »

les émigrés étaient de statut « apatride », ce qu'on ne comprend plus aujourd'hui[6]. À 15 ans, j'ai eu une carte d'identité sur laquelle était inscrit le mot « apatride ». Comme j'étais née à Paris, j'aurais pu être française. Mais ce fut le choix de mes parents de me donner ce statut, car ils considéraient qu'il était très important de devenir français par choix. Ma mère, en se mariant à un apatride, avait renoncé à sa nationalité. Le jour de mes 21 ans, je voulais déclarer mon choix, mais c'était un dimanche.

6. Imaginé par le Haut-Commissaire pour les réfugiés de la SDN Fridtjof Nansen, ce passeport qui permettait aux réfugiés apatrides de voyager a disparu en 1945.

Ci-dessus : Son épée d'académicienne.

Les services d'état civil étaient fermés. Le lundi, j'y suis allée. Je connaissais la Constitution par cœur. Je suis arrivée le cœur battant. Je vivais cela comme un jour de fête. Un homme assis derrière un bureau, l'air ordinaire, me demande ce que je veux. Je lui demande à mon tour par quoi je dois commencer. Veut-il que je récite la Constitution ? Que je chante *La Marseillaise* ? Que je salue le drapeau ? Il me dit : « Voilà votre papier » et me le tend. Je réponds : « Je veux demander à être française ! » Cela s'était fait tout seul, ça manquait de solennité. Mon interlocuteur n'a pas compris mon attitude, pour lui c'était une formalité. Plus tard, vers 1986-1988, j'ai participé à la commission créée par Jacques Chirac et présidée par Marceau Long pour revoir le code de la nationalité. J'ai expliqué cela. Dans ses conclusions, notre groupe a insisté pour que l'obtention de la nationalité française soit un acte délibéré et déclaré. Qu'il y ait une certaine solennité, avec un acte conscient. Il fallait que l'intéressé exprime sa volonté d'être français, que ce ne soit pas automatique. Je regrette que François Mitterrand ait fait supprimer ces dispositions dans le seul but de liquider ce que Chirac avait accompli quand il était son Premier ministre de cohabitation.

ZADIG *Qu'est-ce qu'être français, selon vous ?*

H.C.d'E. C'est appartenir à la longue histoire de la France, c'est s'approprier cette histoire dans sa totalité. Je suis effarée devant les discussions récentes, où l'on se demande s'il faut commémorer la Commune ou Napoléon[7]. L'histoire de France est un tout. On ne prend pas des morceaux : « Ça me plaît, ça ne me plaît pas... » C'est un chemin, avec ses côtés brillants et ses côtés sombres. Être français, c'est adopter l'histoire et la langue avec gratitude.

Quand je vois les mouvements communautaristes d'aujourd'hui, c'est un phénomène que je n'arrive pas à comprendre, car j'ai été élevée dans l'idée inverse : qu'on ne doit pas s'enfermer avec les siens, mais se fondre dans la France. La seule dimension russe dans ma vie, c'était la paroisse à Meudon et, le jeudi après-midi, l'apprentissage de cette langue et les cours d'histoire russe à l'école paroissiale. Il y avait à Paris un lycée russe, des mouvements de jeunesse russes, des soirées russes... Tout cela, je ne l'ai pas connu.

ZADIG *Il fallait s'intégrer à travers la République ?*

H.C.d'E. Non, on s'intègre par la langue et par la culture. Toute mon enfance, j'ai vécu dans une famille où l'on parlait plusieurs langues, où l'on vivait de culture. L'école a été fondamentale. Je m'y sentais une enfant comme les autres. Même si j'étais apatride, je n'en avais pas conscience. À une nuance près. Mon père s'appelait Zourabichvili. Le jour de la rentrée, on se levait à tour de rôle pour dire son nom. L'institutrice demandait souvent avec étonnement comment ça se

7. Dont 2021 marque respectivement les 150 ans de l'éclatement, et les 200 ans de la mort

8. Le producteur de semences Vilmorin & cie, qui possède un magasin 4 quai de la Mégisserie à Paris depuis 1743..

prononçait, qu'est-ce que c'était que ce nom bizarre. J'avais un sentiment d'exotisme. J'étais âgée de 8 ans. J'avais une petite camarade dont les parents avaient un immense prestige à mes yeux, car ils étaient épiciers. Je trouvais ça fantastique d'avoir des bonbons à volonté ! Elle s'appelait Mauricette. J'ai dit à mes parents : « J'aurais voulu m'appeler Mauricette. » Mais pourquoi ? Parce que ce nom était courant, plus que le mien.

« J'ai été élevée dans l'idée inverse du communautarisme : qu'on ne doit pas s'enfermer avec les siens, mais se fondre dans la France »

ZADIG *Que reste-t-il en vous d'Hélène Zourabichvili ?*

H.C.d'E. L'attachement à mes origines. C'est un tout qui constitue ma personnalité. D'abord une vision européenne. Mon grand-père paternel, le Géorgien, était jurisconsulte de l'Empire. Il avait le droit, deux mois par an, à un wagon spécial pour voyager en Europe. Ses enfants en ont bénéficié. J'ai toujours entendu dire par mon père que les gens normaux, les enfants « normaux » de son époque, se déplaçaient à travers toute l'Europe, pouvaient aller à Rome ou visiter des musées sans encombre, sans passeport. C'est ce qu'il me reste des récits entendus dans mon enfance : la vision d'un espace européen ouvert. Ce n'est pas un hasard si j'ai été d'emblée européenne. J'ai cette vision ouverte. Je suis française, je crois profondément au fait national, mais à l'intérieur de l'espace de civilisation européen qui nous est commun.

ZADIG *Quelle image gardez-vous de votre père ?*

H.C.d'E. Il avait accumulé des diplômes grâce aux bourses : docteur en philosophie de Heidelberg, docteur en économie d'une université de Berlin. Sa vie en France ? Avant la Seconde Guerre mondiale, s'intégrer quand on était étranger n'était pas simple, surtout dans le contexte économique de l'après-crise de 1929. Les emplois étaient comptés et les diplômes étrangers ne servaient pas. Mon père a été quelque temps chauffeur de taxi. J'ai toujours entendu ma mère dire qu'il n'était pas fait pour ça, car il passait son temps au volant à lire et renvoyait les clients. Parfois, l'un d'eux voulait monter et il répondait, paraît-il : « Excusez-moi, je n'ai pas fini mon chapitre… » Ce n'était pas rentable. Il a fini par exercer ses talents linguistiques en trouvant un emploi chez Vilmorin[8], sur les bords de la Seine, pour s'occuper de leur énorme correspondance étrangère. Juste avant la guerre, il a été recruté chez Ford. Mais le département pour lequel il travaillait a été supprimé. C'est ainsi qu'il s'est retrouvé interprète dans un service allemand. Ça lui a permis de vivre. Pour autant, il n'était en rien un admirateur d'Hitler. Dans mes souvenirs d'enfant, je l'entends dire : « Que tout cela est inculte, à commencer par l'antisémitisme. Il faut être ignare pour avoir de telles idées. » J'imagine que ce n'était pas un jugement moral, mais un jugement intellectuel. Pour mon grand-père maternel, qui était allemand, le nazisme était d'une grande vulgarité, produit d'une civilisation en train de s'effondrer. Mon père et mon grand-père ne raisonnaient pas en termes moraux, c'était pire à leurs yeux : ils voyaient dans le nazisme un défi à la civilisation. La civilisation était pour eux l'essentiel, c'était un bloc, elle condamnait les totalitarismes, nazi et communiste.

ZADIG *Votre père a disparu sans laisser de trace. On a dit qu'il avait pu être exécuté dans la région bordelaise par des résistants pour fait de collaboration. Qu'en est-il ?*

H.C.d'E. Il n'a jamais été arrêté, ni jugé, ni condamné. Nous habitions alors à Bordeaux. Un général de 29 ans alors,

« Je ne voulais pas être une privilégiée. Je considère que les femmes sont comme les hommes »

Ci-dessus :
Le seul souvenir qui lui reste de son père.

le merveilleux Chaban-Delmas, avec qui j'ai pu en parler peu avant sa mort, a fait des recherches pour savoir ce qu'il était advenu de mon père, car celui-ci a disparu et on n'a jamais su ce qu'il lui était arrivé. On a même émis l'hypothèse qu'il avait pu partir vers l'Union soviétique. Je ne le crois pas. Cela reste une histoire mystérieuse. On a perdu sa trace malgré les recherches entreprises par la police qui ont duré longtemps. On ne l'a jamais retrouvé. Je suis marquée par cet événement. Quand mes enfants sortaient le soir, j'ai longtemps été angoissée à l'idée qu'ils pourraient s'évanouir dans la nature.

ZADIG *Dans quelles conditions avez-vous été élue à l'Académie française, en 1990 ?*

H.C.d'E. De façon très inattendue. Je vous le dis sans aucun fard, l'idée d'y entrer ne m'était jamais venue. Je connaissais Henri Troyat[9]. Il m'a convoquée et m'a dit : « On a envie de vous élire. » Marguerite Yourcenar était morte quelques années plus tôt, et Jacqueline de Romilly avait été élue en 1988[10]. Les académiciens avaient d'ailleurs eu beaucoup de remords à son sujet, car elle s'était présentée avant Yourcenar, sans succès. Pour cette dernière, Jean d'Ormesson s'était battu afin de faire entrer une femme à l'Académie. À son décès, les académiciens s'étaient demandé que faire : en reprendre une ou non ? Certains se disaient : « On est débarrassés… » Mais une minorité suggéra de revenir vers Jacqueline de Romilly que l'Académie avait rejetée sans élégance. Elle a ainsi été accueillie.
Il y a eu discussion pour savoir ce qui arriverait si on me sollicitait. Une seule femme sous la Coupole, cela ne présentait pas trop d'inconvénients car, à sa mort, on pouvait revenir à une composition exclusivement masculine. Mais deux femmes… Il y avait peu de chance qu'elles meurent en même temps ! La discussion que m'a rapportée Jacqueline de Romilly était assez comique. On lui a dit : « Si on l'élit, assurez-vous qu'elle se comportera sans faire de féminisme, qu'elle acceptera que nous disions toujours "Messieurs"… » Elle m'a confié qu'elle s'y était engagée pour moi afin de les rassurer. Troyat me l'a confirmé : « On a envie de vous élire. » Maurice Druon m'a demandé

de lui remettre une lettre de candidature, mais aussi de ne pas écrire à tout le monde[11] : « Les femmes ont un statut privilégié. » Je ne voulais pas être une privilégiée. Je considère que les femmes sont comme les hommes. J'ai donc écrit à tous les académiciens, pensant que si les hommes devaient faire cet effort, ce devait être pareil pour les femmes. J'ai eu raison ; ils ont été sensibles à cette conception de l'égalité des sexes. Tout s'est passé très simplement. J'avais craint un moment que les académiciens aient eu envie de jouer avec moi, comme ils l'avaient fait avec Jean-François Deniau, qu'ils avaient poussé à se présenter pour le rejeter ensuite[12]. On m'a élue au premier tour. Après, c'est une vie différente qui commence. Une vie « pour toujours ». Ce n'est pas comme un emploi. L'immortalité n'a aucun sens, sauf qu'on est soudain réuni avec des gens dont on va partager le destin jusqu'au bout des existences des uns et des autres.

ZADIG *Quel est, et quel doit être, à vos yeux le rôle de l'Académie française ?*

H.C.d'E. Je pense que l'Académie se trouve aujourd'hui dans la situation dans laquelle elle était lors de sa fondation : une instance décisive pour la France. Quand elle fut créée, il y avait une unité, le domaine royal, la capitale, puis un pays sans unité, il n'y avait pas de nation française, malgré une histoire commune mais qui n'était pas vécue comme telle. Si Richelieu a fondé l'Académie, c'était d'abord suivant un projet politique, pour rassembler cette France dispersée. L'Académie est l'institution qui doit rassembler autour de la langue française des populations diverses. Elle a joué un rôle essentiel dans cette entreprise d'unification et de construction de la nation. Aujourd'hui, nous sommes dans la situation de 1635 : la France se cherche, elle se divise et est menacée de se défaire. Il faut retrouver ce qui peut la rassembler à nouveau.
Je suis frappée de voir la rapidité du phénomène de communautarisme,

un phénomène de décomposition qu'on n'a pas anticipé. Pourtant, la France est un pays centralisé. L'hypercentralisation et la bureaucratie qui l'impose peuvent être responsables du fait que notre pays soit mal armé pour faire face à ces tendances nouvelles. Autant Mai 68, contrairement à ce qu'on pense, fut, comme le disait à raison Raymond Aron, un grand *sit-in*, une grande rigolade, autant les évolutions que l'on observe depuis les années 1980 sont très mortifères. Pas seulement en France, mais aussi en Europe. Sauf pour l'Angleterre qui, avec le Brexit – que je regrette –, est peut-être en train de retrouver ses chances de puissance. La France ne peut et ne doit pas tomber en morceaux, se réduire à un conglomérat de groupes ou de communautés vivant côte à côte.
Quelles institutions peuvent la retenir sur cette pente fatale ? D'abord, nous parlons la même langue, c'est fondamental. La langue, qui porte une culture admirable. En ce sens, l'Académie et le système éducatif ont désormais une immense responsabilité. Voyez les classements internationaux. Ils montrent que le système éducatif ne remplit plus sa mission. Les élèves perdent progressivement la maîtrise de leur langue. Dans ce contexte, l'Académie a de nouveau une fonction historique. On ne s'en rend pas compte aujourd'hui en France, car rien de ce qui est institutionnel n'arrive à rassembler

9. Henri Troyat (1911-2017), écrivain d'origine arménienne, était académicien depuis 1959.

10. Marguerite Yourcenar (1903-1987) a été la première femme élue à l'Académie, en 1980. Avant son élection, l'helléniste Jacqueline de Romilly (1913-2010), déjà première femme professeur au Collège de France, présidait depuis 1987 l'Académie des inscriptions et belles-lettres, où elle était aussi la première femme reçue, en 1975.

11. Il est de tradition que le candidat écrive aux académiciens ou se propose de leur rendre visite. Maurice Druon (1918-2009) était alors secrétaire perpétuel de l'Académie depuis 1985.

12. L'écrivain y entrera en 1992.

le pays. Il en est ainsi de l'Académie, que l'on ne prend pas toujours au sérieux. Mais il en va tout autrement sur le plan international. Et n'oublions pas la francophonie : s'il n'y a pas de langue française respectée en France, il n'y a pas de francophonie dans le monde. La mission de l'Académie est là. Il y a aussi que la langue française est une communauté d'esprit, l'expression d'une civilisation, d'un projet qui nous dépasse et que le monde contemporain, déboussolé, en quête de lui-même, est en train de perdre. Rarement dans notre longue histoire française et européenne l'enjeu aura été aussi important.

ZADIG *Est-ce à cette fin que vous avez œuvré pour que l'Académie accueille des personnalités francophones, sans retenir le critère de la nationalité ?*

H.C.d'E. Pardon de me parer des plumes du paon, ou plutôt des miennes, mais cela a été mon projet. Avant 2000, la situation était très différente. Henri Troyat était d'origine russe, ses parents étaient, comme les miens, des étrangers. Mais il était parfaitement assimilé. Il l'était tellement qu'il parlait mal le russe – on ne le parlait pas chez lui, pour qu'il s'assimile. C'était un citoyen français, et il avait été fonctionnaire de la Ville de Paris. Julien Green n'a, lui, jamais eu la nationalité française mais il était né en France, avait été brancardier en 1917. Il y avait aussi eu Ionesco, premier véritable étranger à être élu sous la Coupole[13]. J'ai pensé qu'il fallait nous ouvrir à la Francophonie. J'avais déjà poussé François Cheng et Amin Maalouf[14] à se présenter.
Les académiciens qui viennent de l'étranger sont plus qu'auparavant des citoyens de leur pays d'abord, comme Andreï Makine ou Dany Laferrière, ou encore Michael Edwards et Maurizio Serra[15], porteurs d'une autre culture et amoureux fous de la langue française.
Mais cela ne suffit pas. Je pense qu'il faut persévérer dans cette direction. J'ai ainsi voulu institutionnaliser cette ouverture. Je le dois à François Hollande, qui s'est voulu et a été un excellent protecteur de l'Académie[16]. On ne le sait pas. Je me suis adressée à lui. Aucun texte ne dit quelle doit être la nationalité d'un académicien. Les statuts disent : sujet du roi. Cela n'a plus de sens. Il fallait auparavant que les étrangers aient la nationalité française. Cette règle nous a joué un tour fâcheux quand Jorge Semprun a annoncé en 1995 qu'il serait candidat.

ZADIG *De quelle manière ?*

H.C.d'E. Par simple curiosité, Jean d'Ormesson a demandé de quelle nationalité était Semprun. On s'est engagés dans une discussion théorique sur ce problème. Il est apparu que Semprun ne pourrait acquérir la nationalité française sans renoncer à la nationalité espagnole, l'Espagne n'admettant pas la double nationalité. Semprun a été offensé par ces arguties, il a renoncé et est parti à l'Académie Goncourt. Il s'est indigné car il a cru, ne comprenant rien à un débat confus, qu'on mettait en cause son passé communiste. En réalité, on pataugeait dans un statut imprécis. Et on a conclu qu'il fallait être français pour entrer à l'Académie. On avait d'ailleurs doté ainsi de la nationalité française Marguerite Yourcenar[17]. J'ai trouvé que c'était insultant pour les candidats et surtout pour leur pays d'origine.
La question est venue de nouveau sur le tapis avec Dany Laferrière, haïtien devenu québécois. Je ne voulais pas qu'on lui « colle » la nationalité française, et c'est là que je suis allée voir François Hollande. Je lui ai rappelé la phrase de Camus : « Ma patrie, c'est la langue française. » « Cela résume ce que nous sommes, ai-je dit au protecteur. Êtes-vous d'accord pour régler cela sans toucher aux statuts qui sont historiques ? Acceptez-vous de reprendre la formule de Camus, de considérer qu'écrire en français suffit pour devenir académicien ? » Le président l'a écrit et cela vaut statut. Dany Laferrière est resté fidèle à sa nationalité, et désormais tout étranger qui entrera à l'Académie conservera la sienne. C'est très important. Symboliquement, cela montre que la francophonie est l'univers

13. L'Américain Julien Green (1900-1998) a été élu en juin 1971, et le Roumain Eugène Ionesco (1909-1994) en janvier 1970.

14. Élus en 2002 et 2011, François Cheng est franco-chinois et Amin Maalouf franco-libanais.

15. Respectivement citoyens russe, haïtien, britannique et italien, tous sont entrés entre 2013 et 2020.

16. Fonction qui revient, depuis les rois de France, au chef de l'État. Le protecteur doit notamment approuver l'élection de chaque nouveau membre.

17. Marguerite Yourcenar était devenue en 1947 citoyenne américaine. Elle a repris la nationalité française peu avant son élection.

18. Élues respectivement en 2018 et 2021. Avec Florence Delay, Danièle Sallenave et Dominique Bona, l'Académie compte aujourd'hui six femmes.

19. Elle était entrée en 2008 sous la Coupole.

spirituel de la langue. Cela confirme l'Académie dans sa mission. En ce moment, il manque à l'Académie un écrivain qui vienne du Maghreb. Il y a deux ans, nous avons attribué le Grand Prix du roman – prix du centenaire – à Boualem Sansal et à Hédi Kaddour. C'était un salut à la littérature en langue française du Maghreb. Nous étions très heureux.

ZADIG *Trouvez-vous que l'Académie française compte actuellement suffisamment de femmes ? Lorsque vous y avez fait votre entrée, vous n'étiez que la troisième à la rejoindre. Depuis, d'autres y ont été élues, comme Barbara Cassin ou Chantal Thomas*[18]*...*

H.C.d'E. D'abord, aller chercher des femmes parce que ce sont des femmes, c'est très offensant pour elles ; en revanche, retenir des écrivains femmes pour leur œuvre, oui ! J'avais souhaité qu'Amélie Nothomb nous rejoigne, mais elle est membre de l'Académie royale de Belgique et a jugé que se présenter à l'Académie française serait inopportun. J'ai approché aussi Yasmina Reza ; elle ne peut actuellement se disperser plus. N'oubliez pas que la première femme n'a été admise à l'Académie que récemment, en 1980. Il n'y a pas de résistance aujourd'hui. Encore faut-il, d'une certaine façon, que les femmes se donnent un peu plus de mal. Elles attendent qu'on vienne les chercher. J'ai eu de longues conversations avec Élisabeth Badinter, qui a finalement décliné après m'avoir dit oui. Mona Ozouf aurait accepté avec joie, mais a refusé à cause de son mari Jacques. Et maintenant, c'est trop tard. Et Simone Veil est morte après quelques années d'une vie académique qu'elle a beaucoup aimée[19].

ZADIG *Est-ce parce que les femmes seraient moins spontanément candidates que les hommes ?*

H.C.d'E. Oui. Elles sont souvent convaincues que l'Académie est réticente à les élire. C'est inexact. Mais, pour certaines,

« Vous imaginez mettre un poème de Baudelaire en écriture inclusive ! Ce n'est pas possible, évidemment »

les craintes qu'on les élise pour accroître le « quota féminin » sont fortes. Elles entendent ce propos et cela les convainc d'éviter l'Académie. Je comprends, dans ce cas, leur réticence.

ZADIG *Si on s'intéresse à la féminisation de la langue et à la question de l'écriture inclusive, quelle est votre position sur ces sujets, alors que l'époque pousse à l'adoption de telles pratiques ?*

H.C.d'E. Vous imaginez mettre un poème de Baudelaire en écriture inclusive ! Ce n'est pas possible, évidemment.

ZADIG *Comment appréhendez-vous ces questions ?*

H.C.d'E. Il y a d'abord eu la question de la féminisation des titres des fonctions occupées. Cela a été un long et difficile débat. Il y a eu à l'Académie, il y a près d'un demi-siècle, une première définition élaborée par Claude Lévi-Strauss et Georges Dumézil : les noms de métiers ont toujours été féminisés – on a ainsi « le boulanger » et « la boulangère » –,

ROBERT

« Imposer ou légiférer serait faire injure à la langue, qui est un organe vivant : elle évolue, elle s'adapte »

mais les fonctions, au contraire des métiers, sont neutres. Or, comme il n'y a pas de neutre en français, c'est le masculin qui en fait fonction, ce qui donne « madame l'Ambassadeur » et non « madame l'Ambassadrice ». Cela conduit à la grande querelle : pourquoi le masculin l'emporte-t-il sur le féminin ? Mais l'Académie n'est pas là pour décréter, elle doit enregistrer l'usage et l'accompagner. Là se situe le grand malentendu.

Au-delà de la théorie, il faut aussi avoir la courtoisie de tenir compte du désir de la personne concernée. Beaucoup de femmes diplomates, qui ont le rang d'ambassadeur, ne veulent pas être des « ambassadrices ». Elles veulent être « madame l'ambassadeur » et laissent le titre d'ambassadrice à la femme de l'ambassadeur. Autre exemple, les femmes maires. Il y a deux ans, Martine Aubry m'a reçue à Lille. Je lui ai demandé comment je devais l'appeler. Elle m'a répondu : « Je suis madame le maire. » Mme Hidalgo, qui a fait le choix contraire, se fait appeler « madame la maire ». Cela montre que la courtoisie que prône l'Académie en la matière s'impose. Et l'Académie est là pour enregistrer l'usage, et l'usage découle aussi parfois des désirs des usagers.

ZADIG *Qui a évolué ?*

H.C.d'E. Dans l'atmosphère échauffée qui s'est établie il y a deux ans, il nous a semblé nécessaire de faire le point des usages, et une commission conduite par Gabriel de Broglie s'est chargée de faire un état des lieux. La presse en a conclu que l'Académie était venue à résipiscence, qu'elle adoptait le principe d'une féminisation tous azimuts. Non, nous avons établi l'état des lieux. L'Académie ne fabrique pas la langue ni ne légifère. Nous signalons ce que l'usage a consacré, et qui est la norme. Mais imposer ou légiférer serait faire injure à la langue, qui est un organe vivant : elle évolue, elle s'adapte. Un exemple de cette évolution : « autrice » ou « écrivaine », que préférez-vous ? On verra comment l'usage se stabilisera. C'est lui, en dernier ressort, qui tranchera.
L'écriture inclusive est un tout autre problème. La manière de transcrire n'est plus un usage, c'est une norme, et l'on en a fait une question idéologique. Les inconvénients en sont considérables, il faudrait tout réimprimer. Ce mode d'écriture ne favorise pas la lecture. Pour le système éducatif, elle est inutilisable. On ne peut apprendre à lire ainsi à un enfant. Nous avons déjà un désastre éducatif

considérable – voyez les classements PISA – et on l'accentuerait. Finalement, les gens finiraient par ne plus lire du tout ! Et comment écrire un poème en langue inclusive ? Ce n'est pas possible, vous tuez la poésie !

ZADIG *L'Académie parle de « péril mortel ».*

H.C.d'E. Absolument. La langue va subir un choc considérable. Vous en supprimez des pans entiers et vous la rendez inaccessible à ceux qui ne peuvent lire à voix haute, pour des catégories entières de personnes qui sont ainsi rejetées. Feu notre confrère Yves Pouliquen disait qu'en braille, cette écriture était impossible à transcrire. Les aveugles, les dyslexiques n'auront plus accès aux textes. Cette écriture est en réalité *exclusive*, sans mérite aucun pour équilibrer ses tares. Que faire ? Et puis c'est idiot. Qu'est-ce que ça ajoute aux femmes ? Ça ne change pas leur statut. Elles ont acquis une place au soleil par leurs efforts, par leurs mérites, par la démonstration de leurs compétences, pas par des concessions de ce genre. On va par là tuer aussi la francophonie, car elle n'est pas attirée par ce genre de sottises. Si on abîme la langue, il n'y a plus de francophonie. Et c'est la présence toujours plus grande de la langue française, donc de la culture française dans le monde, qui se trouve menacée.
Je reviens sur un point essentiel : avec cette écriture, on ne lirait plus à voix haute, c'est impossible. Or, à l'école, on ne lit bien, on ne retient les mots qu'en lisant à voix haute. Si vous avez un proche malade ou aveugle à qui vous faites la lecture à voix haute – comme je l'ai fait à ma mère mourante ou à Jacqueline de Romilly qui ne voyait plus –, comment faire ? Vous détruisez les mots, si vous êtes obligé d'y ajouter des points. Vous détruisez la musique de la langue que l'on entend, même lorsqu'on lit en silence, pour soi-même.

ZADIG *Avant de vous interroger sur Sciences Po, où vous avez étudié, éclairez-nous sur votre rencontre avec Georges Pompidou, qui fut votre examinateur au concours d'entrée…*

H.C.d'E. La légende a couru que j'avais été son étudiante favorite. Quand j'ai passé l'examen d'entrée, il y avait une épreuve de culture générale écrite, puis une épreuve orale. J'ai passé cette dernière avec Georges Pompidou, dont je n'avais jamais entendu parler. J'avais acheté chez Delamain son *Anthologie de la poésie française*[20]. J'ai été fascinée par lui, ses questions étaient drôles, subtiles, dévastatrices. Pompidou demanda à un étudiant, qui citait *Hamlet* comme sa lecture favorite : « Vous l'avez lu dans un livre ou lu sur un écran au cinéma ? » On y passait alors le *Hamlet* de Laurence Olivier[21].
Je ne sais plus ce qu'il m'a demandé mais, après l'examen, il est allé au secrétariat dire que cette jeune fille au nom étonnant devait être inscrite dans sa conférence de méthode. Un autre maître de conférences qui passait alors par-là, entendant Pompidou réclamer cette étudiante, l'a aussitôt après récupérée. J'ai ainsi atterri dans la conférence de Bernard Chenot, futur garde des Sceaux, et pas chez Pompidou. Vous voyez que les réputations sont mensongères. À Sciences Po, on a dit, le jour de son élection, que j'étais son étudiante favorite. Un journal m'a appelée alors pour me demander des informations. J'ai démenti. Les légendes sont fréquentes…

ZADIG *D'où vient votre attachement à cette institution ?*

H.C.d'E. J'y ai été étudiante, j'y ai été chercheur, j'y ai dirigé des séminaires, j'y ai été professeur des Universités[22]. Quand j'ai été élue au Parlement européen[23], j'ai dû me retirer car je ne pouvais pas être à la fois présente à Bruxelles et à Paris. Plus tard, je suis entrée au conseil d'administration de la Fondation[24], où je suis restée une quinzaine d'années, à la demande de René Rémond[25] qui la présidait alors. Je suis très attachée à Sciences Po. Cette école a été fondée par Émile Boutmy au lendemain du désastre de 1870, pour doter la France

20. Parue en 1961 chez Hachette.

21. Adaptation tournée en 1948.

22. Diplômée en 1952 de Sciences Po Paris, elle y est retournée dans les années 1960. Elle y sera pendant un temps la seule femme titulaire d'un cours magistral, avec Suzanne Bastid, et dirigera les études soviétiques du Centre de recherches internationales (Ceri).

23. De juillet 1994 à juillet 1999, sous l'étiquette RPR.

24. La Fondation nationale des sciences politiques (FNSP), structure chargée de la gestion administrative et financière de Sciences Po.

25. L'historien René Rémond (1918-2007), spécialiste des droites en France, présida la FNSP de 1981 à 2007.

26. Richard Descoings a été directeur de Sciences Po et administrateur de la FNSP de 1996 à sa mort, en 2012.

d'une élite capable de gouverner. Cela a été très utile, c'était différent de l'Université et complémentaire. J'ai toujours apprécié Sciences Po. Même élue à la Sorbonne, j'ai continué à y enseigner, puis j'y suis revenue avec mon poste de professeur. La qualité des enseignements était remarquable. Hélas, comme beaucoup d'autres institutions, Sciences Po a peut-être trop voulu privilégier le changement.

ZADIG *Pourquoi cette décomposition, selon vous ?*

H.C.d'E. À un moment, son ancien directeur, Richard Descoings[26], a eu trop d'imagination. Pour lui, Science Po devait devenir une super école de commerce, un super-HEC. Du même coup, il a commencé à négliger la vocation première de l'établissement : former les gouvernants de demain avec, avant tout, un bagage de culture. Il a rogné sur la culture générale, sur l'histoire, il a suivi le modèle des business-school américaines. C'était son obsession… C'est par là que les difficultés ont commencé. Il a appauvri l'enseignement et y a fait entrer certaines dérives des universités américaines. Seulement, aux États-Unis, on peut adopter une mode qui fait des dégâts, puis on l'oublie et on passe à autre chose ; en France, nous sommes très conservateurs. Quand nous décidons de réformes de ce type, elles sont installées pour un siècle. Et la modernisation de l'école a eu d'autres excès. Un jour, Richard Descoings m'a gentiment fait visiter la somptueuse bibliothèque de Sciences Po, dont il était très fier car il la voulait telle. J'ai pu y admirer les sièges très confortables, les innombrables ordinateurs. Mais quand j'ai demandé : « Où sont les livres ? » Il m'a répondu : « Sur les ordinateurs. » Considérer que le progrès, pour la lecture, c'était de ne plus avoir de livres entre les mains mais de les trouver sur un écran m'a paru une étrange conception. Mon pauvre cicérone m'a regardée avec consternation : un livre, c'était encombrant… et il existe un système moderne…

« Considérer que le progrès, pour la lecture, c'était de ne plus avoir de livres entre les mains mais de les trouver sur un écran m'a paru une étrange conception »

« J'ai un sentiment de culpabilité : si j'ai plaidé pour que l'on intègre les pays de l'Est, je n'ai peut-être pas assez insisté sur la nécessité de prendre du temps »

ZADIG *Vous avez eu une série d'engagements politiques dans votre vie, auprès de Raymond Barre ou au Parlement européen…*

H.C.d'E. Ce ne sont pas ce que j'appellerais des engagements politiques. Je connaissais mal Raymond Barre avant 1981, mais j'admirais profondément sa personnalité, sa rigueur et sa stature d'homme d'État. Toutefois, il m'intimidait. Quand il est devenu Premier ministre, il a dit à VGE qu'il souhaitait me nommer ministre de l'Éducation nationale. Giscard l'en a heureusement dissuadé, craignant que le dinosaure ne me broie… Je suis sûr que je n'étais pas faite pour ça et que je n'en avais pas les compétences ! En 1982, Barre a constitué des groupes de travail autour de lui, sans doute en perspective de la présidentielle. Ça m'a intéressée. J'étais supposée connaître quelque chose des questions de l'Est. Je participais à des réunions. Je n'ai pas pris part à sa campagne présidentielle, sauf une chose : je lui ai conseillé de prendre en compte la question des veuves et des femmes seules. Ça a donné un épisode qui montra que je n'étais pas faite pour la vie politique. Raymond Barre a retenu cette suggestion. Il y a eu une matinée pour la presse dans les sous-sols du Lutetia. Raymond Barre a déclaré presque au début, sur un ton ennuyé : « On me dit qu'il y a un problème des femmes seules et des veuves… » Ce « on me dit » était déjà éloquent. Puis il s'est tourné vers Simone Veil et lui a dit : « Comme j'ai à faire, je vous laisse la présidence de cette séance. » Et il est parti. Simone Veil était désemparée, pas préparée à prendre la relève. Et j'ai pu constater que je n'étais pas un conseiller efficace. C'était pourtant un vrai problème, et qui demeure : on constate aujourd'hui cruellement la faiblesse des structures familiales dans les milieux peu favorisés, la difficulté pour des femmes seules d'élever des enfants dans un temps de grande permissivité.

ZADIG *Avez-vous été plus efficace en siégeant au Parlement européen ?*

H.C.d'E. L'Europe a toujours beaucoup compté pour moi, mais je n'ai jamais été engagée dans aucune action collective. Étudiante encore, la seule association à laquelle j'ai participé était la « Fédé », la Fédération des étudiants protestants, mais j'y participais essentiellement au groupe d'études bibliques. Pour l'Europe, j'ai bien connu à Strasbourg le professeur Mouskeli, un juriste très européen qui disait à ses étudiants : « Allons arracher les poteaux aux frontières. » J'ai participé avec lui à une équipée de ce genre, car nous rêvions d'une Europe sans frontières. Cela a été mon seul engagement alors, mais j'étais passionnée par les questions européennes. Au moment du référendum sur le traité de Maastricht, quand François Mitterrand a vu la montée des oppositions, il m'a demandé de présider le Comité pour le « oui ». Il savait que je me donnerais du mal pour cette cause et je l'ai fait, mais ce n'était pas un engagement politique. Puis, en 1994, je faisais des conférences à Oslo quand Chirac m'a appelée et demandé de me présenter comme tête de liste commune avec les centristes au Parlement européen. Pour me convaincre, il a eu une phrase magnifique pour l'amour-propre féminin : « Tout le monde sait que je ne suis pas européen depuis mon discours de Cochin. Je dois avoir avec moi une personnalité fortement pro-européenne et qui soit une femme. » Sous-entendu : « Je n'ai personne d'autre sous la main... » J'étais femme, universitaire, européenne, je faisais l'affaire !

ZADIG *Et vous avez accepté...*

H.C.d'E. J'ai beaucoup hésité. Ce n'était pas dans ma trajectoire. Un ami centriste, François Froment-Meurice, qui avait été député européen, m'y a beaucoup encouragée. J'en ai gardé un souvenir terrifiant, car j'ai dû faire la campagne électorale, or j'ignorais même ce qu'était une campagne. Les militants chiraquiens qui n'étaient pas européens se méfiaient de moi à cause du Comité pour le « oui ». J'ai beaucoup souffert, mais je l'ai fait consciencieusement. Je me faisais insulter par les militants. Pour eux, j'étais le diable ! Ils me disaient : « Vous défendez le plombier polonais... » J'étais à leurs yeux le renard dans le poulailler. Mais j'ai été élue au Parlement européen.
C'était l'époque de l'ouverture à l'Est. J'ai eu de la chance de pouvoir m'en occuper. C'est par là aussi que Jacques Chirac m'avait convaincue d'y aller. C'était exaltant.
J'ai cependant un sentiment de culpabilité : si j'ai plaidé pour que l'on intègre ces pays dans de bonnes conditions, en les aidant à s'y préparer, je n'ai peut-être pas assez insisté sur la nécessité de prendre du temps pour le faire. J'étais séduite par ce monde qui avait besoin de retrouver l'Europe dont il avait été coupé. Et j'ai pressé le mouvement. Je me sentais responsable de ce que faisait la France.
C'était aussi l'époque du FIS, en Algérie. Le président du Parlement algérien est venu à Strasbourg, alors que l'Algérie était très isolée. Il a invité une délégation à se rendre en Algérie. Personne n'y allait. Alors j'ai fait partie de la délégation – nous étions quatre, dont deux Français. Ç'a été très émouvant. Nous avons rencontré des parlementaires, anciens responsables du FLN qui ont fait d'abord le procès de la France, de la torture, et ce moment accusateur s'est terminé dans les larmes des deux côtés. Nous étions réconciliés. Je me suis sentie à ma place, parce que j'étais française et fière de l'être, fière de toute l'histoire, belle ou sombre.

ZADIG *Vous connaissez très bien la Russie, son histoire, sa culture, ses mentalités. Qu'y a-t-il de la Russie en France, et de la France en Russie ?*

H.C.d'E. En Russie, il y a toute la culture française, et la langue. Le français était la langue des élites. Or, celles-ci faisaient de la politique et forgeaient l'opinion publique. C'était bien plus que si le français avait été la langue de l'économie, la langue du commerce. Le français était la langue des gens civilisés. Les gens voient trop souvent la Russie à travers la comtesse de Ségur et croient qu'on parlait notre langue uniquement dans l'aristocratie ou chez le général Dourakine. Dans les familles de la bonne bourgeoisie, on se disputait les gouvernantes françaises. L'idée courante était : si on ne domine pas la langue française, le patrimoine français, on n'est pas civilisé. Notre culture, notre langue étaient considérées comme le passeport pour la civilisation.
En France, on a découvert la Russie tard. Je suis convaincue que Custine, dans son bel ouvrage *La Russie en 1839*[27], est responsable de la mauvaise image de la Russie en France. Il en a présenté une image totalement négative et superficielle. Quand on le lit, on s'aperçoit qu'il s'est déplacé en calèche en tirant les rideaux pour ne pas être vu car il avait peur de tout. Il n'a pas non plus été au cœur de la Russie. À la fin du règne d'Élisabeth Ire, l'abbé Chappe d'Auteroche était allé, lui, jusqu'en Sibérie, et il s'était retrouvé là-bas au fin fond d'une cabane[28]. Quand il disait : « Ces gens

27. Publié en 1843, cet ouvrage relate le grand voyage du marquis Astolphe de Custine (1790-1857) en Russie, de juin à septembre 1839. Il est souvent comparé à l'essai contemporain de Tocqueville, *De la démocratie en Amérique* (1835-1840).

28. Oncle de l'inventeur du télégraphe Chappe et astronome réputé, Jean Chappe d'Auteroche (1728-1769) avait été choisi en 1760 par l'Académie des sciences pour se rendre à Tobolsk observer le transit de Vénus devant le disque solaire. Rentré en France, il publia en 1768 un *Voyage en Sibérie fait en 1761*. L'ouvrage était si critique que la toute nouvelle impératrice de Russie Catherine II y aurait répondu elle-même par une brochure anonyme.

sont des sauvages », il parlait de choses qu'il avait vues ! Avec son talent littéraire remarquable, Custine a instauré en France un préjugé durable. Quand Pierre Nora a publié Custine dans sa collection « Archives », chez Gallimard, il avait écrit dans sa préface que Custine montrait peut-être la Russie de toujours. C'est-à-dire que l'URSS s'y annonçait, que la continuité était évidente. Par la suite, des écrivains et des journalistes ont fait basculer cette image négative. Cela a commencé en 1886 avec *Le Roman russe*, l'ouvrage décisif d'Eugène Melchior de Voguë, qui a révélé aux Français les grands romanciers russes : Tolstoï, Dostoïevski… Déjà, avant lui, Prosper Mérimée avait appris aux Français qu'il existait une histoire et une littérature russes. *La Revue des deux mondes* a aussi joué un rôle considérable en montrant la Russie des écrivains, la vie culturelle, en publiant régulièrement des articles sur ce pays. Comme la France est un pays de haute culture, c'est par là, en lui présentant la littérature russe, qu'elle a commencé à voir ce pays sous un nouveau jour.

ZADIG *Et maintenant ?*

H.C.d'E. La conscience collective des Russes reste marquée par la fascination pour la France. Du côté français, la vision est plus ambivalente, il y a l'idée que les Russes ne sont pas tout à fait des gens comme les autres. On le constate dans la déclaration récente du commissaire européen Thierry Breton, estimant qu'on n'avait pas besoin du vaccin russe[29]. Il ne l'aurait pas dit si brutalement d'un vaccin américain, même non encore homologué. Il a ajouté : « S'ils ont besoin d'aide on les aidera. » Cette arrogance traduit très bien nos préjugés : les Russes ont trouvé un vaccin, d'accord, mais de quoi se mêlent-ils ? Cela m'a frappée, car cette réflexion traduit une vision méprisante, de la Russie jugée inégale.
Même si la Russie se sent fondamentalement européenne et ne veut pas être enfermée dans le monde asiatique, elle y va de plus en plus. Quand je vois que Russes et Chinois ont un projet spatial commun, c'est-à-dire une vision de l'avenir, je frémis. Poutine, avec tous ses défauts, a tout fait pour ancrer son pays en Europe. Mais aujourd'hui l'Asie pèse toujours plus et la Russie est tirée vers elle. De ce point de vue, Donald Trump était moins inquiétant que Joe Biden, qui est par ailleurs très bien. Avec ses foucades, son *America first*, la politique de Trump permettait encore à la Russie de se sentir européenne. La vision de Biden peut contribuer à l'éloigner de nous. Or la Russie est un pays européen, pas asiatique. Son basculement vers l'Asie serait un appauvrissement pour l'Europe, qui se trouverait par-là même coupée de l'Asie, alors que la Russie peut être un pont entre les deux continents et peut permettre à l'Europe de peser davantage dans le monde. ♦

29. Propos tenus sur TF1 le 21 mars dernier : « L'Union européenne n'a pas besoin du vaccin russe Spoutnik V contre le Covid-19 et pourra atteindre une immunité collective d'ici le 14 juillet avec les vaccins disponibles, si leurs calendriers de livraison sont respectés. »

ÉRIC GARAULT est photographe. Adepte du « portrait ambulatoire », il a photographié de nombreuses célébrités, mais aussi des inconnus à l'occasion des nombreux voyages qui ponctuent son travail – en particulier au Brésil. Il a notamment publié en 2019, avec Delphine Perret, *Les Ateliers : de l'illustration et de la création* (Les Fourmis rouges).

SERGE BLOCH est auteur-illustrateur. Formé à l'École supérieure des arts décoratifs de Strasbourg, il rejoint la presse enfantine et publie son premier album, *Sam et son papa*, en 1998, chez Bayard (rééd. en 2009). Il partage son temps entre la presse (*The New York Times*, *Le Monde*, *Télérama*, *Libération*), la publicité et ses expositions personnelles. *Jésus : l'histoire d'une Parole*, écrit avec Frédéric Boyer, a paru en 2020 chez Bayard Culture.

Ses œuvres cultes

Pierre Corneille (1606-1684)

« C'est un devoir classique : préférez-vous Corneille ou Racine ? On connaît la phrase de La Bruyère : "Corneille peint les hommes comme ils devraient être, Racine les peint tels qu'ils sont." Je trouve Racine admirable, il vous arrache le cœur. Mais le sens du devoir de Corneille me fascine. Quand je l'ai découvert à 12, 13 ans, j'ai senti qu'il y avait là une leçon à suivre. Il me mobilisait davantage. D'une certaine manière, c'est aussi mon ancêtre ! Mon fauteuil est celui des deux frères Corneille, puisque Thomas succéda à son aîné Pierre. Racine, qui reçut Thomas, et qui avait à l'égard de Pierre Corneille des sentiments ambigus, a fait un discours d'accueil pour expliquer que le vrai, le grand Corneille, c'était Thomas, et il a "enfoncé" Pierre… J'ai lu cette petite mesquinerie avec délectation ! Dans mon fauteuil, à l'Académie, il y a Corneille qui a guidé mes études, Victor Hugo, le maréchal Lyautey, dont la vie a répondu à bien des questions que je me posais sur l'Empire. J'ai ainsi trouvé par hasard dans mon patrimoine académique, tout comme dans mes lectures, des figures qui m'apportaient des réponses. »

Nikolai Gogol (1809-1852)

« *Les Âmes mortes*. Les nouvelles : *Le Manteau* et *Le Nez*, dans lequel il raconte l'histoire d'un homme dont le nez s'est détaché, mais aussi *Le Journal d'un fou*. Il est intraduisible. Il y a une utopie permanente chez Gogol. Il voit tout le temps l'homme et son double. C'est à la fois une œuvre d'une grande dérision et d'une profondeur extraordinaire. C'est aussi un tableau extraordinaire de la Russie. L'homme russe est au cœur de tout. »

Molière (1622-1673)

« Il est d'une profondeur extraordinaire. J'aime beaucoup *Dom Juan*, mais *Le Malade imaginaire* est une pièce admirable, d'une humanité prodigieuse. Quand je vois ou lis une de ses pièces, rien n'a vieilli. Chaque phrase me fait rire et me plonge dans la réflexion. »

Fiodor Dostoïevski (1821-1881)

« Dostoïevski, un écrivain incomparable, génial, toute son œuvre est à lire. En russe, si possible, car, comme toujours, le traduire est difficile. Un exemple en témoigne. Le même roman voit son titre traduit par *Les Possédés* (E.M de Voguë) ou *Les Démons* (la traduction la plus juste actuellement). Dostoïevski a interrogé dans toute son œuvre le mystère du bien et du mal, celui du sens de la liberté. C'est le problème fondamental de l'existence. Nous avons perdu le sens du bien et du mal. Une société où tout est relatif, une société qui ne sait plus où est le bien et où est le mal est insupportable. Dostoïevski est le contraire du relativisme, il dit ce qu'est la liberté, la dialectique de la liberté et du mal. Il dit le destin de l'homme. Au bout, il y a la mort. Tout ce qui me paraît essentiel est dans son œuvre. On doit à un personnage des *Frères Karamazov*, Smerdiakov, la phrase : "Si Dieu n'existait pas, tout serait permis", ou, au contraire, ce que ressent Raskolnikov : "Comme tout n'est pas permis, c'est la preuve que Dieu existe." »

Victor Hugo (1802-1885)

« Par chance, j'ai été élue au fauteuil 14, où a siégé Victor Hugo. Cela a pour moi une très grande signification. *[Sur le rebord d'une fenêtre de son appartement donnant sur la Seine est encadrée une lettre de l'auteur des* Misérables *s'excusant de n'avoir pu assister à une séance de l'Académie, ndlr]*. Hugo couvre tout, le sentiment, la poésie. C'est aussi un historien. Avec lui, on rêve. *Notre-Dame de Paris*, c'est un rêve. Quand la cathédrale a brûlé, le soir même j'ai rouvert Victor Hugo et j'ai relu des pages de ce chef-d'œuvre. Quand j'ai été élue à l'Académie, un de mes petits-fils a fait sensation dans son école. Il avait 7 ans. Je ne sais ce qu'il avait entendu, mais il a soutenu mordicus que Victor Hugo était son grand-père. L'institutrice, inquiète de ce mensonge, a convoqué ses parents. Désormais, Victor Hugo était dans sa généalogie ! »

ÇA NE PEUT PLUS DURER

Illustré par SHEINA

LE CLIENTÉLISME S'IMPOSE EN BANLIEUE

Gangrenées par le trafic de drogue, meurtries par les bavures policières, certaines communes du nord de Paris se sont mises à pratiquer le favoritisme à grande échelle. Au point de devenir invivables.

par **DIDIER DAENINCKX**

“EN 1966, le cinéaste Jean-Luc Godard installe ses caméras dans un grand ensemble en construction qui allait devenir le symbole du mal-vivre des périphéries : la cité des 4 000 de La Courneuve. À un jet de pierre, les immigrés portugais et algériens du bidonville du Franc-Moisin, les gens des baraques, regardent monter les étages des tours, des barres : « C'est pas pour nous, c'est pour les riches. » On y logera les ouvriers, français comme immigrés, et les contremaîtres des nombreuses usines du secteur, un gros contingent de rapatriés d'Algérie, une partie des familles populaires expulsées de Paris par la rénovation des hauts de Belleville. On y cohabitera en harmonie pendant quinze ans, émerveillés par la magnificence des couchers de soleil sur la capitale.

Curieusement, s'appuyant sur un reportage à la sociologie approximative publié par *Le Nouvel Observateur*, Godard fera d'une Marina Vlady chavirante de beauté une épouse de cadre comblant le vide de son existence en se livrant à une prostitution motivée par l'acquisition des produits iconiques de la société de consommation qui meubleront son appartement de la barre Debussy. Pour brouiller un peu plus les pistes, la voix off du début situera le décor de *Deux ou trois choses que je sais d'elle* dans le sud de Paris, à l'exact opposé de la lumière de Seine-Saint-Denis qui impressionne la pellicule.

Godard, je l'avais vu « en vrai » deux ans plus tôt sur la scène du théâtre de la Commune, l'utopie d'Aubervilliers, où il dialoguait avec Jean Renoir, une soirée improbable parmi tant d'autres, qui a fait bifurquer le destin d'un gamin promis aux enceintes usinières et celui de nombre de ses copains. Le théâtre était né de la volonté d'un maire adjoint, Jack Ralite, qui avait détourné une foire commerciale chantée par Philippe Clay en y greffant les représentations d'une pièce dont la mise en scène était assurée par Gabriel Garran, *La Tragédie optimiste* de Vichnevski, puis *L'étoile devient rouge* de Sean O'Casey. Je vendais les places au porte-à-porte dans le quartier du Pont-Blanc, des 800,

ON DÉBARQUAIT EN BANDE DE LA CITÉ GABRIEL-PÉRI, DE LA CITÉ ROBESPIERRE, POUR APPLAUDIR *CORIOLAN* DE SHAKESPEARE

et on débarquait en bande de la cité Gabriel-Péri, de la cité Robespierre, pour applaudir *Coriolan* de Shakespeare, *Les Visions de Simone Machard* de Bertolt Brecht ou la première du film d'Édouard Luntz *Les Cœurs verts*. On écarquillait les yeux devant le jeu sublime du Piccolo Teatro de Milan, en version originale, sans connaître un mot d'italien.

Femmes françaises, Mouvement de la paix, amicales des locataires, parents d'élèves, comités d'anciens combattants et déportés, soutiens de l'école laïque : à chaque fraction de l'existence sociale correspondait son « organisation de masse » qui cimentait l'idée que n'existait pas de solution hors du commun, du collectif. Dans ce monde clos et rassurant où la moindre critique s'assimilait au blasphème, les premières failles ont été idéologiques. Alors qu'aveuglé par la poésie maoïste Godard tourne *La Chinoise*, les chars soviétiques font le plein pour fondre sur Prague où de doux rêveurs, les derniers, tentent de faire rimer socialisme et liberté. Jan Palach s'immole par le feu sur la place Wenceslas. Partout, on s'éloigne à bas bruit de la « famille » que régentent les sinistres vieillards du Kremlin, tandis que les vibrations des chenilles d'acier lézardent les façades de ce qui était encore la banlieue rouge. Bientôt le choc pétrolier, la crise sans fin propageront la rouille sur des milliers d'hectares d'usines, d'entrepôts transformés en friches. Rien que des mots, des tracts, des affiches pour tenter de colmater la voie d'eau par laquelle s'écoulent des dizaines de milliers d'emplois, d'existences. Babcock, Hotchkiss, Malicet, Usinor, Sonolor où se bat une ouvrière spécialisée, Muguette Jacquaint qui deviendra députée… Oui, il fut un temps de belle naïveté où, pour hâter la venue du joli mois de mai, on n'hésitait pas à donner aux enfants des prénoms comme Muguette, où pour honorer Hugo on les baptisait Cosette.

Ce monde qu'on pensait éternel a été englouti en quelques années, la classe ouvrière traditionnelle qui le composait s'est délitée, désagrégée, éparpillée, rapidement remplacée dans les habitats verticaux par les prolétaires de première ligne, majoritairement immigrés, dont les nouveaux espaces de production ont besoin. La population pratiquement invisible des premiers bus et des derniers métros, celle des corvéables à merci et des sans-statut, un monde que l'on croise du regard dans *Notes pour Debussy*, un film réalisé aux 4 000 en 1988 par Jean-Patrick Lebel, acteur vingt ans plus tôt du film de Godard où il tenait le rôle de Pécuchet.

Jusque-là, on pouvait penser que tout allait (encore) à peu près bien, avant que ne s'ouvre la liste interminable des jeunes tués par des voisins irascibles ou victimes de bavures policières. Puis la came est arrivée en masse dans les fourgons de la désespérance, avec le sida en passager clandestin, et le visage de Vincent Cassel, celui de *La Haine*, s'est superposé, a masqué le minois de Marina Vlady. Les émeutes d'octobre et de novembre 2005, après la mort de Zyed Benna et Bouna Traoré, embrasent la France, conduisant le ministre de l'Intérieur Nicolas Sarkozy à instaurer une mesure de couvre-feu rédigée pendant la guerre d'Algérie. De manière étonnante, les incendies épargnent des villes comme Aubervilliers, où les liens tissés par le travail politique, les réseaux associatifs, sont toujours puissants, certaines agglomérations étant encore dotées d'airbags sociaux.

Le répit sera de courte durée. Trois ans plus tard, à la faveur des élections municipales, une commune de Seine-Saint-Denis, Bagnolet, va servir de champ d'expérimentation à de nouvelles alliances, contre-nature, avant d'exporter son modèle. Le maire communiste, pris d'une boulimie bétonnante, fait raser une partie du centre historique de la cité et livre les terrains communaux à l'avidité des promoteurs. Les écologistes locaux s'en émeuvent et l'édile, bientôt, ne peut plus arpenter sa ville sans se faire rabrouer. Son directeur de service lui conseille alors de s'adjoindre l'assistance d'un service de sécurité qui sera recruté dans un club d'arts martiaux, le Boxing Beat de Bagnolet (BBB). Des vigiles qui interviennent lors des conseils municipaux pour intimider les opposants ou le public, qui frappent, et sur lesquels courent nombre de rumeurs. Ces bruits n'empêchent pas le maire et son directeur des services de les propulser à la tête de services d'importance, comme le garage municipal, malgré des curriculum vitae assez étiques. Il faudra une perquisition de la police municipale dans les locaux tenus par les gardes du corps pour faire éclater le scandale avec la saisie de 11 kilos de cocaïne, d'armes dont un pistolet mitrailleur, de 15 000 euros en billets... La justice prononcera des peines de cinq et huit ans de prison contre les trafiquants dont les familles élargies avaient pu profiter des largesses du bureau des embauches et du guichet des HLM. Dans le même temps, le syndicat CGT des communaux de Bagnolet, irrité par les méthodes du directeur des services, dépose une plainte au tribunal administratif, doutant des compétences du cadre supérieur. Les juges ne pourront que constater l'absence des diplômes requis pour un tel poste, et le condamneront, en 2013, à quitter son bureau et à rembourser plusieurs dizaines de milliers d'euros indûment empochés pour des indemnités de logement.

Obligé de quitter Bagnolet, ce personnage que l'on croirait sorti tout droit de *Baron noir* retombe sur ses pieds en devenant directeur de campagne, pour les élections municipales de 2014, du candidat communiste à la mairie de ma ville, Aubervilliers. Le prétendant, Pascal Beaudet, n'était autre que le beau-fils de Jack Ralite qui, à 88 ans, tirait les ficelles, oublieux des multiples pièces de Shakespeare traitant du népotisme dont il avait vanté la pertinence. Je l'alerterai longuement au téléphone à propos des antécédents de leur faiseur de rois. Sans résultat. Les mêmes méthodes produisant les mêmes effets, les équipes de « militants » recrutés pour porter monsieur gendre au pouvoir local comptaient parmi elles plusieurs représentants de la pègre locale, très attentifs, le jour du scrutin, au vote effectif de leurs armées de guetteurs. L'un de ces agents électoraux, soutenu par le responsable du Front de gauche mélenchonien, se verra récompensé par une nomination à la tête d'un des plus importants services de la ville d'Aubervilliers malgré ses multiples condamnations pour violence et trafic de stupéfiants. Un dérapage mettra rapidement un terme à cette réussite sociale inespérée quand il sera arrêté pour menace de mort à l'encontre d'un voisin alors qu'il arborait les insignes distinctifs des islamistes de Daech. Quant à l'homme venu de Bagnolet, il s'incrustera à la tête des services administratifs d'Aubervilliers, après avoir brigué la direction de l'office HLM, s'appuyant certainement sur l'expérience que lui conférait sa condamnation à rembourser celui de sa ville d'affectation précédente.

À Aubervilliers, comme à Bagnolet et Saint-Denis administrées par le Parti communiste, comme à Bobigny et à Noisy-le-Sec administrées par la droite, six années de gouvernance basées sur le clientélisme multiforme ont épuisé ces communes et leurs habitants, les projetant dans le décor du film de Ladj Ly, *Les Misérables*. Ils ont pourtant trouvé assez de force et de lucidité pour se débarrasser, dans ces cinq villes, d'équipes malfaisantes et discréditées.

Mon nom caviardé dans les publications communales, ma présence interdite par un député-maire dans les établissements culturels placés sous son autorité, j'ai quitté la ville dont le théâtre, adepte de l'élitisme pour tous, m'a fait écrivain comme d'autres de la bande, mômes de prolos destinés aux bagnes usiniers, sont devenus acteur, musicien, décorateur d'opéra, danseur de tango professionnel... Pour tout dire, c'est ma fille qui est partie la première quand elle s'est rendu compte (elle qui n'a fréquenté que l'école de la République) qu'elle rechignait à inscrire mes petites-filles au groupe scolaire Gérard-Philipe, qu'elle commençait à rôder sur les pages Internet des écoles privées comme Montessori, imitant ainsi pas mal de profs du coin cherchant à protéger leur descendance... On s'est dit que ce serait concéder la victoire sur toute la ligne à ceux qui nous ont trahis.

La solution a consisté à trouver, tels des orpailleurs, la ville qui avait su préserver la dignité de ses services publics, et par-dessus tout une école publique de qualité. C'est comme ça que j'ai débarqué à Fontenay-sous-Bois, dans le quartier des Rigollots, du nom d'un pharmacien du cru inventeur du cataplasme de sinapisme à base de graines de moutarde.

Je me suis installé en pleine période d'élections municipales, en 2020. Alors que partout on s'écharpait sur les mesures de sécurité, la bataille ici s'est cristallisée sur les questions culturelles, le projet mis en avant par la municipalité sortante étant la construction d'un théâtre et les actions permanentes à inventer, au cœur d'un quartier populaire, pour en faire une nécessité. J'ai repensé au Jack Ralite des débuts, dépourvu de gendre, à Gabriel Garran, à Renoir, à Godard, à la première du *Mister Freedom* de William Klein, à Bernard Eisenschitz commentant les films de Monte Hellman, aux représentations, en allemand, du répertoire de Brecht par le Berliner Ensemble et Helene Weigel, à Jacques Brel buvant une bière au bar de l'Omja après son match de boxe avec le public, à Rufus grimpant aux murs jusqu'aux cintres dans *Auguste, Auguste, Auguste*, à Lounès Tazairt courant *Le Marathon* en temps réel dans la mise en scène de Claude Confortès...

Comme si les pages chiffonnées, piétinées, d'Aubervilliers venaient de se défroisser.

DIDIER DAENINCKX est écrivain. Marquée notamment par les parutions de *Meurtres pour mémoire* (Gallimard, 1983) et de *Cannibale* (Verdier, 1998 ; adapté récemment en bande dessinée avec Emmanuel Reuzé), son œuvre, empreinte d'une forte dimension sociale et politique, reçut en 1994 le prix Paul-Féval de littérature populaire. Se revendiquant communiste libertaire, il a publié en 2020 *Municipales : banlieue naufragée*, dans la collection « Tract » de Gallimard.

LA BIODIVERSITÉ *SI MAL* PROTÉGÉE…

En dépit de tout un arsenal administratif et législatif, les insectes et les oiseaux continuent de disparaître, de même que certaines espèces protégées. Une prise de conscience est impérative, comme pour le climat.

par **CORINNE LEPAGE**

« LA FRANCE prétend protéger la biodiversité. Est-ce vrai ? La question mérite d'être posée, alors que, selon un récent sondage[1], plus de 80 % de nos concitoyens se disent attentifs à ce sujet et que de plus en plus d'êtres humains se sentent à juste titre responsables des conséquences délétères de leur comportement pour le vivant. Il n'y a pas que le sujet climat qui inquiète. D'après un rapport de janvier 2020 du Commissariat général au développement durable, « la situation des écosystèmes terrestres, aquatiques et marins français demeure préoccupante. Les populations d'insectes et d'oiseaux chutent. La biodiversité est confrontée à de nombreuses pressions : artificialisation des sols, fragmentation des milieux naturels, changement climatique, pollutions chimique et lumineuse, etc. »

À l'échelle planétaire, la plateforme intergouvernementale sur la biodiversité et les services écosystémiques (IPBES[2]) a rendu publique, le 6 mai 2019, sa première évaluation mondiale de la biodiversité et des services écosystémiques. Ce rapport souligne que la première crise d'extinction massive des animaux et des plantes, depuis la disparition des dinosaures il y a environ 65 millions d'années, est en cours. Pour l'IPBES, la question de la biodiversité doit être traitée, au niveau international, comme le changement climatique.

À l'échelle européenne, malgré une abondance de textes et de rapports, la situation se dégrade encore. Ainsi, le rapport de la Commission européenne sur l'état de la nature, publié le 15 octobre 2020, souligne que l'Union n'a pas encore réussi à endiguer le déclin des espèces et des types d'habitats protégés, alors que l'objectif pour 2021 était d'enrayer et d'inverser, de manière mesurable, la dégradation de leur état de conservation : seulement 15 % d'entre eux ont un état de conservation favorable et, si 9 % affichent une tendance à l'amélioration, 36 % font l'objet d'une dégradation continue. Cela signifie que les textes actuels ne sont pas suffisants.

La situation en France n'est pas meilleure. Sur les 132 habitats naturels d'intérêt communautaire étudiés parmi les 231 qu'abrite la France, 20 % sont dans un état de conservation jugé « favorable ». 18 % des espèces évaluées figurant sur la liste rouge de l'Union internationale pour la conservation de la nature (soit 6 % des espèces connues en France) sont éteintes ou menacées en France au 1er février 2019. Le risque de disparition des espèces est nettement plus élevé dans les outre-mer insulaires (39 %) qu'en métropole (12 %). Certes, les zones protégées en mer progressent chez nous (22 % d'espaces classés en aire maritime protégée, avec un objectif de 30 % pour 2030), mais c'est moins le cas sur terre : le réseau terrestre des aires protégées, qui visait 2 % du territoire à l'horizon 2019, n'a pas atteint cet objectif – seul 1,38 % du territoire était sous protection forte au printemps 2019. Quant à la densification, elle continue, à raison de 20 à 30 000 hectares artificialisés chaque année – soit une augmentation quatre fois plus rapide que celle de la population.

Et pourtant. Les textes ne manquent pas, pas plus que la communication sur des objectifs qui non seulement ne sont pas atteints, mais pis encore s'éloignent. Ainsi de la consommation des produits phytosanitaires qui, bien loin d'être réduite de 50 % comme prévu dans les lois Grenelle, n'a cessé de progresser.

Les directives « Oiseaux » du 2 avril 1979, modifiée le 30 novembre 2009, et « Habitats » du 21 mai 1992, qui met en place le réseau Natura 2000, avec des zones de protection spéciale (ZPS) et des zones spéciales de conservation (ZSC), sont les textes communautaires fondamentaux, dont l'application en France se heurte toujours aux intérêts défendus par les chasseurs et les bétonneurs. Mais les textes nationaux existent aussi : les zones de biodiversité ont été intégrées par les lois Grenelle dans les schémas de cohérence territoriale (Scot[3]) ; la loi Labbé de 2014 vise à réduire l'usage des pesticides ; la loi sur la biodiversité de 2016 crée la séquence ERC (dont je reparlerai plus en détail) ; et l'apparition du principe « zéro artificialisation nette des sols » a été annoncé dans le plan biodiversité de 2019 à

1. Ifop, 26 mai 2021.

2. Créé le 21 avril 2012 par 94 gouvernements, ce groupe international d'experts a pour mission, sous l'égide de l'ONU, d'assister les États et de renforcer les moyens des pays émergents dans le domaine de la biodiversité, d'où son surnom de « Giec de la biodiversité ».

3. Les documents d'urbanisme qui fixent des objectifs en matière d'habitat, de mobilité, d'aménagement commercial, d'environnement et de paysage pour plusieurs communes ou groupements de communes.

L'OBJECTIF « ZÉRO ARTIFICIALISATION NETTE » N'EST QUE DE LA COMMUNICATION (65 800 HECTARES ONT ÉTÉ ARTIFICIALISÉS CHAQUE ANNÉE ENTRE 2006 ET 2015)

un horizon… 2050, avec un effort un peu plus important dans le projet de loi climat, actuellement en discussion, pour réduire d'ici à 2030 de 50 % la pression sur les zones naturelles.

Comment expliquer l'extrême faiblesse des résultats face à un tel arsenal ? Sans doute par l'ordre des priorités, l'économique primant toujours et dans le détournement toléré d'un certain nombre de lois. Prenons l'exemple de la loi du 8 août 2016 pour la reconquête de la biodiversité, de la nature et des paysages. Elle introduit l'excellent principe que j'évoquais, dit « séquence ERC » – pour « éviter, réduire, compenser » –, destiné à empêcher toute perte nette de biodiversité ; tout porteur de projet doit en premier lieu éviter de nuire à la biodiversité, laquelle intègre les espèces protégées et les autres espèces. Après avoir pris l'ensemble des mesures nécessaires pour supprimer les incidences majeures – quitte à supprimer le projet lui-même si elles demeurent – et après s'en être justifié, si le projet implique toujours des atteintes, celles-ci doivent être réduites au strict minimum (par exemple, par la mise en place d'infrastructures permettant le passage des animaux) ou totalement compensées. Cette compensation doit générer un gain de biodiversité équivalent. La loi précise que les mesures compensatoires ne peuvent pas se substituer aux mesures d'évitement et de réduction. Or, cette loi a été détournée :

– L'évitement n'est quasiment jamais étudié (moins de 10 % des cas), et il est encore plus rarissime de voir un projet abandonné parce que son atteinte à la biodiversité serait trop importante ;

– La séquence des réductions est certes davantage valorisée, mais force est de constater que, souvent, celles-ci sont réalisées à la marge pour réduire le poids de la compensation. De plus, l'accent est généralement mis sur des espèces protégées alors que c'est la totalité de l'habitat et de l'écosystème qui doit être protégée ;

– Quant à la compensation elle-même, non seulement elle ne crée pas nécessairement de nouveaux espaces naturels mais de surcroît, et surtout, sa pérennité n'est pas assurée. Il suffira d'une modification du plan d'urbanisme pour classer une zone naturelle en zone urbanisée et la compensation disparaîtra…

La situation n'est guère plus brillante en ce qui concerne les espèces protégées. Certes, elles font l'objet d'une législation spécifique. En effet, il ne peut leur être porté atteinte que dans le cadre d'une autorisation environnementale, laquelle exige des justifications très précises, concernant l'absence d'alternative et l'existence d'un motif impérieux d'intérêt public – qui est beaucoup plus exigeant qu'un simple intérêt général justifiant une déclaration d'utilité publique.

La sévérité des règles encadrant l'octroi d'une autorisation de destruction d'espèces protégées, qui de plus obéit à des règles communautaires, aurait pu laisser supposer que ce type d'autorisation ne serait donné qu'au compte-gouttes et ferait l'objet d'un contrôle extrêmement rigoureux de la part du juge. Malheureusement, ce n'est pas le cas. D'une part, les autorisations environnementales ont précisément pour objet d'autoriser la destruction, après avis du Conseil national de la protection de la nature (CNPN[4]), lequel ne donne qu'un avis consultatif. Reste bien sûr à analyser le motif impérieux d'intérêt général. Or, la jurisprudence du Conseil d'État est extrêmement décevante. Ainsi, si certains tribunaux administratifs se montrent protecteurs, comme celui de Montreuil qui a jugé le 9 novembre 2020 qu'il n'y avait pas de motif impérieux d'intérêt général à la poursuite des

4. Groupe pluridisciplinaire d'experts créé en 1946, actuellement rattaché au ministère de l'Écologie, de l'Énergie, du Développement durable et de la Mer.

travaux pour le Charles-de-Gaulle Express[5] en raison de la baisse du trafic aérien et de l'impossibilité d'achever les travaux pour les Jeux olympiques, la juridiction d'appel s'est, elle, montrée beaucoup plus ouverte aux arguments conventionnels de la nécessité d'infrastructures, suivant en cela le Conseil d'État.

Pis, dans une décision récente d'avril 2021, le Conseil d'État a estimé que, dans la mesure où il n'y avait plus d'espèces protégées, celles-ci ayant toutes été détruites durant la période de la procédure, la régularisation par la délivrance d'une nouvelle autorisation environnementale de destruction d'espèces protégées pouvait se faire. Ainsi les porteurs de projets sont-ils encouragés à détruire le plus vite possible tout ce qui existe.

Quant au principe « zéro artificialisation nette des sols », il s'imposera... d'ici à 2050 ; c'est la raison pour laquelle le gouvernement s'est donné comme objectif de réduire de 50 % l'artificialisation nette d'ici à 2030 par rapport à la période antérieure, en combinant la renaturation et l'artificialisation. Pour le moment, la trajectoire vers l'objectif « zéro artificialisation nette » n'est que de la communication (65 800 hectares ont été artificialisés chaque année en métropole entre 2006 et 2015). Et ce d'autant qu'à l'augmentation des surfaces artificialisées s'ajoute la dégradation des sols, qui persiste compte tenu du refus du gouvernement d'agir contre l'agrochimie et l'utilisation de produits toxiques, pour le vivant comme pour les sols. La réutilisation récente des néonicotinoïdes en est un exemple.

Toutes les menaces pour la biodiversité demeurent, et dans un rapport publié en juin 2020, la Cour des comptes européenne a déploré l'impact négatif, limité ou inconnu de la politique agricole commune sur le maintien de la biodiversité.

En bref, tout ceci correspond peut-être à ce que le journaliste Stéphane Foucart a appelé le « biodiversité-scepticisme » : un mouvement comparable à celui que nous avons connu, voici une quinzaine d'années, sous forme de climatoscepticisme. Si tel est le cas – et le refus de garantir la protection de la biodiversité dans la Constitution semble l'indiquer –, il est peu probable que les espèces qui survivent, ainsi que leurs habitats, ne soient pas menacées d'extinction et de destruction à moyen terme.

Comment s'en sortir ? Il n'existe aujourd'hui aucun moyen, à l'échelle internationale, pour mettre un terme à un péril qui menace pourtant l'ensemble du vivant sur la planète, donc l'ensemble de l'humanité. Le vote par le Parlement européen d'une résolution en faveur de la reconnaissance de l'« écocide » le 20 mai 2021 est une première étape. Mais elle devra être suivie par bien d'autres actions pour arriver à de vrais résultats.

En réalité, la révolution qui se produit actuellement avec le mouvement en faveur de la justice climatique devrait être transposée à la justice pour la nature, en appliquant la demande de l'IPBES de considérer le sujet de la biodiversité comme le sujet du climat. La traduction en serait nationale, mais avec des principes transposables dans tous les pays, comme c'est le cas pour la justice climatique.

Pour y parvenir, il est non seulement indispensable que le consensus auquel est parvenu le Giec pour le climat soit obtenu par l'IPBES, mais également que la gravité de la situation soit perçue. Cela signifie qu'il faut être capable de renoncer à des projets destructeurs comme nous nous avançons vers l'abandon de nouvelles exploitations fossiles. Un changement de nature, et non de degré !

5. Le projet d'une liaison ferroviaire entre la gare de l'Est et l'aéroport de Paris-Charles-de-Gaulle a été relancé en 2014 et son inauguration devrait avoir lieu en 2024.

CORINNE LEPAGE est avocate et femme politique. Ancienne ministre de l'Environnement dans les gouvernements Juppé, entre 1995 et 1997, et députée européenne de 2009 à 2014, elle préside aujourd'hui avec Marc Governatori le parti Cap écologie. Également très engagée dans la défense des libertés publiques, elle a publié récemment chez Actes Sud, avec Christian Huglo, *Nos batailles pour l'environnement*.

SHEINA est illustratrice. Formée à la Central Saint Martins de Londres, à la School of Visual Arts de New York, et à Penninghen, elle réalise des bandes dessinées et des dessins pour la presse. Elle a publié avec Yannick Resch *Audacieuses : 60 femmes pionnières* (Eyrolles, 2019).

TEXTE
ARTHUR FRAYER-LALEIX

ILLUSTRATIONS
JULIE GUILLEM

Dans la peau…

D'UN PHARMACIEN

Rangement des médicaments, stockage des vaccins, réception des patients… Durant toute une semaine, notre reporter a partagé le quotidien d'une pharmacie située dans un village des Ardennes. Il a découvert le prix très élevé de certains produits et l'existence de champignons étranges.

NOUS SOMMES un mercredi matin de mai, et la pluie tombe à grosses gouttes froides sur les toits de Signy-le-Petit, dans les Ardennes. La place du village ressemble à un grand miroir mouillé. Les toits sont brillants. Le néon de la pharmacie Saint-Nicolas illumine de vert la place que baigne le gris du ciel. Un homme, les vêtements humides, pousse la porte de l'officine, laissant entrer le froid. Un court instant, il reste planté à l'entrée. Il balaie du regard le magasin et file droit vers moi :

– Je viens pour un renseignement : comment qu'on fait pour se faire vacciner ?

Il a une veste Quechua, des Nike neuves et un filet de cheveux rabattu sur le crâne.

– Ce n'est pas moi, le pharmacien…

Je lui désigne Nicolas, qui sort au même moment de l'arrière-boutique avec des boîtes de médicaments dans les mains. Nicolas Mathot est l'homme qu'il cherche. C'est un grand gaillard de 43 ans : le sourire doux, les épaules solides, les cheveux ras et argentés. Il porte le col de son polo relevé, comme Éric Cantonna. Je l'assisterai dans son travail toute la semaine. Le métier de pharmacien est si complexe que je ne peux l'exercer. Il nécessite sept années d'études. Je me contenterai de le suivre comme si j'étais son apprenti. Dans la pharmacie, l'homme à la veste Quechua reprend :

– Je dois me faire vacciner.

Nicolas :

– Appelez la communauté de communes, elle gère le centre de vaccination du samedi.

Le pharmacien a fait le choix de ne pas proposer ce service dans son officine. La place manque. Et, surtout, un « vaccinodrome de campagne » a été mis sur pied pour centraliser les demandes des communes alentour.

– Il faut une ordonnance pour le vaccin ? demande le patient.

Nicolas répond que non. L'homme commence à raconter son histoire sans qu'on lui ait rien demandé :

– Mon gamin vient de rentrer de Lille parce qu'on enterre la grand-mère. Le problème, c'est qu'il a le Covid… Je suis allé le chercher à la gare, il était juste à côté de moi dans la voiture.

Un pli imperceptible se dessine sur le front de Nicolas. Quand l'homme s'arrête, le pharmacien lui demande :

– Vous portiez le masque dans la voiture ?

– Bah non. Sur le coup, j'y ai pas pensé.

L'homme se fait rassurant :

– Depuis qu'il est rentré, le gamin mange dans la salle à manger et moi dans la cuisine. On se croise jamais. Demain, à l'enterrement, il restera tout derrière.

« AU DÉBUT DE LA PANDÉMIE, BEAUCOUP DE PATIENTS ANNONÇAIENT SANS MASQUE AU MILIEU DES AUTRES : “JE SUIS POSITIF.” C'ÉTAIT TRÈS DÉCONCERTANT »

Nicolas lui suggère encore d'appeler la communauté de communes. Il lui donne le numéro. Le visiteur remercie et part. La pharmacie se retrouve vide. Voilà deux jours que je suis ici.

Le village de Signy-le-Petit se situe dans la Thiérache, à la limite des Ardennes et de l'Aisne. « Près de tout et proche de rien », disent les gens ici. Charleville-Mézières est à 40 kilomètres ; Maubeuge, à 70. La Belgique est toute proche. Les trente-sept communes de la communauté de communes Thiérache Ardennes dont parlait Nicolas concentrent dix mille habitants. La grande place de « Signy », en plus de la pharmacie, compte une boulangerie, une supérette, une auto-école, un notaire, un fleuriste, un cabinet d'infirmières et une auberge en briques dont l'intérieur est décoré d'une multitude de chouettes miniatures.

Nicolas dépose sur le comptoir les boîtes de médicaments. « Au début de la pandémie, beaucoup de patients se sont présentés à la pharmacie comme ce monsieur. Il n'y avait alors ni gel ni plexiglas de protection, et ils annonçaient sans masque au milieu des autres patients : “Je suis positif.” C'était très déconcertant. Il a fallu de faire de la pédagogie. »

Je fais un tour dans la pharmacie. Je suis là depuis la veille et je commence à connaître les lieux. Elle se divise en deux parties : le « magasin » proprement dit, où se présentent les patients ; et l'« arrière-boutique », où se trouvent les stocks et le bureau de Nicolas. Cela ressemble à un théâtre, avec sa scène et ses coulisses. La partie magasin est colorée et sans chichi : des murs verts et blancs, du carrelage au sol. À droite se trouvent les tétines pour enfants, les couches, le lait en poudre, les crèmes. À côté, les tubes de dentifrice et les produits pour les chiens et les chats. Au fond, un comptoir avec deux ordinateurs et des scanners pour les ordonnances des patients.

À la porte d'entrée, des petites annonces ont été punaisées au mur : une assistante maternelle cherche des enfants à garder ; une autre propose des « activités manuelles » et de l'« aide au travail scolaire ». Il y a un numéro de téléphone pour louer une shampouineuse. Un homme recherche un local pour du matériel de jardinage. Un gosse est en quête de petits boulots : tailler des haies, faire du ménage…

Je passe dans l'arrière-boutique. C'est une enfilade de pièces étroites et encombrées.

Tout y est blanc comme dans un bloc opératoire. Les murs sont tapissés de médicaments. Dans un coin se dresse le réfrigérateur utilisé pour conserver au frais les vaccins. On dirait une chambre d'adolescent mal rangée. C'est la première chose que m'a dite Nicolas la veille : « Ne sois pas surpris, c'est le bazar. On manque de place pour tout stocker. C'est le souci numéro 1 dans notre profession. »

Sophie, la pharmacienne qui seconde Nicolas, est en train de trier des boîtes de médicaments. Elle est grande, les cheveux sombres. Ce jour-là, elle porte un chemisier imprimé de coquelicots. Elle a la quarantaine. Sur un étroit comptoir, elle empile des boîtes de médicaments selon leurs noms : une pile de Permixon, une de Furosémide, une autre de Flixonase, une quatrième de Céliprolol. Je n'ai aucune idée de ce à quoi ils peuvent servir. Je m'approche.

– Qu'est-ce que tu fais ?

– Je range ce qu'on vient de nous livrer.

Elle m'indique six grosses caisses en plastique posées sur le carrelage. On dirait d'énormes Lego d'enfant. À l'intérieur, des dizaines de boîtes en vrac. Les caisses ont été expédiées par des grossistes depuis Reims, Charleville et Pont-à-Mousson. La chaîne du médicament est toujours la même : 1. fabrication dans les usines des laboratoires ; 2. envoi aux grossistes qui agrègent les livraisons de plusieurs laboratoires ; 3. expédition aux pharmacies en fonction de ce qu'elles commandent. De plus en plus, il arrive que le pharmacien traite avec les laboratoires directement.

– La pharmacie est approvisionnée deux fois par jour : le matin et en début d'après-midi. Les livreurs ont les clés, au cas où on ne serait pas là, me dit Sophie.

La livraison de ce matin est surtout du réassort : des produits que les clients demandent régulièrement. Le Permixon (la boîte est orange et blanc) est utilisé contre les problèmes de prostate ; le Furosémide contre l'hypertension ; le Flixonase contre les inflammations du nez. Il y en a encore d'autres contre les

infections urinaires et le cholestérol, mais je ne les retiens pas. Tout cela ressemble à des noms de villes ou de pays inconnus.

– On a aussi beaucoup de médicaments contre les allergies. On est en plein dedans, en ce moment, me dit encore Sophie.

Tout à coup, une dame apparaît dans l'arrière-boutique. Elle file vers les étagères de médicaments, un panier à la main. Ce n'est pas une employée, mais Sophie ne paraît pas surprise. Elle attrape deux boîtes qu'elle fait tomber dans son sac avant de passer à une autre étagère. On dirait qu'elle fait ses courses. Tout en furetant, elle dit :

– Vous n'avez plus de stocks de Gaviscon ?

Sophie lui montre où ils se trouvent. La dame reste encore quelques minutes puis disparaît. « À tout à l'heure ! » lance-t-elle en franchissant la porte. Je reste interloqué.

– C'était qui ? je demande.

– Une infirmière. Elles passent souvent, plusieurs fois par jour.

– Et elles se promènent comme ça dans le magasin ?

– Bien sûr. Elles savent où sont les choses, elles se servent. Ça leur fait gagner du temps et à nous aussi.

J'entends la porte d'entrée du magasin s'ouvrir et, un bref instant, le bruit de la pluie sur le trottoir nous parvient. Une voix d'homme s'élève, basse et rauque. Sûrement un nouveau patient. Je laisse Sophie.

Un vieil homme fait face au comptoir. Son visage est ridé comme un fruit trop mûr. Il porte un gilet boutonné sur le ventre.

– Comment ça va, Monsieur L. ? demande Nicolas.

Le vieil homme répond, l'air las :

– Je me suis fait bouffer mes poules par un chien.

Il raconte durant quelques minutes le carnage dans son poulailler, le visage triste. Puis il dépose une ordonnance.

– C'est pour le renouvellement de votre canne ? Je l'attendais. Merci ! dit Nicolas.

Monsieur L. repart. De nouveau, on entend la pluie marteler la grande place. Je suis surpris parce que le vieil homme a quitté la pharmacie sans emporter ce qu'il était venu chercher.

Nicolas, le regard fixé à la porte :

– Monsieur L., il m'apporte souvent des œufs. Il a 93 ans.

– Pourquoi n'a-t-il pas pris sa nouvelle canne ?

– Parce qu'il l'a déjà. On la lui a avancée avant qu'il aille voir le médecin. L'ancienne était cassée. Ici, ça arrive souvent qu'on avance les choses aux gens.

Peu de temps après, une dame aux cheveux coupés court vient chercher de l'Élétripan, un antimigraineux.

– Il est en rupture, lui annonce Nicolas.

Elle fait une mine déconfite.

– Je peux vous avoir du Relpax à la place. On en reçoit cet après-midi.

– C'est que je vais à Ramatuelle en vacances... Je veux en avoir avec moi.

– Vous allez voir Brigitte Bardot ? la taquine le pharmacien.

Une jeune cliente avec de grandes lunettes qui est entrée à la suite de la dame et qui furète du côté des crèmes s'approche de nous :

– S'il y a de beaux hommes, je veux bien venir avec vous ! dit-elle d'une voix piquante.

Nicolas bombe les pectoraux en faisant le rigolo. On dirait Aldo Maccione dans *L'Aventure, c'est l'aventure*.

– C'est qu'il y a de beaux hommes même dans les Ardennes !

– Eh bah, moi, je les ai pas encore trouvés ! lui rétorque la fille sans comprendre la blague.

Plus tard, un homme grisonnant entre pour récupérer du collyre. Il doit subir prochainement une vitrectomie. L'opération consiste à retirer le vitré de l'œil, ce gel aqueux qui le remplit aux trois quarts, pour avoir accès à la rétine.

– Je ne vois plus clair, comme si j'étais dans un aquarium.

140 PATIENTS POUSSENT CHAQUE JOUR LA PORTE DE LA PHARMACIE DE SIGNY. « LA PLUPART ONT ENTRE 55 ET 75 ANS. ON A UN TROU D'ÂGE ENTRE 35 ET 45 ANS »

Il a regardé sur Internet en quoi consistait l'opération. Il a vite arrêté.

– Il n'y a que ceux à qui ça a raté qui en parlent.

140 patients poussent chaque jour la porte de la pharmacie de Signy-le-Petit. C'est une moyenne. « La plupart ont entre 55 et 75 ans, m'a précisé Nicolas la veille. On a un trou d'âge entre 35 et 45 ans. » Il a toutefois nuancé : « On a aussi des naissances. » Son indicateur de natalité est presque aussi fiable que l'état civil : le Prevenar 13, un vaccin pour les nourrissons. Il en vend une dizaine de boîtes chaque mois.

Les clients défilent. Certains pour quelques minutes. D'autres restent de longs moments à faire la conversation comme un jour de marché. Durant tout ce temps, je vais et viens entre le magasin et l'arrière-boutique. Il reste une grosse demi-heure de travail quand le téléphone sonne. Nicolas décroche. Dans la pharmacie, l'air est chaud, presque figé. Il écoute ce que son interlocuteur lui raconte. Ce doit être sérieux, il a le visage concentré. Après une minute de silence, il répond enfin :

– Le Vogalène n'est vraiment plus conseillé pour les enfants...

Son interlocuteur le coupe.

– Ah... deux bébés... 18 mois et 4 ans...

Un silence encore.

– Et elles vomissent beaucoup ?... C'est qui, votre médecin ?

Il raccroche et appelle aussi sec la maison de santé. Puis il rappelle la mère :

Fièvre
Notre conseil
Bien-ê

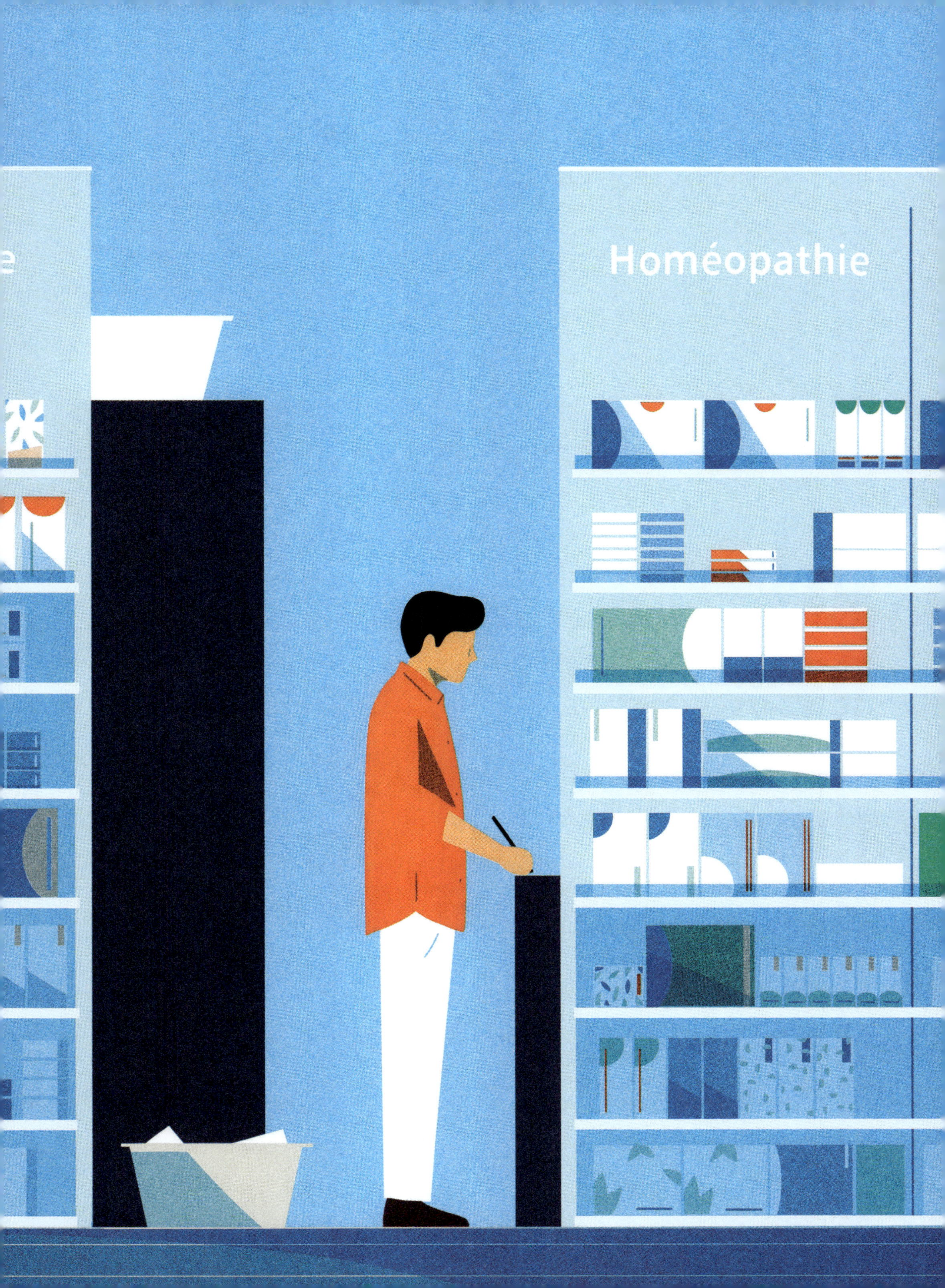
Homéopathie

– La maison de santé va vous rappeler s'ils trouvent un créneau pour vous aujourd'hui… Sinon vous avez une solution de réhydratation ?

À nouveau, impossible d'entendre ce que la jeune mère lui raconte. Nicolas :

– Les vomissements sont des symptômes impressionnants, mais ce n'est pas grave. Il faut surtout éviter que vos enfants se déshydratent… Vous pouvez passer à la pharmacie jusqu'à 19 heures.

Enfin, il raccroche. À 19 heures, je quitte la pharmacie. La pluie a cessé. La route est mouillée et toute fumante. Dans le ciel, il y a des trouées de bleu. Je serais bien allé me promener, mais la journée n'est pas finie. J'ai encore rendez-vous avec Miguel Leroy, le président de la communauté de communes Ardennes Thiérache, la collectivité qui a mis sur pied le fameux centre de vaccination du samedi.

« QUATRE MILLE PERSONNES ONT REÇU UNE DOSE DE VACCIN. ON EST CONTENTS. C'EST BEAUCOUP POUR UN PETIT TERRITOIRE COMME LE NÔTRE »

Assis à la terrasse du Mon Idée, un restaurant en bordure de départementale, nous commandons des bières. Miguel Leroy est le premier édile d'Auvillers-les-Forges, la commune où nous sommes. En nous apercevant, des jeunes se mettent à crier : « Bonjour, monsieur le maire ! » Leur table est encombrée de verres vides et de cendriers pleins. Il y a comme un parfum de fête. C'est le tout premier jour de réouverture des terrasses en France. Nos bières arrivent.

– Notre communauté de communes est la dix-septième plus pauvre de France, me dit l'élu en soufflant sur la mousse de sa bière. Quand les premiers vaccins sont arrivés, on s'est dit qu'il fallait faire quelque chose, sinon on allait encore être oubliés.

– Et qu'avez-vous fait ?

– On a transformé la maison de santé en centre de vaccination. Tous les samedis, on vaccine quatre cents personnes. Depuis février, quatre mille ont reçu une dose de vaccin. On est contents. C'est beaucoup pour un petit territoire comme le nôtre.

Dans les premiers mois, il a fait en sorte de garder confidentiel le centre de Signy-le-Petit.

– On ne voulait pas que les gens de Reims débarquent chez nous comme les Parisiens l'ont fait en Seine-Saint-Denis.

Maintenant que les plus âgés sont passés, c'est différent.

À la table d'à côté, une jeune femme se lève, une cigarette entre les dents. Elle titube un peu :

– Monsieur le maire, vous avez pas du travail pour moi ?

On parle encore de tout un tas de sujets : de la nécessité des familles d'avoir deux voitures pour aller travailler, des pompiers volontaires qui peinent à recruter et des éoliennes qui poussent comme de la mousse. Sur ce point, Miguel Leroy se montre catégorique : « Les éoliennes, je ne suis pas pour. Il s'agit du développement économique des territoires pauvres : comment peut-on développer le tourisme si on nous en met partout ? »

Quand je me réveille le jeudi matin, Signy-le-Petit est enveloppé de blanc. Des bandes de brouillard s'étirent entre les maisons. Je distingue à peine le monument aux morts de la grande place.

À 9 h 30, j'entre dans la pharmacie. Nicolas n'est pas encore là mais, dans l'arrière-boutique, l'une des préparatrices est déjà au travail. Elle s'appelle Mylène, elle a 32 ans, une longue robe à fleurs et les prénoms de ses enfants tatoués aux poignets. Les préparateurs en pharmacie sont les super-adjoints des pharmaciens. Ils gèrent les stocks et s'occupent des ventes. Avant l'apparition des laboratoires pharmaceutiques, les préparateurs aidaient à la confection des pommades et des gélules dans les officines. D'où leur nom. Mylène est affairée à une table, penchée sur un grand rectangle de plastique constitué d'alvéoles. Cela ressemble à un gigantesque calendrier de l'Avent. Dans chacune des alvéoles, elle dépose des gélules. Je l'observe, intrigué.

– Ça ne te dérange pas si je te regarde faire ?

– Je peux même t'expliquer. Tu verras, c'est assez répétitif.

Elle ouvre une boîte de médicaments et répartit les gélules dans chacune des alvéoles.

– Ça s'appelle un pilulier, me dit-elle en indiquant le rectangle de plastique. C'est pour les patients de l'Ehpad de Signy. Chacune des alvéoles correspond à un jour de la semaine. On y met les médicaments qui doivent être pris ce jour-là. Ça évite aux patients âgés de le faire.

Elle fait craquer l'aluminium d'une nouvelle boîte.

– Ceux-là, par exemple, c'est pour le diabète.

Elle laisse tomber les gélules. On dirait un jardinier qui fait des semis. Le pilulier est plein. Elle recompte les médicaments puis elle le scelle. Le nom du patient est marqué dessus.

– Il y a beaucoup de patients dans cet Ehpad ?

– Il n'en reste que trente-sept.

– Pourquoi ? Il y en avait plus avant ?

– L'Ehpad a été un cluster pendant l'épidémie. Dix-sept des soixante résidents sont décédés.

Je ne sais pas trop quoi répondre. Au même moment, je remarque une chose que je n'avais pas notée : en plus des médicaments sont entreposés sur les étagères de l'arrière-boutique des yaourts. De simples yaourts, goût « café », « pêche » ou « caramel ».

– Pourquoi vous vendez des yaourts ?

Mylène lève les yeux de son pilulier.

– Ce sont des yaourts spéciaux. Ils sont très nutritifs. C'est pour les gens qui ont un cancer ou pour les personnes âgées dénutries.

Elle scelle le pilulier qu'elle vient de terminer et ajoute :

– On en donne aussi aux cas de Covid long. C'est-à-dire aux personnes qui sont toujours sans goût ni odorat, même après la maladie. Souvent, ils n'ont plus envie de cuisiner. Ils ont perdu beaucoup de poids.

Le Covid flotte dans les conversations comme l'orage dans le ciel. Le père d'une amie de Mylène en est mort : « 69 ans, c'est jeune... » Tandis qu'on parle, elle entame un nouveau pilulier.

Nicolas arrive entre-temps. Je lui demande s'il a réussi à obtenir un créneau chez le médecin pour les deux enfants malades de la veille.

– Oui ! il me dit, content. Un coup de fil du pharmacien aide souvent.

En France, le binôme médecin-pharmacien est l'un des socles du système de santé. En zone rurale notamment. « C'est un bon moyen de contrôler la consommation des médicaments, avance Nicolas. Dans les pays anglo-saxons où l'automédication est plus poussée, les patients sont assimilés à des consommateurs. » Les médicaments sont dans les supermarchés. Faute de pharmaciens qui jouent les vigies, il y a moins de contrôle. « Les risques de dépendance sont accrus. Il y a parfois eu des effets iatrogéniques terribles. »

– Des effets quoi ?

– Iatrogénique… L'iatrogénie, c'est l'accumulation des effets indésirables dus au mélange de médicaments.

Depuis trois jours que je suis là, la pharmacie Saint-Nicolas me fait de plus en plus penser à un poste de santé avancé. C'est ici qu'on vient en premier lieu en cas de soucis. Les médecins, pris par leurs rendez-vous, sont moins disponibles. Là, il suffit de pousser la porte. C'est gratuit et pratique.

Alors que Mylène continue ses piluliers, Nicolas annonce :

– J'ai des transmissions à faire.

On dirait un militaire sur le point d'appeler son état-major. En fait, pour un pharmacien, « les transmissions » consistent à envoyer les ordonnances des patients à la Sécurité sociale et aux mutuelles. C'est la condition pour être payé. Chaque jour, il y a des « rejets » : la Sécurité sociale ou les mutuelles refusent de payer, parce que la carte de mutuelle du patient a expiré, parce que son dossier est incomplet… Il peut y avoir tout un tas de raisons. Pour le pharmacien, courir après les remboursements prend un temps fou. La veille, il y a eu trois rejets en raison de mutuelles impayées : 9,76 euros ; 26,89 euros ; 0,77 euro. À la pharmacie de Signy-le-Petit, plus d'une ordonnance sur dix est rejetée.

– Pour nous, c'est énormément d'administratif, explique Nicolas. C'est presque l'équivalent d'un emploi à temps plein.

Cette situation est liée à la généralisation du tiers payant.

– Qu'est-ce que tu en penses, du tiers payant ? dis-je à Nicolas.

Je sais que chez les professions de santé, les avis sont mitigés. Beaucoup y sont opposées. Lui :

– Ça a facilité l'accès à la santé. Les gens n'ont pas de frais élevés à avancer et ça, c'est très bien. Le revers de la médaille, c'est que les patients n'ont aucune idée du prix de leur traitement. Ils ne savent pas ce que cela coûte à la société.

Il marque une pause avant de conclure :

– Et pour nous, pharmaciens, c'est souvent plus dur de se faire rembourser.

Tout en parlant, il a saisi une boîte de médicaments sur les étagères. Il me la tend :

– Tu vois... Le prix n'est pas indiqué dessus.

– Il y a des médicaments qui coûtent si cher que ça ?

– Le plus cher que j'ai délivré, c'est un traitement contre la leucémie. Il coûte 5 500 euros.

Je suis scotché par le prix. C'est l'équivalent de cinq Smic.

Globalement, tous les traitements liés aux cancers sont onéreux. La veille, on lui a commandé un médicament pour un cancer de la prostate. La boîte coûte 2 782 euros.

« La somme est remboursée en totalité par la Sécu. Pour les affections longue durée, le patient n'a rien à avancer. C'est fantastique quand même. On a un système de santé formidable. Les gens ont tendance à l'oublier. »

Le vendredi, le temps est toujours gris. Aux alentours de 9 h 30, un livreur dépose des caisses réfrigérées à la pharmacie. Ce sont de grosses caisses bleues semblables à des boîtes à outils. Nicolas est tout heureux : « Ce sont les doses pour le centre de vaccination ! » Quatre cents personnes doivent se faire piquer le lendemain. Le pharmacien est toujours anxieux les jours de livraison. Il y a quelques semaines, l'Agence régionale de santé s'est plantée. Elle a fait livrer les doses à Signy-l'Abbaye, un village à 30 kilomètres de Signy-le-Petit. « Ils avaient confondu les deux noms. » Nicolas ouvre les caisses une à une. On dirait un gosse un matin de Noël. À l'intérieur, cinquante-quatre flacons d'aspect différents : des Pfizer (bouchons violets), des Astra Zeneca (bouchons rouges), des Jansen. Ces derniers sont dans des flacons opaques parce que les doses ne doivent pas être exposées à la lumière.

– Chaque flacon peut faire sept doses, m'explique Nicolas.

Des seringues ont été livrées avec. Il fait une petite moue :

– On risque d'en manquer.

Aidé de Mylène et de Julie, les deux préparatrices, il compte les doses. Il faut être sûr que le compte est le bon. Puis ils les rangent dans le réfrigérateur de l'arrière-boutique.

– Il faut les conserver à moins de 8 degrés.

À 11 heures, l'une des infirmières du village vient chercher des flacons d'Astra Zeneca.

– Je les mets sur le compte de qui ?

– Du Dr G.

Déjà, elle repart. Nicolas la regarde sortir. Il murmure :

– Les infirmières en zone rurale, elles font un boulot incroyable. Elles vont chez les gens, à l'Ehpad, à la maison de santé... Elles n'arrêtent jamais. C'est du lien social puissance mille.

Vingt minutes plus tard, une femme aux cheveux pâles pénètre, une glacière à la main, dans la pharmacie. Elle file tout droit à l'arrière. Nicolas l'aperçoit :

– Bonjour docteure ! Vous allez bien ?

– Je viens chercher mes vaccins, elle répond dans un petit sourire.

« LE TIERS PAYANT A FACILITÉ L'ACCÈS À LA SANTÉ. LE REVERS DE LA MÉDAILLE, C'EST QUE LES PATIENTS NE SAVENT PAS CE QUE CELA COÛTE À LA SOCIÉTÉ »

Elle est médecin à Signy-le-Petit depuis trente-sept ans. Elle sort un papier avec la liste de ce dont elle a besoin : quatre Astra Zeneca et un Jansen. « J'ai de quoi vacciner 45 patients avec ça. Ça me fera le week-end. » Comme l'infirmière tout à l'heure, elle ne s'attarde pas.

Après, c'est le même ballet de patients que les jours précédents. De mon côté, je continue d'aller et de venir dans l'officine. À suivre tantôt Nicolas, tantôt Julie, tantôt Sophie ou Mylène. C'est déjà le milieu de l'après-midi quand un grand type chauve entre dans la pharmacie. Il tend une ordonnance à Julie :

– C'est pourrr des bandelettes de glycémie pourrr mon pèrrre.

Il paye et part.

– C'est un Belge, me glisse Mylène depuis l'arrière-boutique, comme si je ne l'avais pas deviné.

Les Belges sont nombreux à venir acheter leurs médicaments à la pharmacie Saint-Nicolas. Depuis le début de semaine, c'est au moins le quatrième que je vois.

– C'est parce qu'ils travaillent en France qu'ils viennent ici ? dis-je à Mylène. Je trouve ça très curieux.

– Non, c'est que les médicaments sont moins chers ici qu'en Belgique.

Elle prend en exemple la boîte de bandelettes de glycémie que l'homme vient d'acheter : elle coûte 37 euros en France, mais 50 euros en Belgique.

– À ce prix-là, ça vaut le coup de passer la frontière.

Il est d'autant plus important pour les Belges de trouver des médicaments peu chers que les pouvoirs publics ne remboursent presque rien chez eux.

– Là-bas, ce sont les mutuelles qui remboursent l'essentiel. Ils ont intérêt d'en avoir de bonnes, me dit encore Mylène.

Plus tard, un homme coiffé d'un chapeau entre.

– Tiens ! Comment allez-vous ? l'interpelle Nicolas.

Visiblement, c'est un habitué. Nicolas lui demande tout sourire :

– Alors, vous en avez trouvé, des morilles ?

L'homme se cale au comptoir comme on le ferait dans un bistrot :

– Des morilles, j'en ai pas trouvé. Par contre, c'est la saison de l'oreille de Satan. Ça pousse sur le sureau.

Nicolas fait une sale tête en entendant le nom, comme un gosse que l'on forcerait à manger des salsifis.

– Des oreilles de Satan ? Ça ne doit pas se manger.

Le type au chapeau fait le malin :

– Bien sûr que si, ça se mange ! Même que ça se croque cru ! C'est très bon.

À Signy, quand la saison des champignons commence, le sujet occupe une bonne partie des conversations à la pharmacie. Ici, dans l'est des Ardennes, il y a beaucoup de bolets.

Une fois le type parti, Nicolas me glisse : « La science des champignons est en train de se perdre. Les personnes qui nous en apportent sont moins nombreuses qu'avant. »

Il est interrompu par une nouvelle patiente venue pour un mal de gorge. Elle part bientôt. Il peut reprendre : « Les vieilles générations de pharmaciens étudiaient davantage la mycologie à la faculté. Mais à leur époque, il y avait aussi bien moins de choses à apprendre. »

C'est la dernière heure de la journée. Des clients arrivent encore, qui s'arrêtent à la pharmacie avant de rentrer chez eux. Une dame âgée prévient qu'elle est « allergique à la pénicilline » en tendant son ordonnance. Une jeune fille vient chercher un flacon pour son grand-père. Une dame recherche des lunettes-loupes pour une amie en maison de retraite. Une jeune mère achète du lait en poudre et du gel à gencives pour bébé. Une autre cherche « quelque chose » pour les otites d'enfants. Nicolas la met en garde :

– Surtout, ne mettez rien dans l'oreille de votre petit. Ça risquerait de lui abîmer l'oreille interne.

J'ai l'impression que les jeunes parents font des provisions de remèdes en perspective du long week-end de Pentecôte. Les dimanches et les jours fériés, il n'y a qu'un médecin de garde ici.

À 18 h 55, une pluie compacte se met à tomber, qui vernit une fois de plus la grande place du village. Il n'aura pas fait beau de la semaine. Derrière la porte qui relie la pharmacie au domicile de Nicolas, j'entends un grattement. C'est Nestie, sa chienne. Elle vient chercher son maître parce que c'est l'heure de fermer.

Le soir, je googlise « oreille de Satan » sur Internet. Je suis curieux de voir à quoi ça ressemble. Le type au chapeau s'est trompé : le champignon qui pousse à cette saison sur le sureau s'appelle en réalité l'« oreille de Judas ». Cela ressemble en effet à une grosse oreille toute molle. C'est bel et bien comestible, mais il ne faut pas en abuser. On l'appelle comme cela parce que Judas s'est pendu à un sureau.

C'est samedi, mon dernier jour. Le ciel est gris et sale. Dans la pharmacie, Nicolas me tend deux boîtes en carton qui n'ont l'air de rien comme ça.

– Fais attention, ce sont les vaccins du centre.

De l'officine, nous nous rendons à la maison de santé où le centre de vaccination a été installé. C'est là que je passe ma dernière matinée. Les samedis, l'endroit est totalement réaménagé : les cabinets des médecins sont convertis en boxes de vaccination ; un sens de circulation est imposé ; il y a une porte pour entrer et une autre pour sortir.

La journée débute dans vingt minutes. Dans une pièce, trois infirmières confectionnent des doses à la chaîne, mêlant le vaccin à du sérum physiologique. L'un des médecins qui supervisent la journée déboule dans la pièce, inquiet :

– On n'a pas assez d'alcool modifié !

Il s'agit du produit utilisé pour désinfecter la peau avant de la piquer.

– Je vais en chercher à la pharmacie ! annonce aussi sec Nicolas, qui attrape ses clés de voiture.

À 9 heures, la journée débute. Le centre se transforme soudain en ruche. Des patients entrent, d'autres sortent. Je vois parfois un médecin traverser le hall à grandes enjambées. Nicolas, lui, est reparti à sa pharmacie. Il doit tenir l'accueil, car ses employés sont en weekend. On s'est dit au revoir rapidement. J'ai à peine eu le temps de le remercier. J'aperçois Miguel Leroy, avec qui j'ai bu une bière mercredi. Comme d'autres maires, il s'est porté bénévole. Il est content car, trois jours plus tôt, il restait encore 150 places vacantes. Il a réussi à toutes les combler.

– Comment tu as fait pour trouver tant de monde si vite ?

– Facebook.

Il a posté un message sur le réseau social : « Il nous reste 150 doses de vaccins Pfizer pour demain, samedi 22 mai, à la maison de santé pluridisciplinaire universitaire de Signy-le-Petit. Faites passer le message. » Le mot a été partagé 556 fois.

« LES VIEILLES GÉNÉRATIONS ÉTUDIAIENT DAVANTAGE LA MYCOLOGIE À LA FACULTÉ. MAIS IL Y AVAIT AUSSI BIEN MOINS DE CHOSES À APPRENDRE »

À 9 h 55, je me glisse dans la file d'attente. Moi aussi, je me fais vacciner aujourd'hui. Miguel Leroy me l'a proposé. Vu que le centre risquait de perdre des doses, je ne privais personne. Devant moi, un couple de personnes âgées attend en se tenant la main comme de vieux amoureux. Je remplis un formulaire. À 10 heures et 5 minutes, un bénévole me fait signe de le suivre. Il porte un t-shirt « Marathon de New York ». J'ai discuté avec lui tout à l'heure. C'est le gérant du bowling de Charleville-Mézières. Il vient donner un coup de main ici quand il peut.

– Attendez là, il me dit. Le médecin va venir dans quelques minutes.

Il m'installe sur une chaise. Je suis dans l'un des boxes de vaccination qui, en temps normal, doit être le bureau d'un des docteurs. Il y a des fleurs dans un vase et des dessins d'enfant au mur. La lumière du dehors coule d'une fenêtre, tapissant les murs de blanc. Trois autres personnes attendent à côté de moi : deux femmes et un homme, tous les trois dans les 60 ans. Personne ne parle. Je voudrais dire un mot. Ces silences de salle d'attente sont toujours gênants. L'une des dames se grignote les ongles comme une souris. Enfin, le médecin arrive. Il se prénomme Hicham : jeune, des lunettes, une veste bleue de docteur, un talkie-walkie à la ceinture.

– Bonjour, je suis le docteur S. Vous allez tous bien ? C'est la première injection pour tout le monde ?

Une des deux dames lève la main :

– On n'a pas envie… Ça fait un peu peur, quand même.

– Il ne faut pas vous inquiéter. C'est comme la polio. C'est comme ça qu'on l'a éradiquée en France.

Il reprend :

– Personne sous antibiotiques ? Personne n'a reçu un autre vaccin ces quinze derniers jours ? Personne n'a eu le Covid ?

Il débite ses questions à rythme rapide. On sent qu'il répète les mêmes phrases depuis le début de la matinée. Il poursuit encore :

– On va vous injecter votre première dose de Pfizer. Ça vous protégera en partie. Après votre seconde dose dans six semaines, vous serez protégés à près de 85 %, ce qui est excellent. Un vaccin ne protège jamais à 100 %. Continuez à pratiquer les gestes barrières. Vous pouvez être porteur même si le virus ne vous affecte pas.

La dame qui a levé la main quelques instants plus tôt le regarde avec des yeux d'enfants inquiets. Sa tirade terminée, le docteur vérifie nos noms et disparaît dans un autre box. On entend sa voix, basse et étouffée : « Bonjour, je suis le docteur S. C'est la première injection pour tout le monde ? » Je me demande combien de fois il répète cette phrase dans la journée. Dans notre box, une infirmière se présente, des seringues dans les mains.

– Bras droit ou bras gauche ? elle me demande.

Je retrousse ma manche. Elle s'avance avec son aiguille. Je tourne la tête. Je sens une très légère piqûre. Ça y est, c'est fait. Déjà, elle me donne un coton. L'infirmière passe à l'autre homme de la pièce, puis aux deux femmes. Nous voilà tous vaccinés.

– Je vous garde là encore quinze minutes et je vous libère. C'est pour être certaine que tout va bien.

Je sors quinze minutes plus tard. Mon expérience d'apprenti pharmacien touche à sa fin. Je repasse en voiture devant la pharmacie sans m'arrêter. Son néon vert balafre toujours le gris du ciel.

ARTHUR FRAYER-LALEIX est reporter. Dans *J'ai vu des hommes tomber* (Don Quichotte, 2012), il dresse un tableau des précaires. Il a publié deux vastes enquêtes en immersion. La première, *Dans la peau d'un migrant* (Fayard, 2015), retrace son périple de Peshawar à Calais : il a voyagé grimé en clandestin pour approcher les passeurs. La seconde, *Dans la peau d'un maton* (id., 2011), évoque le quotidien des gardiens de prison à Fleury-Mérogis et à Orléans, qu'il a partagé.

JULIE GUILLEM est illustratrice. Née à La Rochelle, elle est diplômée de l'École nationale supérieure des arts décoratifs de Paris (Ensad) et de l'Université des arts appliqués de Vienne, et collabore régulièrement à la presse (*Le Monde*, *le 1*, *Usbek & Rica*…). Son premier livre pour enfants, *L'Atlas des Nuages* est paru aux éditions Actes Sud Junior en 2016. Elle a depuis publié, avec Eva Bensard, *Cerfs-volants* (La Martinière jeunesse, 2018).

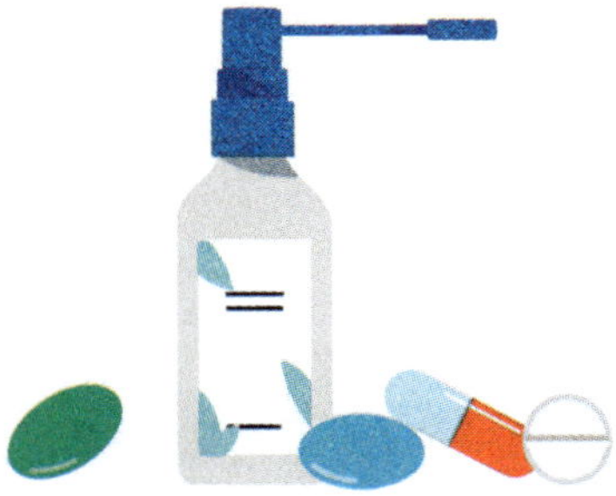

UNE PROFESSION TRÈS FÉMINISÉE

73 830 pharmaciens étaient répertoriés par l'ordre national des pharmaciens en 2020 – un chiffre en baisse depuis dix ans (moins 0,9 %). Le maillage du territoire reste cependant bien assuré : dans l'ensemble des communes, la pharmacie la plus proche du domicile est en moyenne à 3,8 kilomètres.

Sept pharmaciens sur dix sont des femmes. Ils ont en moyenne 46,8 ans. Du fait de l'évolution de l'âge de la retraite, 3 231 (soit 4 %) ont aujourd'hui plus de 66 ans. Le nombre de pharmaciens de moins de 35 ans augmente cependant : ils représentent 21 % des effectifs de la profession.

Pour être pharmacien, il faut être titulaire d'un diplôme d'État de docteur en pharmacie. Les études durent entre six et neuf ans, selon la spécialité choisie : six ans pour les spécialités officine et industrie, neuf ans pour l'internat, qui permet de se spécialiser en pharmacie hospitalière, en biologie médicale, en innovation pharmaceutique ou dans la recherche.

La rémunération d'un pharmacien d'officine salarié est réglementée par une convention collective, qui détermine les salaires au moyen de coefficients. Celle d'un débutant peut varier de 2 000 à 2 500 euros net par mois, quand un adjoint avec quelques années d'expérience percevra dans les 2 300 à 2 700 euros net. Les revenus moyens des pharmaciens non-salariés titulaires s'échelonnent, eux, de 3 900 à 7 800 euros net par mois, selon le type d'imposition de leur officine (entreprise individuelle, société soumise à l'impôt sur le revenu ou société soumise à l'impôt sur les sociétés). Quant à la rémunération d'un pharmacien en hôpital, comme pour tout fonctionnaire, elle évolue selon le grade et l'échelon : un généraliste assistant des hôpitaux associé percevra entre 1 600 et 2 000 euros net par mois, quand un praticien hospitalier à temps plein gagnera, lui, entre 3 200 et 5 800 euros.

Illustré par GIANPAOLO PAGNI

L'AVÈNEMENT DE L'AMOUR

par DAVID DJAÏZ

Après la colère et l'orgueil, notre chroniqueur se penche sur un sentiment romantique longtemps resté réservé à la sphère privée. Avant d'occuper une place centrale dans notre société, depuis la Seconde Guerre mondiale, et de devenir un trait distinctif de notre pays.

NE NOUS mentons pas : la France a perdu de sa superbe. Elle est désormais une puissance moyenne et la hantise du déclin l'assaille. Elle n'exporte plus autant que naguère ses artistes, ses intellectuels et ses scientifiques aux quatre coins du monde. S'il est pourtant un *actif* français qui ne s'est pas déprécié, c'est son attractivité touristique. Elle reste la première destination mondiale. Chaque année, 90 millions de touristes étrangers la visitent, et un ministre avait récemment fixé l'objectif de 120 millions en 2030. On peut évidemment regretter que ces flux touristiques démultipliés mettent en danger certains de nos sites les plus remarquables, comme le mont Saint-Michel. On peut surtout redouter que le destin de la France du XXIe siècle se réduise à être un Luna Park pour touristes chinois. Ce n'est pas le lieu ici d'en discuter. Mais aux dires des touristes américains, chinois, japonais qui affluent chaque année, la France est le pays du romantisme et de l'amour. Dans cette imagerie d'agence de voyages, il n'y a guère que la gondole vénitienne qui puisse détrôner le bateau-mouche parisien – il faudrait d'ailleurs informer nos amis visiteurs qu'aucun Parisien n'emprunte le bateau-mouche pour se déplacer dans la capitale. Jamais. Si la France de carte postale est associée à l'amour par ces hordes de touristes, les Français n'en font pas autant. Dans cette rubrique, nous avons déjà montré combien la colère pouvait susciter des explosions – les fameuses fièvres hexagonales. Nous avons aussi montré combien l'orgueil était un moteur de l'histoire nationale, ce privilège aristocratique transmis à la nation démocratique. Colère et orgueil soit, mais que vient faire l'amour dans une réflexion sur les passions dans l'histoire nationale ?

L'amour est un sentiment privé, qui touche à l'intime plus que tout autre. L'espace de l'amour, c'est le foyer, l'*oïkos* des Grecs, nullement la cité.

GIANPAOLO PAGNI

Dans ce pays passionnément républicain, l'espace privé et l'espace public sont séparés. Il est pourtant des situations où les passions privées interfèrent dans la vie publique. Le lieu commun misogyne prétend que, lorsque l'amour se mêle de politique, c'est l'aiguillon de la passion privée qui vient perturber la marche rationnelle des affaires. On ne compte plus les histoires où il est question de maîtresses et de courtisanes faisant bifurquer la marche du monde par l'empire qu'elles exercent sur leur grand homme. « Le nez de Cléopâtre, s'il eût été plus court, toute la face de la terre aurait changé », écrivait déjà Pascal. Ainsi des favorites de Louis XIV, dont les caprices ou les lubies influençaient les affaires de l'État. Louise de La Vallière, première favorite du roi, lui demande régulièrement argent, grades et privilèges pour son clan. La sulfureuse Athénaïs de Montespan se fait mécène des artistes et des écrivains : Corneille, Lully, Molière comptent parmi ses protégés. Enfin, la rumeur veut que la très pieuse Madame de Maintenon ait joué un grand rôle dans la révocation de l'édit de Nantes en 1685. Ce rôle d'influenceuse de l'ombre est à peu près le seul que l'Histoire, majuscule et masculine, veuille bien concéder aux femmes dans son grand récit.

Dans l'histoire nationale, les femmes semblent prises dans un mortel étau

L'écrivain à succès Guy Breton (1919-2008) croit bien faire en les mettant en valeur dans *Ces femmes qui ont fait la France*. C'est parce qu'Aliénor d'Aquitaine était trop sensuelle qu'une partie de la France est devenue colonie anglaise. Les turpitudes de Marguerite de Bourgogne expliquent la guerre de Cent Ans. Guy Breton ne craint pas de l'affirmer : « Les graves historiens qui rédigent les manuels scolaires font de l'histoire de notre pays un roman fort ennuyeux, car ils en éliminent l'un des éléments déterminants : l'amour. Ils croiraient déchoir en avouant qu'un roi a déclaré une guerre uniquement parce qu'il était ivre de joie après une nuit d'amour, ou que telle conquête célèbre a été décidée sur le caprice d'une favorite. » L'intention est louable, mais comme souvent l'enfer est pavé de bonnes intentions. Dans l'histoire nationale, les femmes semblent prises dans un mortel étau : soit elles sont invisibles, soit elles sont réduites au rôle d'épouse dévouée, de maîtresse capricieuse, de courtisane sulfureuse. Il n'est pas jusqu'à la débâcle et à la capitulation de 1940 qui ne reçoive une telle relecture misogyne. On a voulu expliquer l'indécision coupable de Paul Reynaud, alors président du Conseil, par l'influence occulte de sa maîtresse Hélène de Portes, qui était, il est vrai, viscéralement pacifiste et grande admiratrice du maréchal Pétain. On est sans doute loin du compte.

Mais qu'en est-il des Français ? En 1947, au début des sondages d'opinion, on les interroge sur ce qu'il y a de plus précieux dans la vie. 5 % des femmes et 1 % des hommes seulement mettent l'amour au premier plan. Pour 47 % des hommes et 38 % des femmes, c'est l'argent qui occupe la première place sur le podium des préoccupations. Voilà qui contraste avec l'image d'Épinal d'une France hédoniste, célébrant l'amour et l'art de vivre. N'y aurait-il pas un étrange écart entre la représentation de la

France comme contrée de l'amour et l'appréciation des Français eux-mêmes sur la chose ? L'amour à la française ferait-il partie de ces mythologies de touriste étranger qu'il est urgent de déconstruire ?

Encore faut-il que l'on sache de quoi on parle lorsqu'on évoque l'amour. Longtemps, amour et mariage ont été strictement dissociés. À l'époque féodale, les alliances matrimoniales sont d'abord une affaire politique et économique. On scelle une alliance entre des familles, on se réconcilie, on se partage des terres. L'amour n'a rien à voir dans l'affaire. Il est rare qu'un roi ou un seigneur aime son épouse. La chose peut se produire, mais elle est parfaitement contingente, presque miraculeuse. L'amour est un à-côté, un divertissement d'hommes, une amusaille d'aristocrates, au même titre que la chasse ou la guerre. Les tournois ont pour objet une femme aimée : après la première et la deuxième manche, la belle convoitée va au vainqueur de la joute. C'est une affaire d'hommes ; on ne se demande pas beaucoup ce que ressentent les femmes, encore moins si elles prennent du plaisir à aimer ou à désirer.

Longtemps, amour et mariage ont été strictement dissociés

Est-ce avec le romantisme qu'une représentation plus partagée de l'amour se fait jour en France ? Je dois ici le confesser, la lecture d'*Adolphe* de Benjamin Constant, que l'on vante comme un chef-d'œuvre du romantisme français, m'a prodigieusement ennuyé au lycée. J'en garde le souvenir de dizaines de pages de pleurnicheries sur cette femme aimée qu'il ne verra ni n'approchera jamais plus. Dans le romantisme, l'image de la femme idéale est tellement cristallisée qu'on en vient à oublier la femme réelle ; d'ailleurs, Adolphe finit par se rendre compte qu'il n'a jamais aimé Ellénore. C'est à se demander si l'être aimé compte vraiment, tant ce romantisme à quelque chose de complaisant. Adolphe n'aimait pas Ellénore, il s'aimait l'aimant ; l'idée de l'amour compte bien davantage que la personne aimée. L'amour célébré dans cette littérature ressemble aux fêtes galantes de Watteau ; il a quelque chose d'abstrait, d'éthéré, de désincarné. Pendant ce temps, dans les campagnes et dans l'industrie naissante, on continue à se marier par nécessité pour subvenir aux besoins du foyer. Les travaux et les jours ne laissent guère de temps disponible pour la rêverie ; le fantasme et la cristallisation sont des luxes d'aristo ou de grand bourgeois.

La représentation donnée de l'amour dans la littérature française du XIXe siècle est essentiellement désenchantée. Il y a bien ces pages magnifiques d'Hugo consacrées aux amours de Marius et Cosette mais la plupart de nos grands auteurs en ont une image dépréciative. Pour résumer, l'amour français n'existe pas – il est toujours le prétexte de quelque chose d'autre. Pour Stendhal, il est le cheval de Troie de l'ambition. L'ascension irrésistible du fils de scieur Julien Sorel doit tout à ses relations amoureuses avec Madame de Rénal et surtout avec Mathilde de La Mole. L'amour n'est pas absent, mais il n'est jamais pur et sans mélange ; il se mélange avec l'ambition, la brigue, l'intrigue, la manipulation. Stendhal ne croyait pas qu'un sentiment aussi noble pût s'épanouir dans cette nation bourgeoise et ambitieuse qu'était la France post-napoléonienne ; seule l'Italie, avec sa tradition des cavaliers servants, restait accueillante à l'amour pur et sans mélange. Proust, au fond le dernier des écrivains du XIXe siècle, défend une idée encore plus radicale. L'amour véritable, cette capacité à emprunter les yeux de l'autre pour regarder le monde, n'existe pas en raison d'une impossibilité ontologique : l'incommunicabilité radicale entre les êtres. Pour les plus grands écrivains de notre patrimoine littéraire, l'amour n'est qu'ambition, espérance déçue, illusion voire impossibilité ; surtout, il n'est vu que par les lunettes masculines.

L'enracinement de la démocratie ne change rien à ce dernier aspect. Les républicains sont toujours aussi misogynes. Si Michelet vante les délices du mariage, c'est parce qu'il faut bien offrir aux hommes un substitut à ces astres morts que sont Dieu et le roi. La femme reste réduite à l'état d'objet, elle doit être éduquée et façonnée par son mari façon « École des femmes » – au grand désespoir de l'écrivaine féministe Adèle Esquiros (1819-1886) : « Je ne crois pas à l'homéopathie de M. Michelet qui veut guérir de l'orgueil masculin par un surcroît d'orgueil. » Les républicains de la IIIe se méfient du cléricalisme des femmes – c'est pourquoi ils leur refuseront constamment le droit de vote, qu'elles n'obtiendront qu'en 1944.

En 1866, un auteur ose une hypothèse folle, celle du mariage d'amour

Le XIXe siècle, quel que soit le régime, est follement conservateur. L'Église utilise la confession des femmes pour surveiller l'intimité des couples bourgeois. Dans le secret du confessionnal, elles se livrent, racontent les turpitudes de la vie maritale, le sexe décevant, les adultères du mari. Le mariage est un paravent – comme à l'époque féodale, il est affaire d'ordre social et de discipline. C'est la période où prospère la prostitution. Ordre social d'un côté, pulsion sexuelle de l'autre : l'amour est la grande victime, prise en étau dans ce siècle répressif. Ce n'est qu'en 1866 qu'un auteur ose une hypothèse folle, celle du mariage d'amour. Gustave Droz s'en explique dans *Monsieur, madame et bébé*, un best-seller réimprimé 266 fois jusqu'en 1924 : « Remerciez le ciel si dans le mariage, qu'on vous a présenté comme une carrière, vous trouvez un côté riant, joyeux ; si dans votre mari vous trouvez le lecteur aimé du beau roman que vous aviez en poche ; et si dans votre mari vous trouvez un... Mais si je dis le mot, vous allez crier au scandale ! »

Ce n'est peut-être qu'au sortir de la Seconde Guerre mondiale que l'amour acquiert une place centrale dans les mœurs françaises. La lutte des classes s'émousse, et avec elle s'étiolent les contraintes de rôle, notamment dans la bourgeoisie. Comme on est moins occupé à « tenir son rang », on se laisse davantage aller aux délices de la vie privée. On célèbre les couples. Jean-Paul Sartre et Simone de Beauvoir sont loués pour leur liberté et leurs amours contingentes. Bien vite ils sont détrônés par un nouveau couple iconique de papier glacé, qui fait rêver toute la classe moyenne et les cadres en devenir des *sixties* : Jean-Jacques Servan-Schreiber et Françoise Giroud, avec leurs faux airs de John Fitzgerald et Jackie

Kennedy. Les fondateurs de *L'Express* sont les modèles – que dis-je les modèles ? les idoles – de Jérôme et Sylvie, le couple de « héros » des *Choses* de Perec. D'amour véritable, on n'en trouve d'ailleurs point dans le couple que forment Jérôme et Sylvie. Si ces deux-là communient ensemble, c'est surtout dans la religion de la consommation.

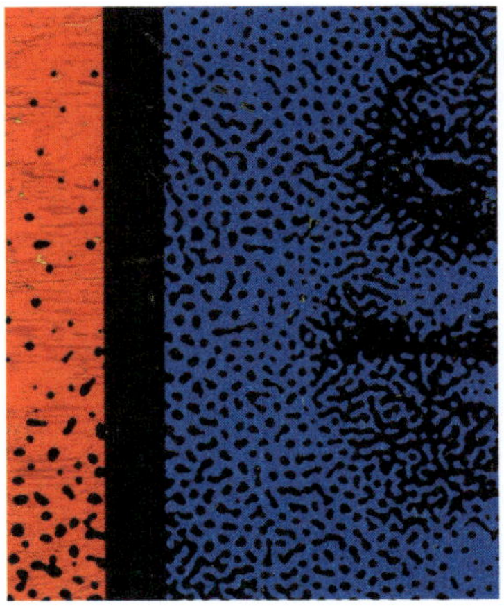

À cette époque, le partage des espaces reste très strict : monsieur s'occupe du garage et du jardin, madame de la cuisine et du salon. Le Salon de l'automobile pour monsieur, le Salon des arts ménagers pour madame. Chacun ses dévotions.

Il faudra attendre mai 1968 et la révolution de la génération du *baby-boom* pour que l'amour soit enfin désincarcéré de ces institutions sociales que sont le mariage et le foyer. À Nanterre, le mouvement est parti d'intrusions de garçons dans le dortoir des filles. On célèbre alors les amours libres et plurielles, l'ivresse des aventures sans lendemain, le frisson du désir que procure la libération sexuelle. Lucien Neuwirth autorise la contraception en 1967, et Simone Veil légalise l'IVG en 1975. L'homosexualité n'est plus un tabou.

Mais si les années 1970 ont été un moment de libération amoureuse et sexuelle, la décennie suivante est nettement plus sombre. Les années 1980 sont aussi les années du Sida, qui fait des ravages. Cette époque a aussi ses poètes, et parmi les plus grands ; je pense à Hervé Guibert et Jean-Luc Lagarce. C'est aussi l'époque où se généralise le « mariage d'amour » : on se marie avec celui ou celle que l'on aime et que l'on désire. Une invention contemporaine à la fois belle et fragile. Je ne sais pas si l'amour dure trois ans, comme l'a proclamé Frédéric Beigbeder, mais je sais que l'amour est précaire et le désir encore plus. Le mariage est à son tour entraîné dans le tourbillon de la fragilité. On dénombre 130 000 divorces par an en France ; un mariage sur deux se finit ainsi. Cette précarité rend Michel Houellebecq pessimiste quant à la possibilité d'un amour véritable dans la France d'aujourd'hui. Laissons-lui le dernier mot : « Le couple et la famille représentaient le dernier îlot de communisme primitif au sein de la société libérale. La libération sexuelle eut pour effet la destruction de ces communautés intermédiaires, les dernières à séparer l'individu du marché. » ⧫

DAVID DJAÏZ est inspecteur des finances. Normalien, énarque, il enseigne à Sciences Po Paris. Il a publié en 2017 l'essai *La guerre civile n'aura pas lieu* (Le Cerf), et en 2019 *Slow Démocratie* (Allary éditions), un plaidoyer en faveur d'une revalorisation de l'idée de nation parmi les progressistes. Son dernier livre, *Le Nouveau Modèle français* (id.), vient tout juste de paraître.

GIANPAOLO PAGNI est un artiste plasticien d'origine italienne. Né en 1969, il collabore depuis les années 1990 avec des journaux et des maisons d'édition. Il a présenté dans de nombreux livres d'artiste, édités ou autoédités, son travail profondément lié à l'impression et à l'empreinte sous toutes ses formes, notamment à travers le tampon utilisé comme outil de dessin.

LE CŒUR FRAGILE DES DE ROUX

par ONDINE DEBRÉ

IL Y A cette photo sur son bureau : un jeune officier de marine, large front, pommettes hautes, les cheveux coiffés en arrière comme c'était la mode dans les années 1940. La photo est en noir et blanc, mais on devine qu'il a les yeux clairs. Philippe de Roux est le grand-père fantôme de mon mari, le fils de Marie de Roux, grand avocat et chantre de l'Action française, emporté à 37 ans par une dissection de l'aorte. Cette photo raconte peu de choses : une silhouette, un regard, un uniforme : elle laisse beaucoup de questions en suspens. Jamais on ne parlait de lui dans la famille : après sa mort, sa femme se cloîtra dans un silence mutique sur tous les sujets qui le concernaient, et ne l'évoquait que rarement, en l'appelant « Philippe de Roux ». Elle est restée mariée cinq ans, a eu de lui trois enfants dont une petite fille morte à quelques mois d'une infection intestinale, et dont elle ne parlait pas non plus. Martine.

J'ai accepté de faire le portrait de cette famille d'abord parce que c'est aujourd'hui en partie celle de mes filles. Et aussi parce que la mort et les drames planent un peu autour d'eux, et que ce voisinage lugubre a fait souffler un vent de liberté et d'audace sur cette lignée.

Cette famille dont la devise, *Cor adamantinum*, est inscrite sur le blason n'a pas un « cœur de diamant » : sans que personne ne sache depuis quand ni par qui le mal est arrivé, une maladie génétique les marque à chaque génération ; beaucoup sont morts très jeunes. Peut-on parler de malédiction ? Ces drames successifs et cette menace silencieuse ont forgé les caractères. Chacun choisit son camp : celui de la peur ou celui de la bravache, celui de l'attente ou celui du feu.

À Villeneuve-lès-Avignon, il reste un palais qui garde les traces de leur noblesse ancienne et provençale : on connaît dans la famille les ancêtres officiers du roi Louis XIV ; c'est à la fois essentiel et sans importance ; on a retrouvé les lettres de brevet et la correspondance du chevalier Joseph de Roux, général de dragons, Melchior de Roux, héros de l'armée de Turenne. Leurs portraits peints sont accrochés dans le salon familial. L'un d'eux s'est marié, paraît-il, à une actrice italienne. Aristo déjà rebelle. La figure tutélaire et sulfureuse, c'est Marie de Roux : Louis-Amédée-Joseph-Marie, marquis de Roux (1878-1943). Avocat, écrivain, intellectuel d'extrême droite, monarchiste et maurrassien jusqu'au bout du col, il était l'avocat de l'Action française. Certains de ses livres font encore référence dans les facultés de droit. À 22 ans, il publie un premier article dans le Poitiers universitaire, dans lequel il affirme avoir trouvé en Charles Maurras un « humaniste positiviste », un « Latin passionné et subtil », un « maître à penser ».

« Un seigneur du XVIIe siècle perdu dans son époque », dit de lui Jean-Luc Barré dans la biographie qu'il a écrite sur son petit-fils Dominique. Je lis dans une autre publication que l'« aristocratie des campagnes et les notables de province constituent les premiers cercles ralliés aux idées maurrassiennes ». J'ai moi-même un grand-père, Jean Ybarnégaray, qui était un grand Basque et qui choisit lui aussi l'extrême droite catholique des Croix-de-Feu du colonel de

L'éditeur et écrivain Dominique de Roux (1935-1977), à droite, en compagnie du poète américain Ezra Pound. © COLLECTION PRIVÉE DE ROUX

La Rocque. On se situe alors dans la droite monarchiste et intellectuelle ; aujourd'hui, on se demande si on peut encore lire Maurras.

Le marquis se fatigue dans de grandes plaidoiries politiques, il marque son époque et sa descendance : après lui, certains s'en réclament, d'autres s'en éloignent ; tous l'admirent. Il meurt en 1943, Pétain dirige la France, qu'aurait-il pensé de De Gaulle ? C'est après lui que les cœurs s'échauffent, que les enfants disparaissent à 20 ans et que la famille nargue avec panache cette vie qui semble lui échapper.

Il y a donc Philippe, l'officier de marine (1910-1947), et Pierre de Roux (1905-1962), son frère, grand banquier qui aura onze enfants – je cherche sur Internet des informations qui me manquent : je ne trouve que des nécrologies. Onze enfants, nés entre 1929 et 1951 : trois filles et huit garçons. Aujourd'hui, elles ne sont plus que deux, deux sœurs attachées l'une à l'autre, aux cœurs desquelles la cohorte de frères disparus continue de murmurer.

Est-ce l'épée de Damoclès pendue au-dessus de leur tête, est-ce le besoin de s'affranchir de l'ennui provincial de leur milieu d'origine qui les poussa ? Les deux probablement : dans cette fratrie au cœur pur, des marins, un archéologue, des artistes, des écrivains, des idéalistes qui n'ont pas attendu et ont choisi leur camp. D'où qu'il vienne, cet élan vital et courageux est étonnant. Dominique d'abord. Il est né en 1935. Il grandit dans l'immense appartement familial du boulevard Saint-Germain. Une enfance entre les livres et la Charente, au bord de laquelle se trouve la maison de famille. Mon père, François Debré, a réalisé un portrait de Dominique après sa mort. Ils partageaient le même éditeur, Christian Bourgois. Et sans doute une même fracture existentielle.

Philippe de Roux (1910-1947),
avocat et chantre de l'Action française.
© COLLECTION PRIVÉE DE ROUX

Christian Bourgois parle longuement de Dominique, lit une de ses lettres. On devine l'émotion de l'éditeur derrière ses verres fumés : la maison d'édition qui porte son nom, et où mon père a publié son premier roman, *La Vingt-et-Unième Chinoise*, a été fondée en partie par Dominique, qui raconte ce moment : « Cette époque m'apparaît comme un seul *Déjeuner sur l'herbe*, tout ensoleillé, tout radieux, [...] du baroque intelligent [...]. Puis tout s'est éteint comme la passion et le plaisir. »

Le dandy malheureux qui écrit ces lettres n'est pas encore l'aventurier qu'il deviendra, mais on le voit déjà tel qu'il était « désespéré, spirituel et nihiliste », continue Christian Bourgois. Passionné de Céline, il crée les « Cahiers de l'Herne », et consacre à l'auteur de *Voyage au bout de la nuit* et de *Bagatelle pour un massacre* l'un de ses plus beaux cahiers. Exercice bizarre pour raconter un auteur : prendre tous les chemins de traverse qui mènent à lui et éviter les lignes droites.

Dans une interview, Dominique de Roux évoque l'obsession de Céline pour la mort, pour la pourriture, pour la crainte de sa propre disparition : de qui parle-t-il sur ce plateau de télévision, lui qui disparut à 43 ans du même mal qui avait fait exploser sa famille ? Son existence passionnée le mène en Angola, aux côtés de Jonas Savimbi et de la rébellion luttant contre les corps expéditionnaires russes et cubains. La littérature ne lui suffisait plus et, comme Céline, il considérait qu'une vie véritable se gagnait, se payait, et qu'il fallait mettre sa peau sur la table.

J'entends papa décrire cette folle embarquée de Dominique de Roux dans une vie africaine qui l'a épuisé : « A-t-il vu dans cet immense territoire bouleversé par la violence la possibilité d'un empire qu'il forçait à coïncider avec ses rêves ? » Le rêve était-il trop grand ? Dominique laisse aujourd'hui l'empreinte d'un errant bouleversé et visionnaire.

La fratrie compte d'autres aventuriers : Gabriel (1931-1964), officier de marine, mort dans un accident d'hélicoptère à 33 ans ; Hervé (1948-1976), gouverneur du musée d'archéologie d'Addis-Abeba, et Jacques (1936-1986), commandant de sous-marin devenu navigateur, qui disparaît en mer dans les quarantièmes rugissants, pendant le Boc Challenge de 1987. Une course en solitaire autour du monde, quelle folie faut-il pour s'y embarquer à presque 50 ans ? Quel sentiment habite un homme pour qu'il se dise qu'après tout, se faire avaler par une vague vaut mieux que ce que le sort lui réserve ? Dans cette famille où chacun cherche sa place au milieu des drames, Emmanuel (1944-2008), journaliste au *Monde*, avait choisi le silence de l'observation et de la marche : il parcourut la France dans toute sa longueur pour en rapporter de beaux reportages, tout en descriptions du pays véritable. « C'est l'œil qui regarde, pas le cerveau », disait-il. Lui, c'est un cancer qui l'a pris, en 2008, à 64 ans.

Un portrait de famille, c'est toujours mélancolique et incomplet : d'autres habitent ce nom plus sereinement, comme Béatrice et Monique, les deux sœurs solaires. Chacune à sa façon explore ce que l'esprit tente de cacher, ce que le cœur ne peut oublier. Monique est peintre et sur presque chacun de ses tableaux, il y a un enfant au regard perdu, ou endormi. On y voit souvent les personnages par paire. Ni vraiment seuls ni vraiment là... Béatrice fait parler les enfants dans son cabinet de psychologue : écouter, apaiser, comprendre les peurs qui peuvent habiter un enfant, l'enfant que nous avons tous été. Chaque famille a ses secrets, ses histoires anciennes ; certaines payent plus cher que d'autres leur tribut : c'est ce qui fait qu'une vie devient un destin.

ONDINE DEBRÉ est journaliste. Elle collabore au journal *Le Monde*, à *Marianne* ou encore au magazine *Elle*. Dans *Les Nouveaux Combats des femmes* (« Les Indispensables », Le 1-Philippe Rey, 2018), elle consacre un texte à *La Violence faite aux femmes* et, en 2019, elle met en lumière sa généalogie juive alsacienne, notamment dans la *Revue des deux mondes*.

CES BANLIEUES QUI RÉINVENTENT LA FRANCE

Des idées, des envies, de l'énergie, les cités et les quartiers sensibles en regorgent. À la périphérie des grandes villes se développent fab labs et autres lieux d'innovation. Ce n'est pas d'aujourd'hui que les banlieues constituent des laboratoires du futur. Déjà dans les années 1920, elles avaient vu s'épanouir de nouvelles manières de vivre. À présent, la révolution numérique sert de tremplin social à certains jeunes. Les cultures urbaines se nourrissent de leurs créations. Dans les faubourgs de Lille, de Paris, de Lyon et de Marseille, nous sommes allés à leur découverte.

L'ÉCLAIRAGE DE

Jean-Louis Borloo

« CETTE JEUNESSE DES QUARTIERS, C'EST LA LUMIÈRE »

Après le rejet de son plan pour les banlieues, en 2018, par le président Macron, l'ancien ministre revient sur ses propositions. Il prône notamment la création d'une Cour d'équité territoriale pour corriger les inégalités dont sont victimes ces zones, une reprise du soutien aux associations, des campus numériques pour enseigner les métiers du digital…

Propos recueillis par **HÉLÈNE SEINGIER ET ÉRIC FOTTORINO**

© JEAN-LUC BERTINI

ZADIG *En quoi les banlieues populaires représentent-elles l'avenir de la France ?*

J.-L.B. Cette jeunesse des quartiers, c'est la lumière. Elle est multi-tout : souvent multilingue, originaire de pays avec des formes d'art incroyables ; elle a le sens des anciens, une très grande agilité intellectuelle... Bien sûr, il ne faut pas tout idéaliser, je ne suis pas naïf. Mais je suis convaincu que dans ce monde moderne, c'est un apport considérable : l'économie numérique, l'art, la musique, la logique de fratrie... Ces quartiers sont *le* lieu de la création dans notre pays. Et pas seulement dans les domaines footballistique ou artistique, en business aussi ! La création d'entreprises y est bouillonnante.

ZADIG *Mais la discrimination à l'embauche oblige les habitants à se mettre à leur propre compte, ne serait-ce que les assistantes maternelles, les livreurs ou ceux qui travaillent dans la petite restauration...*

J.-L.B. Oui, l'entrepreneuriat est l'un des modèles. Quand l'école ou le monde du travail ne tiennent pas toutes leurs promesses, il vous reste la débrouille et l'entrepreneuriat. Cette jeunesse est lumineuse, intelligente, habile. Elle a une culture en partie différente, certes, mais d'un niveau très élevé... Elle représente une forme d'avant-garde ! Mais on en fait l'inverse. Le drame de la France, c'est d'être une voiture à quatre cylindres qui tourne sur trois. Le quatrième cylindre, c'est la jeunesse des quartiers : 150 000 jeunes qui ne sont pas dans le train. Vous connaissez un pays qui peut se permettre d'avoir 150 000 jeunes en bas des immeubles, qui attendent ? C'est absurde ! Ces quartiers sont un drame ou une chance pour notre pays, il faut juste savoir ce qu'on veut.

ZADIG *Il faudrait donc renverser le récit, se dire que ces quartiers sont une solution et non un problème ?*

J.-L.B. Évidemment ! Il faut par exemple que leurs écoles soient les meilleures, qu'elles soient trilingues ! Mais renverser le récit ne suffit pas. Dans le rapport que j'ai rendu au président en 2018, je fais cinq pages d'entrée pour expliquer pourquoi on ment : dans les quartiers, il y a quatre fois moins de moyens qu'ailleurs, rapporté au nombre d'habitants. Je dénonce cette manipulation des chiffres qui est invraisemblable. La République fait beaucoup moins pour ces zones en apesanteur que pour les autres ! Pourquoi est-ce que je souhaite instaurer une Cour d'équité territoriale ? Pour contraindre le recteur d'académie qui met plus de moyens à Versailles qu'à Mantes-la-Jolie ! Il faut arrêter de dire : « Voici les objectifs pour les banlieues. » Moi, je veux savoir quels moyens vous mettez aujourd'hui. À Grigny, près de Paris, parfois deux tiers des enfants qui entrent en maternelle ne parlent pas français. Bien sûr qu'il faut des moyens ! Mais il y en a moins que pour le lycée Henri IV. Et si on me dit : « Ces quartiers sont des sas d'accès à la République », très bien, mais alors qu'on accueille ces familles et qu'on s'en occupe sérieusement !

ZADIG *Vous étiez ministre lors des émeutes de 2005[1]. Quelles leçons tirez-vous de ces événements ?*

J.-L.B. Les émeutes de 2005 n'ont pas été réglées avec les seuls hélicoptères de nuit. Il y a eu aussi les mamans-relais[2], puis les grues de la rénovation urbaine[3] – les grues sont la main tendue de la République. La rénovation urbaine représente onze fois le plan Haussmann en nombre de logements rasés et reconstruits ! Les zones franches urbaines[4], les équipes de réussite éducative[5]... En 2005, toute la République s'est mise en branle. Résultat : en 2010, de nombreux quartiers ont retrouvé le sourire, le climat était apaisé et les chiffres de la délinquance avaient considérablement baissé. Tout n'était pas résolu, tant s'en faut, mais il y avait eu un progrès extraordinaire. Et puis ça s'est arrêté. Personne n'a jamais décidé de suspendre ces programmes, mais puisque le sujet n'était plus

1. Dans le gouvernement Villepin, en charge de l'Emploi, de la Cohésion sociale et du Logement.

2. Créé en 1999, le programme Adultes-relais recrute, dans le cadre de contrats d'insertion, des habitants des quartiers prioritaires chargés de faire le lien entre les autres habitants, un service public ou une institution. À 60 % des femmes, les adultes-relais représentent 4 000 personnes sur les 12 000 médiateurs sociaux du pays.

3. Encadrée par l'Agence nationale pour la rénovation urbaine (Anru) créée en 2003 sous l'impulsion de Jean-Louis Borloo, cette politique consiste à rattacher l'habitat social à la ville en diversifiant les logements, en les rénovant, en repensant les transports.

4. Zones où l'implantation d'entreprises est favorisée par un dispositif d'exonération d'impôt sur les bénéfices pendant cinq ans.

5. Programme de soutien à destination des enfants de 2 à 16 ans en difficulté.

brûlant dans l'actualité, les politiques de soutien ont peu à peu disparu.

ZADIG *Aujourd'hui, l'Agence de rénovation urbaine, par exemple, est à l'arrêt…*

J.-L.B. Elle l'a été complètement pendant cinq ou six ans… Heureusement, depuis un an ou deux, cela repart. Mais le soutien aux clubs de foot amateurs et aux associations baisse considérablement. Du coup, vous avez des mères seules, avec quatre ou cinq enfants qui descendent en bas des immeubles, qui restent entre eux… Ils essaient de décrocher un stage découverte en troisième, c'est impossible… Bien sûr que c'est un drame en puissance.

« PERSONNE N'A JAMAIS DÉCIDÉ DE SUSPENDRE CES PROGRAMMES, MAIS PUISQUE LE SUJET N'ÉTAIT PLUS BRÛLANT, LES POLITIQUES DE SOUTIEN ONT PEU À PEU DISPARU… »

ZADIG *Supprimer les emplois aidés, geler les subventions aux associations, c'était donc des erreurs majeures ?*

J.-L.B. Plutôt une occasion manquée. Il y a par exemple à Garges-lès-Gonesse, en banlieue de Paris, une école d'inclusion par le sport,

Photographies :
© MONSIEUR BONHEUR

avec des coaches sportifs qui viennent chercher des jeunes, qui leur donnent un cadre et des règles, qui les motivent, ce qui a un effet positif pour la vie scolaire ou pour le premier emploi. Ils sont vraiment formidables. Les associations sont essentielles dans ces quartiers ! Et pourtant, on baisse drastiquement les subventions. Toutes ces décisions catastrophiques, qui considèrent que les APL ou les emplois aidés sont des moyens mal investis, sont dignes de fermiers généraux de l'Ancien Régime[6]. Je me souviens m'être disputé avec quelqu'un qui me tenait ce discours : « Tu te rends compte, les emplois aidés, quelles dépenses… » Je lui ai répondu : « Qu'y a-t-il de plus "emploi aidé" qu'un inspecteur des finances ? On te paie même tes études ! Une femme qui essaie d'élever seule ses enfants, qui va faire 20 heures en soutien à l'école, est-ce que c'est un emploi aidé ? »

ZADIG *Êtes-vous en colère contre les élites, contre la technocratie ?*

J.-L.B. Ce n'est pas la technocratie qui me gêne. Il faut des fonctionnaires – ceux-ci sont par ailleurs compétents et dévoués. Ils permettent de faire marcher un État, une région ou une ville, c'est très bien. Je vais vous dire une chose : le séparatisme des élites est au moins aussi important que celui des banlieues. Ceux qui affirment, par exemple, à 45 ans, en pleine réussite : « J'ai opté pour un pays où il y a moins de prélèvements », alors que leur réussite est le fruit de notre communauté éducative, de notre système de santé, etc., ce sont eux les séparatistes.

« JE VAIS VOUS DIRE UNE CHOSE : LE SÉPARATISME DES ÉLITES EST AU MOINS AUSSI IMPORTANT QUE CELUI DES BANLIEUES »

ZADIG *En quoi les banlieues de France sont-elles particulières ?*

J.-L.B. La France est dans une situation paradoxale : nous sommes à la fois la première République laïque et la fille aînée de l'Église. Et nous avons connu la conjonction de trois phénomènes. D'abord, les dégâts causés par les signataires de la charte d'Athènes[7] : selon eux, il fallait construire une cité sans contact avec la société – sans voitures, sans commerces, coupée du monde… Ce sont des zones

« hors-sol », ce n'est pas la ville ! Ensuite, une immigration de travail qui est devenue une immigration de famille : prenez l'usine Simca de Poissy, on a créé Chanteloup-les-Vignes à côté, on a fait venir trente nationalités différentes… et ce juste au moment où – troisième phénomène – on désindustrialisait ; alors on a fermé Simca, et on n'a pas mis les moyens pour accueillir les gens. Il y a donc eu ces trois phénomènes conjugués – avec, en plus, une élite consanguine qui n'a pas réalisé ce qui se passait –, et on en paie le prix deux à trois générations plus tard.

ZADIG *Pourquoi ? Est-ce en raison des discriminations, qui aggravent la situation, ou de l'école de la République qui ne tient pas ses promesses ?*

J.-L.B. Ce n'est pas l'école qui est en cause – je salue d'ailleurs le travail très difficile accompli par les professeurs –, mais la ségrégation urbaine. Pour la première génération, qui est tellement heureuse d'être là, ça ne joue pas. Pour la deuxième, ça commence à gripper. Pour la troisième, c'est soit la surintégration, soit la haine. Ce qui est désespérant, c'est que ce n'est pas si difficile à résoudre. On parle de quoi ? 150 000 jeunes et 100 000 mères qui ont perdu pied. C'est une petite guerre à mener ! Il suffit de faire les choses méthodiquement.

ZADIG *Comment s'y prendre, justement ? Que proposait votre rapport de 2018 ?*

J.-L.B. Il présentait dix-neuf programmes à mener de front. Le problème est le même dans ces quartiers que dans les zones rurales très délaissées, dans les DOM et dans les petites villes moyennes « en déprise » : les habitants y ont moitié moins d'espérance de réussite que sur le reste du territoire de la République – moitié moins de chances d'avoir un rendez-vous chez le gynécologue, moitié moins d'accès aux grandes écoles, etc. On parle d'un noyau dur de 2 ou 3 millions de personnes, ce n'est rien !

Mais il faut traiter tous les problèmes en même temps : ceux que rencontre la mère qui a sept enfants, qui travaille à mi-temps au Lidl d'à côté et qui n'a pas le permis de conduire ; ceux de la jeune fille qui a subi des violences et a besoin d'un lieu d'accueil sécurisé ; ceux des lycéens qui cherchent des stages… On a besoin d'une association comme Nos quartiers ont du talent[8], on a besoin de défiscaliser toutes les créations d'entreprises, d'instaurer une baisse de la TVA, de mettre en place des équipes de rue, de créer des places de crèche même si les villes sont pauvres – il y a quatre fois plus de places de crèche à Puteaux qu'à Garges-lès-Gonesse, c'est inadmissible !

Il faut aussi monter des campus numériques pour lutter contre l'illectronisme, pour enseigner les métiers du digital… Dans ce domaine, les jeunes des quartiers sont doués et partent à égalité avec les autres. Ils ne sont pas handicapés par le manque de réseau, l'absence de maîtrise du latin et du grec ou une moindre familiarité avec le *Lagarde et Michard*[9]. Nous avons également proposé la création d'une « académie des leaders » : je demande qu'on réserve aux jeunes des quartiers cinq places par an dans chacun des grands corps de l'État. Cette académie recruterait des jeunes de façon très sélective mais sur des critères différents : intelligence, adaptabilité, leadership… Avec 500 jeunes diplômés par an, je peux vous garantir que, dans dix ans, ils copiloteront le pays ou, en tout cas, ils lui apporteront toute leur richesse. Le recrutement des écoles françaises, par ailleurs de qualité, ne laisse pas assez de place à des talents formatés différemment. Vous croyez qu'en Inde ou aux États-Unis, on sélectionne uniquement sur des critères classiques ?

ZADIG *Selon vous, il faut une mobilisation concertée de tous les acteurs ?*

J.-L.B. Absolument. Le grand malentendu est de croire que la France est un pays centralisé. La France est un pays émietté. L'État commence l'année à 30 % de déficit, il a peu de moyens. L'argent se trouve partout ailleurs : à la Cnaf, à la Cnam[10], dans les régions, dans les départements, dans les agglomérations, à la Caisse des dépôts, à Action logement[11]… Le pouvoir de proximité est là. Si vous

6. Chargés de la collecte de l'impôt, ceux-ci s'étaient attiré la haine durable du peuple par leurs abus.

7. Signée en 1933 à l'issue du IVe Congrès international d'architecture moderne, sous l'égide de Le Corbusier, cette charte a posé les bases du concept de « zones » en urbanisme, en séparant quatre types de « fonctions » : la vie, le travail, les loisirs, les transports – une conception souvent jugée très rigide.

8. Créée en 2006 pour aider de jeunes diplômés à entrer sur le marché du travail.

9. Manuel scolaire d'histoire littéraire française publié de 1948 à 1962.

10. Respectivement la Caisse nationale des allocations familiales et la Caisse nationale d'assurance maladie.

11. Créé en 1943 sous le nom de « 1 % logement », ce dispositif renommé en 2009 gère paritairement la participation des employeurs à l'effort de construction (Peec) de logements sociaux et intermédiaires pour les salariés.

voulez traiter un problème, faites-le avec tout ce monde, de façon convergente. Changer la donne prend deux ans et demi ; gagner l'essentiel, deux ans de plus, à condition que l'effort soit soutenu. En cinq ans, vous verrez une puissante transformation. Et ce sont des points de croissance, ce sont même nos seuls points de croissance marginaux ! Mais l'État seul ne peut pas tout régler.

ZADIG *Que faudrait-il pour l'aider à sortir de l'ornière ?*

J.-L.B. Je crains qu'on ait découragé l'ensemble des acteurs. Or, il faut que tous travaillent de concert. Je ne dis pas qu'il n'y a pas eu des choses faites, mais nous n'obtiendrons un résultat que si tous les programmes sont menés en même temps. Les militaires connaissent cela : à un moment donné, il faut un tir groupé.

ZADIG *Le plan bien établi que vous évoquez représentait un espoir fou... Pourquoi avoir à peine réagi lorsqu'Emmanuel Macron l'a rejeté[12] ?*

J.-L.B. À vrai dire, j'ai eu la conviction que c'était un malentendu et que l'essentiel serait fait, même différemment. Et d'ailleurs, rendez-vous avait été pris pour début juillet, quelques semaines plus tard. En outre, j'avais fait ce travail à la demande du président,

12. Le 22 mai 2018, Emmanuel Macron a déclaré ne pas vouloir d'un « énième plan Marshall » pour les banlieues.

qui a la légitimité démocratique, et je me suis dit que réagir négativement à ce moment-là aurait jeté de l'huile sur le feu. Je préférais que tout le monde reste dans une dynamique positive.

ZADIG *Pour vous, les quartiers prioritaires de la politique de la ville sont-ils aujourd'hui dans une situation similaire à celle qui a précédé les émeutes de 2005 ?*

J.-L.B. Le niveau de perte de contrôle de la République est équivalent, mais la forme est différente. À l'époque, le sujet de l'islamisme conquérant n'était pas prégnant – il existait, mais sans être prégnant.

ZADIG *Que pensez-vous de mesures avancées aujourd'hui, comme la légalisation du cannabis pour faire baisser la délinquance ou la lutte contre le contrôle au faciès ?*

J.-L.B. Sur la drogue : les quartiers ne servent que de théâtres d'opérations. Si la police débarque, quinze jours après, le trafic est complètement ailleurs. C'est une erreur de penser que « drogue » et « quartier » sont synonymes. Les mamans du quartier ne demandent pas la légalisation du cannabis ! Elles veulent savoir si leur fiston a un problème d'oreille ou s'il est dyslexique. Parce la dyslexie est un problème bien plus grave quand votre père n'est pas là, que votre mère n'est pas francophone et que l'institutrice n'est pas remplacée lorsqu'elle est absente. Voilà ce qu'elles demandent ! Ou le permis de conduire à un prix plus abordable.

ZADIG *Mais les jeunes, eux, demandent des mesures antidiscrimination, vous ne pensez pas ?*

J.-L.B. Peut-être. Tout est dans tout. Moi, je me concentre sur les fondamentaux : comment s'organise-t-on pour résoudre les douze ou quinze problèmes centraux ? Ensuite, les choses viennent par surcroît. Des débats sur la discrimination, sur la violence policière, sur le cannabis ne peuvent pas tenir lieu d'action publique pour traiter le sujet fondamental.

ZADIG *Le sujet fondamental, selon vous, c'est la ségrégation urbaine et l'absence de perspectives ?*

J.-L.B. Oui ! Je veux que les gens aient plutôt envie de venir dans ces quartiers que d'en partir. Quand j'ai vu les premières promotions d'accession à la propriété à La Duchère, à Lyon, je me suis dit : « C'est gagné là-bas. » Rien n'est une fatalité ! Prenez les départements d'outre-mer, dans un autre domaine : le potentiel de production d'énergie est extraordinaire. Mais on n'en fait rien parce qu'il faut appliquer les mêmes règles qu'en métropole.

ZADIG *Avez-vous l'impression d'être écouté par les décideurs sur ces sujets ou est-ce passé de mode ?*

J.-L.B. Je n'ai pas du tout le sentiment que c'est passé de mode, sinon ça ne défilerait pas dans mon bureau… Qui peut raisonnablement avoir envie de s'occuper de ce pays, d'une manière ou d'une autre, et ne pas s'inquiéter de cette question ? Les gens savent parfaitement, consciemment ou non, qu'il faut la traiter.

ZADIG *Et si on ne le fait pas ?*

J.-L.B. Alors ça va mal se terminer. Et « mal se terminer », ce n'est pas l'élection de tel ou tel. C'est la haine, la violence. Nous sommes face à un problème de ségrégation urbaine, de racialisation, c'est très inquiétant. Qu'une partie du pays ne soit pas dans l'histoire et déteste l'autre, ce n'est pas une bonne nouvelle.

JEAN-LOUIS BORLOO est avocat et homme politique. Ancien maire de Valenciennes, longtemps député de la 21e circonscription du Nord, et coprésident puis président du Parti radical de 2005 à 2014, il a occupé à de nombreuses reprises des fonctions ministérielles, notamment en charge de l'économie, de l'emploi et des finances, puis de l'écologie. Il a remis en 2018 au président Emmanuel Macron un rapport consacré aux quartiers prioritaires.

MONSIEUR BONHEUR, de son vrai nom Marvin Bonheur, a grandi en Seine-Saint-Denis. Les clichés de ce photographe né en 1991, souvent réalisés en argentique, rendent hommage à la banlieue parisienne.

VISION D'UNE HISTORIENNE

« L'IMAGE NÉGATIVE DE LA BANLIEUE EST TRÈS ANCIENNE »

entretien avec ANNIE FOURCAUT

Les banlieues souffrent de la méconnaissance de leur histoire. Ces zones ont été de véritables lieux d'innovations sociales par le passé, notamment avec la création des fameuses cités-jardins.

ZADIG *Vous montrez dans vos recherches que les banlieues ont souvent été le creuset de la modernisation. À quelles périodes précisément ?*

A.F. Les banlieues ont souvent été des sortes de laboratoires du futur, parce que s'y posaient des questions sociales inédites. Les banlieues communistes comme socialistes, la ceinture rouge, ont joué ce rôle d'incubateur de la modernité. C'est vrai dans l'entre-deux-guerres avec la construction des cités-jardins, forme d'habitat populaire extrêmement innovante, qu'on trouve principalement dans les municipalités socialistes. Suresnes est le meilleur exemple de la réussite de ce socialisme municipal. Son maire, Henri Sellier, est un véritable visionnaire, qui dès les années 1920 envisage les questions posées par le développement de l'agglomération parisienne avec une lucidité qu'on voudrait retrouver aujourd'hui[1]. André Morizet, maire de Boulogne, souhaite lui aussi un Grand Paris dont l'urbanisation serait maîtrisée[2]. Villeurbanne est extraordinairement innovante dans les années 1930. Le maire socialiste fait construire une ville nouvelle, d'une architecture très moderne, avec un Palais du travail, une maison du peuple, des logements sociaux appelés les Gratte-Ciel. C'est une affirmation de la fierté ouvrière par rapport à la métropole lyonnaise.
Les banlieues ont aussi constitué des laboratoires où s'expérimentent des solutions aux crises urbaines. L'implantation de la grande industrie métallurgique, électrique et chimique, l'arrivée des immigrations successives, la crise du logement populaire, l'absence d'aménagement de zones entières passées brusquement du rural à l'urbain, tout cela crée des paysages chaotiques. Certains élus se sont montrés très inventifs et pragmatiques. Théodore Tissier, maire radical de Bagneux jusqu'en 1935, est un pionnier avec la création des grands syndicats intercommunaux[3], pour l'électricité, le gaz, les pompes funèbres, etc. Autour de la figure d'élus municipaux populaires, émerge dans les municipalités communistes un système efficace d'encadrement des populations, capable aussi d'intégrer les migrants provinciaux, italiens et espagnols. La banlieue rouge, fondée sur un patriotisme de clocher à base de classe – on est fier de sa commune rouge, on est fier d'être ouvrier – dure à peu près un demi-siècle, des élections municipales de 1925 aux années Mitterrand. On ne peut que déplorer la dérive de certaines municipalités de banlieue aujourd'hui, élues par un nombre très faible d'inscrits, qui se maintiennent grâce à un contrôle communautaire des populations immigrées et à une complaisance affichée envers l'islam.

ZADIG *Aujourd'hui, la banlieue génère de nouvelles cultures urbaines avec le rap, le graffiti, le hip-hop, etc. Par le passé, quels moyens furent mis en place pour apporter la culture en banlieue ?*

A.F. Les banlieues françaises au début des Trente Glorieuses sont un désert culturel absolu. Il n'y a pas un grand lycée, pas de théâtre, seulement quelques salles de cinéma et des bibliothèques municipales. À partir des années 1960, un énorme effort d'équipement est fait de la part de l'État, avec les politiques de décentralisation culturelle, les maisons de la culture, la création de théâtres, qui vont prendre le relais de l'initiative municipale de la période précédente. Mais ça ne crée pas une culture spécifiquement banlieusarde, et ce n'était pas l'objectif. Jack Ralite, le maire historique d'Aubervilliers, souhaite que les habitants de sa ville et des banlieues alentour aient droit eux aussi à la culture classique ou à une approche militante[4]. La culture qu'on voit fleurir depuis une quarantaine d'années a sans doute un lien avec l'extrême jeunesse des habitants, l'extraordinaire métissage et le renouvellement constant des populations. Elle vient aussi certainement d'une moindre rigidité que dans les villes-centres. On est moins contrôlé, les institutions sont moins puissantes. On peut plus facilement écrire sur les murs ou danser dans les rues des cités que place du Palais-Royal. Et puis il y a une

1. Ministre du Front populaire et maire de 1919 à 1941, Henri Sellier a présidé l'Office public d'habitations à bon marché de la Seine, qui lança entre 1921 et 1939 un programme de quinze cités-jardins en Île-de-France.

2. Membre fondateur du PC français rallié en 1928 à la SFIO, maire de 1919 à 1922 puis de 1925 à 1942, André Morizet était un proche d'Henri Sellier.

3. Élu maire en 1899, Théodore Tissier a présidé et structuré l'ancêtre de l'actuel Sipperec.

4. Ancien ministre de Mitterrand et maire de 1983 à 2003, Jack Ralite a ainsi organisé dans sa ville les lundis du Collège de France, entre 2006 et 2011, des rencontres entre lycéens et professeurs de la prestigieuse institution.

Page d'ouverture :
Implosion, le 27 octobre 2005, de la barre 210 du quartier de La Duchère, à Lyon, dans le cadre d'un programme de rénovation urbaine.
© MARTIN BUREAU / AFP

« PERSONNE N'A JAMAIS VOULU CRÉER DE GHETTOS EN FRANCE NI PARQUER TOUS LES IMMIGRÉS DANS DES CITÉS ABANDONNÉES »

récupération de la culture des marges qui vient hybrider la culture légitime.

ZADIG *Les banlieues sont aussi des lieux qui connaissent des problèmes sociaux importants, avec le trafic de drogue, des économies souterraines, de la corruption et de la violence. D'où cela vient-il ?*

A.F. Il faut raisonner dans la moyenne durée de la ville, qui n'obéit pas au temps de l'évènement. Quand une décision de politique publique est prise par des gens généralement rationnels et plutôt bien intentionnés, personne n'est capable d'imaginer ce que cela donnera trente ans plus tard. Entre Giscard et Mitterrand, une série de résolutions ont été prises concernant la politique du logement et celle de l'immigration. On arrête la construction des grands ensembles, on réoriente les crédits publics : la loi Barre du 3 janvier 1977 est tout à fait décisive. Elle concentre les crédits publics non plus vers la construction de logements sociaux, mais vers l'aide à l'accession des ménages à la propriété privée : l'aide à la personne. Résultat : les grands ensembles construits dans les années 1955-1975 pour loger les familles de salariés français se vident de leurs locataires, qui bénéficient dorénavant de subventions pour acheter un pavillon en grande banlieue. D'où une vacance dans les grands ensembles, ce dont les gestionnaires ont horreur.

Vont entrer dans ces grands ensembles des populations d'origine étrangère qui n'y étaient présentes que marginalement auparavant : comme la loi Barre crée en même temps l'aide personnalisée au logement (APL), des familles immigrées s'y logent, leur loyer étant payé par l'État. Pour simplifier : plus vous avez d'enfants, plus vous avez d'APL. Les bailleurs sociaux les acceptent. En outre, à partir de 1974, avec la politique d'arrêt de l'immigration légale et d'intégration des immigrés présents en France, les préfets exercent une pression supplémentaire. Ces immigrés vont donc peu à peu prendre la place des ménages français, qui sont dans un processus d'accession à la propriété pavillonnaire. Ce qui explique aussi la périurbanisation et l'extension de la grande banlieue : la ville éclate au gré des opportunités foncières. Un ensemble de décisions prises il y a quarante ans produisent donc leur plein effet aujourd'hui. Personne n'a jamais voulu créer de ghettos en France ni parquer tous les immigrés dans des cités abandonnées, mais les effets de décisions politiques anciennes, le télescopage des trajectoires résidentielles des ménages qui entrent ou sortent des grands ensembles, l'arrivée imprévue de nouvelles immigrations, la disparition des cadres municipaux de l'entre-deux-guerres, génèrent des situations devenues localement ingérables.

ZADIG *Après ces décisions lourdes de conséquences, n'est-il pas difficile de remonter la pente ?*

A.F. Les quartiers de logement social n'ont jamais été abandonnés par la puissance publique, à la différence de ce qui s'est produit aux États-Unis. L'invention de la politique de la ville dans les années Mitterrand, puis la création de l'Agence nationale de la rénovation urbaine (Anru) à l'initiative de Jean-Louis Borloo en 2003 montrent une volonté réussie de freiner la désagrégation de ces cités. L'Anru a dirigé des milliards d'euros dans la restructuration de ces quartiers, avec succès le plus souvent[5]. Elle détruit les barres et les tours les plus dégradées, restructure les quartiers, construit en remplacement des petits immeubles de quatre étages

5. Entre 2005 et 2015, 48 milliards d'euros ont été investis dans ces travaux, financés à moins de 3 % par l'État, et qui rapportèrent 4 milliards de TVA à son budget, 6 milliards en cotisations aux autres comptes publics, et générèrent 40 000 emplois, avant de décliner et de s'arrêter (rapport Borloo).

« résidentialisés », c'est-à-dire transformés en forteresses grâce à des grilles et des digicodes pour dissuader les dealers d'entrer. Ces appartements, souvent en accession à la propriété, se vendent très bien. Cette politique ne résout pas les problèmes de la drogue, de la violence, de l'islamisation totale de certaines enclaves ni ne parvient à établir une réelle mixité sociale, mais elle empêche la dégradation urbaine de ces cités. Les images d'immeubles aux boîtes aux lettres délabrées, aux ascenseurs en panne, aux cages d'escalier souillées de pisse montrent dans la majorité des cas des copropriétés privées, rachetées et louées par des marchands de sommeil qui n'entretiennent rien. Le plus souvent, l'État les aide ou les rénove. Mais de manière générale, en France, les bailleurs de logements sociaux soignent leur parc parce que c'est leur capital.

ZADIG *Dans les années 1980 et 2000, des émeutes ont beaucoup marqué les esprits. Depuis, une image très négative de la banlieue s'est imposée dans l'opinion publique, non ?*

A.F. Je dirais d'abord que l'image négative de la banlieue est très ancienne. La peur des marges, des faubourgs, des Apaches, des blousons noirs, des communistes au couteau entre les dents… Ces représentations sont difficiles à modifier. L'idée absurde que le franchissement du périphérique vous conduit dans un autre monde subsiste, en décalage total avec la réalité du fonctionnement des agglomérations. Depuis le début du siècle, les émeutes urbaines, la prégnance de la drogue, l'enclavement islamiste de certaines cités, l'arrivée de nouvelles immigrations obligent à repenser les images antérieures.
Le mot banlieue est né au Moyen Âge pour désigner l'emprise juridique de la ville sur ses faubourgs et il renvoie à une forme urbaine apparue au milieu du XIXe siècle. Je ne suis pas sûre qu'il ait encore un sens aujourd'hui, dans les métropoles mondialisées et éclatées. Mais ce mot donne corps à une histoire qu'il est dommage de ne pas connaître.

ZADIG *Cette histoire vous paraît-elle insuffisamment enseignée ?*

A.F. L'histoire des villes au XXe siècle est absolument méconnue. J'avais coutume de dire à mes étudiants qu'on connaît mieux les raisons de la construction de Versailles qu'on ne comprend celles de la construction de Sarcelles. Ceux qui gèrent l'aménagement urbain aujourd'hui ignorent généralement à peu près tout des strates qui ont fait les villes. Ce qui les conduit à redécouvrir des questions posées et résolues antérieurement. J'ai travaillé avec Pierre Mansart, qui était l'adjoint de Bertrand Delanoë quand celui-ci voulait réaliser le Grand Paris. Nous avons mis au jour une histoire de ce projet, comme le conseil général de la Seine, assemblée élue qui administrait jusqu'en 1967 à la fois Paris et sa banlieue. Même parmi les élus, personne ne le savait, sauf quelques très vieux érudits. Être uniquement dans l'instant présent ne permet pas de penser à moyen terme, ce qui est nécessaire dans le cas des politiques urbaines. ♦

Propos recueillis par
Marion Mergault et François Vey

ANNIE FOURCAUT est historienne. Professeure émérite à l'université Paris 1 Panthéon-Sorbonne, elle dirige le pôle d'histoire urbaine du Centre d'histoire sociale du XXe siècle. Elle a notamment travaillé sur la naissance et le développement des banlieues, ainsi que sur les politiques publiques du logement et de la construction.

« LA NIAQUE DE CEUX QUI N'ONT RIEN À PERDRE »

par AZOUZ BEGAG

L'ancien ministre à l'Égalité des chances défend son idée de développer l'apprentissage des langues vivantes en banlieue. Car elles constituent un gage de réussite professionnelle.

« IL NE SERT à rien de tenir des propos angéliques sur les banlieues, pas plus que d'être ultra pessimiste, parce que cela déprime tout le monde et ne fait pas avancer la cause. La majorité des gens qui vivent là n'ont pas eu le choix, ils sont assignés à résidence, mais une fois que vous êtes dedans, vous vous dites soit : « Je vais essayer d'offrir à mes enfants un meilleur lieu que ce piège spatial et social, tenter de leur trouver un autre établissement scolaire, par exemple, un autre appartement » ; soit : « Comme je n'ai pas les moyens de choisir mon lieu de résidence, je vais essayer d'en tirer profit. »

Ainsi, quand on vit dans ces cités, on a un environnement polyglotte. Il faut en profiter. Dans ma cité de La Duchère à Lyon, où j'ai vécu jusqu'à l'âge de 22-23 ans, j'ai appris à parler italien et espagnol avec des amis qui étaient originaires de là-bas. J'étais déjà francophone, arabophone par mes parents, je suis devenu polyglotte grâce à ma cité. Actuellement, pour un jeune de 20-25 ans, c'est une chance de se présenter sur le marché de l'emploi en disant qu'il parle français, arabe, espagnol, italien... C'est un des aspects qui est intéressant à considérer quand on est optimiste, et il faut l'être.

Aujourd'hui, les langues étrangères sont un atout important pour l'emploi. Quand j'étais ministre délégué de l'Égalité des chances[1], j'avais lancé, avec mon collègue de l'Éducation nationale Gilles de Robien, un programme d'apprentissage intensif du chinois dans les banlieues. Je partais d'un principe : un jeune, noir ou basané, va faire face à un rejet parce qu'il s'appelle Karim, Mohammed ou Mamadou, et va s'entendre souvent appeler « melon » ou « bougnoule » ; il va difficilement trouver du travail du fait de son faciès, etc. Donc, je me disais à cette époque que si ce jeune-là, dès son entrée au collège à 11 ans, commençait à apprendre le chinois pendant quatre ans, au cours desquels il acquerrait des bases qu'il aurait envie de consolider au lycée, puis à la fac, au bout de six ans ou sept ans d'apprentissage il pourrait en faire un outil pour sa propre promotion sociale. Il se présenterait à un entretien d'embauche où les a priori seraient négatifs pour tout un tas de raisons, et lorsqu'il répondrait au recruteur qu'il parle chinois, tout de suite, il ferait la différence. Voilà une idée qui a fait son chemin depuis plus de dix ans maintenant. Il y a aujourd'hui de nombreux établissements qui enseignent le chinois. Pour tous les enfants issus des immigrations, ça ne pourra être qu'une plus-value sur le marché de l'emploi. Quand le jeune démontre à un recruteur qu'il a la niaque et qu'il s'est mis à apprendre cette langue pour réussir, il y a de fortes chances que l'image négative qui le précédait avant son entretien soit complètement changée. La banlieue, c'est aussi ça ! La niaque de ceux qui n'ont rien à perdre.

Cependant, beaucoup de familles n'ont pas en tête la perspective de l'éducation pour leurs enfants et sont piégées par l'attrait forcené de l'argent coûte que coûte. Réussir, pour eux, c'est avoir de l'argent. Et c'est alors que l'on en

1. Dans le gouvernement de Dominique de Villepin, de 2005 à 2007.

Page d'ouverture : Azouz Begag, le 19 avril 2016.

© NADÈGE ABADIE / SIGNATURES

« LES BANLIEUES SONT UN MONDE DE LA SURVIE. ON Y TROUVE TOUT, DU MEILLEUR AU PIRE. IL NE FAUT ÊTRE NI ANGÉLIQUE NI LES RÉDUIRE À LA CRIMINALITÉ »

vient à la drogue. En vingt ans, les points de deal de drogue ont été grandement multipliés dans les cités. C'est un signe qui ne trompe pas. L'économie de la drogue est un bon thermomètre de la situation sociale des banlieues. Il y en a partout. C'est une forme de mort lente. Et la légalisation du cannabis n'est pas le bon remède, car derrière lui il y a toutes sortes de drogues qui proposent aux jeunes de vivre dans un monde virtuel, chimique. Je ne souhaite pas pour mes enfants, ni pour ceux des autres, qu'ils soient pris dans ce piège. La vérité est que, dans beaucoup de cités, cette économie parallèle, hélas, constitue un moyen de survie pour ces jeunes et leurs familles. L'univers de Pablo Escobar a fait des émules dans nos cités comme ailleurs, avec ses armes et ses crimes odieux. Tous les jours, partout, ont lieu des rixes entre bandes, souvent liées à la drogue. À Marseille, il y a régulièrement des morts. Voilà ce que sont aussi les banlieues, un monde de la survie. On y trouve tout, du meilleur au pire. Il ne faut être ni angélique ni les réduire à la criminalité, quand on en parle.

Moi, j'ai la chance d'être né avec la littérature, avec les livres, dans un bidonville sans électricité, où il n'y avait ni téléphone portable ni Internet. Des pages, je me suis fait des ailes. Depuis trente ans, je vante les mérites de la lecture dans les collèges. Je dis aux élèves que le premier mot du Coran est *Iqra*, en arabe, qui veut dire : « Lis[2] ! » C'est une injonction faite à tout croyant. Je suis persuadé que l'un des boosters de la mise en orbite de ces jeunes dans l'espace de la connaissance, c'est la lecture. Malheureusement, dans beaucoup de familles, la priorité n'est pas là. C'est ce qui a motivé tout mon travail de rencontres avec des dizaines de milliers de collégiens, pour aller prouver le contraire, dire que chez moi il n'y avait pas de télévision dans les années 1960, à Lyon, dans nos baraques, mais que je me plongeais dans les livres pour m'évader. Aujourd'hui, les jeunes n'arrivent pas à croire dans quelle misère nous vivions. À l'école, j'avais tellement envie d'apprendre le français pour venger l'analphabétisme de mes parents... À 8 ans, j'étais obsédé par les accords de compléments d'objet directs ! Fallait voir le petit Azouz. La maîtrise de la langue de Voltaire est un élément essentiel de l'intégration sociale. Si l'on souhaite parler le verlan de la cité, bien sûr ce n'est pas interdit, mais il faut le faire avec tes copains seulement, pas dans les dissertations de français en classe. Je pense que ce verlan est un piège social qui maintient les jeunes dans les périphéries parce que ce langage est périphérique.

Toujours, dans mes rencontres avec mes élèves des cités, je vois le désir d'écrire, de s'écrire, de s'en sortir en racontant des histoires. Raconter son histoire est important dans les cités, parce que les moments que l'on y vit sont uniques. Je reçois des demandes de jeunes filles et de jeunes garçons qui souhaiteraient que je leur donne la recette pour être publié. Ce désir, je crois qu'il est beaucoup plus fort dans ces lieux où la vie est rude que dans les quartiers plus aisés. En tout cas, cette niaque de vouloir s'en tirer, c'est là qu'elle existe parce qu'il y a beaucoup de jeunes qui en veulent, qui n'ont pas peur de se lancer, car ils n'ont rien à perdre. Souvent, ces créateurs sont des personnalités fortes et originales. Le rap et le slam le montrent bien, la danse aussi, sans oublier le cinéma avec Omar Sy et tant d'autres.

Mais je ne veux pas prêcher par excès d'optimisme, car dans l'émergence de l'économie numérique, avec Uber, les livraisons, les VTC, on constate que ce sont des jeunes des minorités qui sont massivement recrutés. Sur les scooters dézingués, on les voit rouler entre les files de voitures pour livrer leurs commandes Amazon ou Deliveroo, exerçant des métiers

2. Sourate 96 Al-'Alaq : « Lis au Nom de ton Seigneur ! » Les sourates coraniques sont classées par ordre décroissant de longueur et non par ordre chronologique. Une tradition répandue fait de cette sourate la première révélée.

difficiles et très risqués. Souvent, ces jeunes d'origine maghrébine ou africaine n'ont pas le bac. Je trouve que le téléphone portable et l'économie numérique ont exacerbé ces inégalités sociales, alors qu'ils auraient pu faire avancer l'égalité des chances. Mais tout le monde ne s'en sert pas de la même manière, parce qu'on ne part pas tous du même point. Il faut reconnaître que, parfois, ces technologies permettent à des jeunes dans leur cité, dans un local prêté par une association, de s'inventer du rap, des styles musicaux, des mini sketchs... qu'ils diffusent sur leurs réseaux sociaux. Quelquefois, le succès arrive. Cependant, là aussi, pour réussir dans ces domaines artistiques, il faut avoir le goût du travail, de l'effort, de la connaissance, la volonté de s'améliorer. L'usage de ces nouvelles technologies de communication peut laisser croire que c'est facile aujourd'hui, pour tous...

J'ai en tête le cas de Karim Benzema. Son retour en équipe de France est le fruit d'un travail forcené, pendant plus de dix ans, au Real Madrid, qui a fait de lui l'un des champions de football les plus connus au monde. Il vient de la cité de Bron, à côté de chez moi. Ce garçon a été mis au ban par l'équipe de France pour une histoire scabreuse et il fait son retour après cinq années de bannissement. Il l'a pu parce qu'on le lui a demandé et parce qu'il est le meilleur, incontournable. Voilà ce à quoi mène le travail, l'abnégation, le sérieux : faire de soi un personnage incontournable. Et, tôt ou tard, on est appelé là où on doit l'être. Le talent fait la différence. Il faut aller le chercher, le cultiver. Il y a des jeunes qui partent souvent dans la vie avec un a priori négatif sur leur propre sort. Ils rayent de leur carte mentale tout un tas de choses qu'ils jugent ne pas être faites pour eux, être inaccessibles. Le travail du ministre de l'Égalité des chances, c'est d'amener ces jeunes à se dire : « Pourquoi pas moi ? », plutôt que : « Ce n'est pas pour moi. »

Ces jeunes savent que je suis un enfant d'immigrés algériens analphabètes qui ne parlaient pas français, que j'ai vécu les dix premières années de ma vie dans un bidonville lyonnais et que, quarante ans plus tard, je suis devenu ministre du gouvernement français. Ma réussite personnelle repose sur le désir acharné de mon père de ne pas voir reproduire chez ses enfants sa condition misérable de maçon. Il a tout fait pour nous mettre dans la tête que la seule voie qui allait nous sortir de la misère, c'était l'école. Et, au sein de cette école, des instituteurs nous ont pris en main, donné confiance, en nous traitant comme des petits Français au même titre que les autres. C'est ça, l'école républicaine. Je la vénère. Ces dizaines de milliers d'enseignants dans notre pays sont le fer de lance d'une ambition d'égalité et de formation de citoyens dignes de la belle démocratie que doit continuer à être notre pays. Ce sont les profs qui font le boulot pour que le bateau de l'espoir de la réussite sociale demeure à flot pour chacun.

Vivre ensemble est un sport de combat. Et ce qui nous attend n'est pas facile. Depuis vingt ans, la violence de l'argent et de la société de consommation est telle que, lorsque les élèves d'une classe de collège posent la question à leur prof pour savoir combien il gagne, et que celui-ci leur répond 1 300 à 1 400 euros, ils demandent : par mois ou par jour ? Tous ces jeunes férus de sport, notamment de football, connaissent les salaires des joueurs, le coût du transfert de Neymar au PSG. Alors ils rêvent plutôt de ressembler à Kylian Mbappé et à Benzema qu'à leurs enseignants. Voilà la violence de la société qu'il faut combattre aujourd'hui. Elle est profondément ancrée dans tous les pores de notre société. Mais, pour faire le bien, nous avons le temps. L'éternité.

Conversation avec François Vey

AZOUZ BEGAG est écrivain. Il est né à Lyon en 1957, de parents algériens. Docteur en économie, il est chargé de recherche au CNRS et a été ministre délégué à la Promotion de l'égalité des chances de 2005 à 2007 dans le gouvernement Villepin. Il a notamment publié *La Guerre des moutons* (Fayard, 2008), où il raconte la genèse de son engagement politique.

INFOGRAPHIE

Texte par ORIANE RAFFIN & illustrations par LE POISSON

DES QUARTIERS MAL LOTIS

LA POLITIQUE DE LA VILLE

Les quartiers prioritaires de la politique de la ville (QPV) ont été définis par la **loi Lamy** de programmation pour la ville et la cohésion urbaine de 2014. Les critères de sélection reposent sur **la faiblesse des revenus des habitants et leur écart** par rapport à ceux des agglomérations dans lesquelles ces quartiers sont situés.

En 2019 sont concernés :
- **1 514 QPV**, dont 200 dans les DROM-TOM ;
- dans 859 communes ;
- soit **5,5 millions d'habitants.**

UNE POPULATION JEUNE ET PAUVRE, SOUVENT ÉTRANGÈRE

40 % des habitants de QPV **ont moins de 24 ans** (contre 30 % pour la population française totale).

42,6 % vivent **sous le seuil de pauvreté** (contre 14,5 %) et 73,9 % perçoivent au moins une prestation de la CAF (contre 48 %).

19 % sont de **nationalité étrangère** (contre 8 % dans les unités urbaines englobantes). En **Île-de-France**, cette part atteint **25 %**.

UN HABITAT MODESTE

30 % des logements sociaux sont implantés dans les QPV, alors que ces quartiers représentent 8 % de la population totale.

22 % des ménages des QPV vivent dans des **logements surpeuplés** contre 12 % hors des quartiers prioritaires.

Seuls **13 %** des ménages sont **propriétaires** (contre 53 % de l'ensemble des ménages français).

DES LIEUX PERÇUS NÉGATIVEMENT

Alors que 85 % des Français interrogés se disent **satisfaits de leur lieu d'habitation**, les habitants de cités HLM ne sont **59 %**.

En 2019, un sondage de l'Observatoire des banlieues Odoxa réalisé sur un échantillon représentatif se penchait sur l'**image** que les Français se font de ces quartiers :

Ensemble des Français		Personne vivant en cité ou HLM
75 %	« Mal entretenues »	73 %
74 %	« Pauvres »	76 %
73 %	« Communautarisées »	61 %
69 %	« Dangereuses »	65 %
41 %	« Tolérance entre cultures, religions et modes de vie »	48 %
39 %	« Fertiles en énergie, en initiatives nombreuses »	39 %

DES INÉGALITÉS MARQUÉES EN MATIÈRE DE SANTÉ...

54 % seulement des habitants de quartiers prioritaires se déclarent en bonne santé, contre 69 % dans les autres quartiers des unités urbaines englobantes. **Une personne sur quatre** avouait en 2014 avoir **renoncé à des soins dentaires** pour des raisons financières. On est aussi **quatre fois** plus exposé au risque de devenir **obèse** dans les quartiers touchés par la précarité.

... EN MATIÈRE DE SÉCURITÉ...

Les habitants des quartiers de la politique de la ville (QPV) se sentent **2,6 fois plus en insécurité** que le reste de la population (26 % contre 10 %). **42 %** jugent leur quartier peu sûr. On y dénombre **quatre fois plus de vols violents**, avec et sans arme, et les habitants sont **deux fois plus fréquemment victimes de vandalisme**.

... EN MATIÈRE DE FORMATION...

29,3 % des lycéens s'orientent vers une filière générale, contre 39,7 % dans le reste du territoire. Un diplômé bac +5 de plus de 30 ans a **22 % de chances de moins d'occuper un emploi de cadre** lorsqu'il est issu des quartiers prioritaires.

... ET EN MATIÈRE D'EMPLOI

Le taux d'emploi dans ces quartiers est plus faible :

Dans les QPV		Nationalement
23 %	15-24 ans	30 %
55 %	25-54 ans	81 %
37 %	55-64 ans	62 %

On compte aussi **moins d'entreprises** par habitant : le nombre d'établissements pour 1 000 habitants au 1er janvier 2016 était de 40,6 dans les quartiers prioritaires (contre 78,6 en moyenne).

Leur **chiffre d'affaires** est également plus faible : 61 000 euros en moyenne lors dans douze premiers mois d'activité (contre 113 000 hors QPV).

Sources — Ministère de la Cohésion • Insee, 2013, 2015, 2016, 2018 et 2019 • Insee 2010 / Observatoire des inégalités • Insee, Enquête logement 2013 / CGET-Observatoire national de la politique de la ville (ONPV) • ONPV, 2016, et rapport annuel 2018 • Influence of the urban context on the relationship between neighbourhood deprivation and obesity, Social Science and Medicine, novembre 2020 • TMO Régions pour Bpifrance Le Lab, novembre 2019 • Observatoire des banlieues Odoxa pour Le Parisien / Aujourd'hui en France, *2019 • Données ONPV 2016/2017 et DGE 2016/2017, citées dans l'étude « Entreprendre dans les quartiers : libérer tous les potentiels », Bpifrance Le Lab, Terra Nova, J.P. Morgan • Enquête santé et protection sociale EHIS-ESPS 2014, Drees-Irdes.*

LA FRANCE À LA CARTE
par HERVÉ LE BRAS
Illustrée par MATHILDE BÉDOUET

MI-VILLE, MI-CAMPAGNE

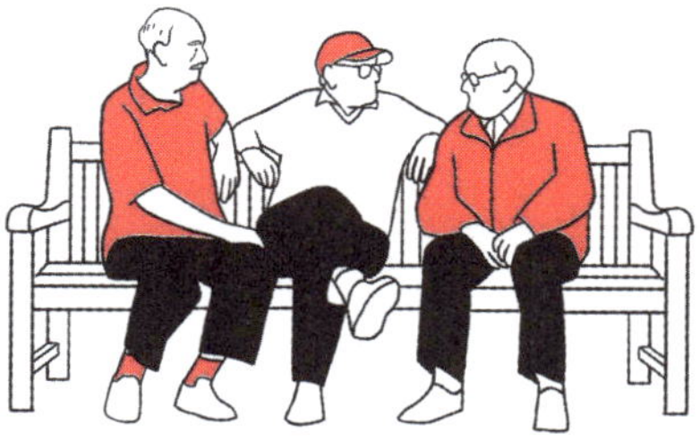

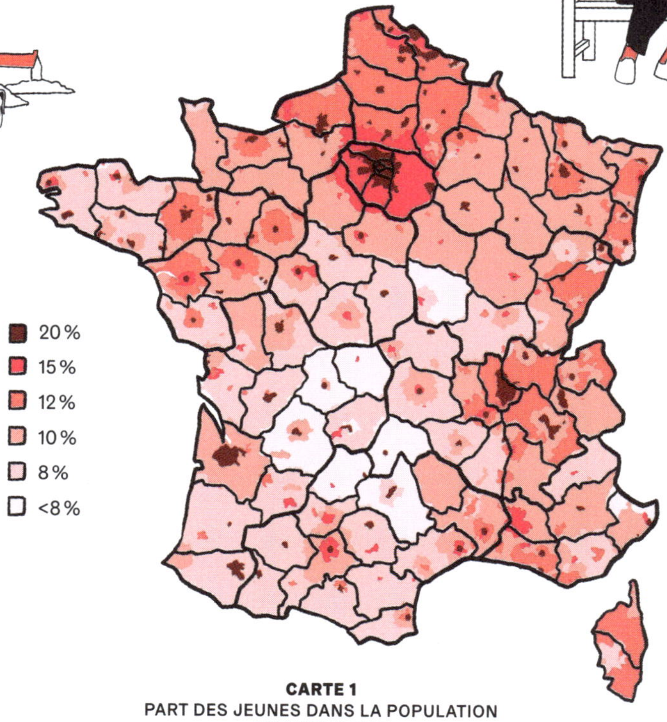

CARTE 1
PART DES JEUNES DANS LA POPULATION TOTALE EN 2017

Les banlieues sont difficiles à cartographier. Ce qui les distingue des autres territoires, c'est leur dynamisme économique fort. Ce sont vraiment des terres bénites pour la création d'entreprises.

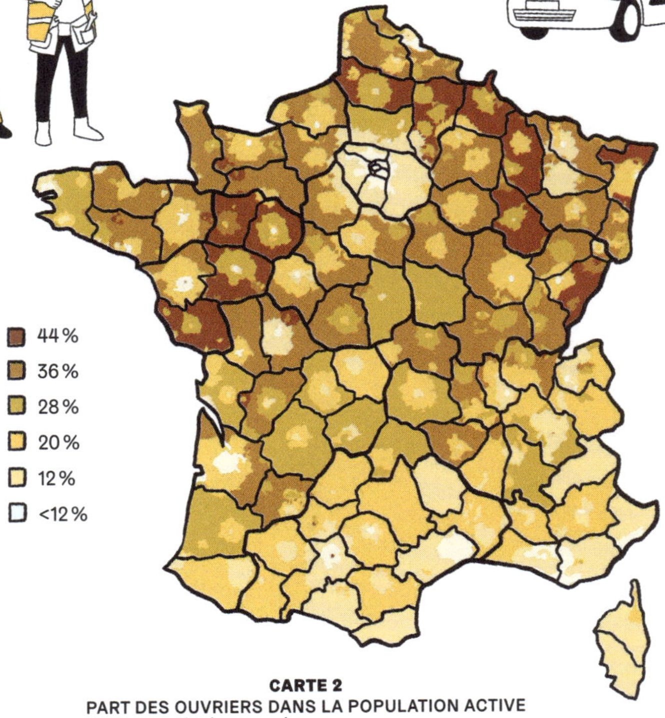

CARTE 2
PART DES OUVRIERS DANS LA POPULATION ACTIVE ÂGÉE DE 15 À 64 ANS EN 2017

LA BANLIEUE est un casse-tête pour les géographes et les statisticiens. Où commence-t-elle et où finit-elle ? Paris représente un cas simple avec son périphérique, frontière presque parfaite entre la ville-centre et la banlieue. En revanche, quand on s'en éloigne, où s'arrête la banlieue ? Moins la population est dense, plus on parle d'un espace non plus banlieusard mais périurbain, sans que des limites nettes puissent être fixées à la transition entre ville et campagne. En dehors de Paris, par exemple à Marseille ou à Nantes, la limite même entre le centre et la banlieue n'est pas visible, pas plus que celle où le périurbain le cède à la campagne. Prenant le problème à bras-le-corps, l'Insee a défini plusieurs catégories qui s'inspirent du bon sens : des pôles urbains en trois classes de population décroissante, leurs couronnes et des espaces soit intermédiaires, soit extérieurs.

La banlieue n'existe vraiment qu'autour des grandes villes. Pour en scruter les caractéristiques, on a cartographié ici les pôles de première importance, donc les villes-centres, leur agglomération et leur couronne, regroupant toutes les autres communes au niveau du département. Comme la ville-centre n'est souvent qu'un point presque indiscernable sur la carte, on a mis à sa place, pour les plus grandes, un petit cercle quand elle se distinguait nettement de son agglomération (sa « couronne ») qui en représente à peu près la banlieue. Muni de ces conventions, on peut maintenant apprécier l'originalité des banlieues sur tout le territoire.

Lorsqu'on parle des banlieues, on pense d'abord aux cités et à la jeunesse de leur population. Cependant, la proportion la plus importante de jeunes (en les assimilant aux personnes de 15 à 24 ans) est concentrée dans les grandes villes-centres, repérables sur la carte *(figure 1)* par les petits cercles brun foncé qui indiquent au-dessus de 15 % et souvent de 20 % de jeunes. Les banlieues sont encore jeunes, mais un peu moins ; l'espace périurbain encore moins, et les espaces ruraux, derniers, compte fréquemment moins de 8 % de jeunes. La carte porte encore la trace des différences de natalité entre le Sud-Ouest peu fécond et le nord de la Loire qui l'est plus, ce qui lui valait autrefois le nom de « croissant fertile ». Ces différences régionales sont maintenant résiduelles par rapport à l'énorme écart entre les villes-centres, surtout celles qui ont des universités importantes, et le reste du territoire. Les banlieues ne concentrent donc pas la jeunesse. Elles constituent plutôt un espace intermédiaire, d'attente ou, diront certains, de relégation, pour ceux qui n'ont pas poursuivi leurs études après le bac.

Dans l'imagerie traditionnelle, les banlieues sont aussi ouvrières. Il faut l'oublier. Désormais, la proportion d'ouvriers s'accroît d'autant plus que l'on s'éloigne des grandes villes *(figure 2)*. De moins de 10 % de la population dans les grands centres, leur pourcentage monte à plus de 40 % dans certaines zones rurales, sur un arc s'étendant de la Vendée au Doubs. Ils sont déjà un peu plus nombreux dans l'agglomération autour de la ville-centre, un peu

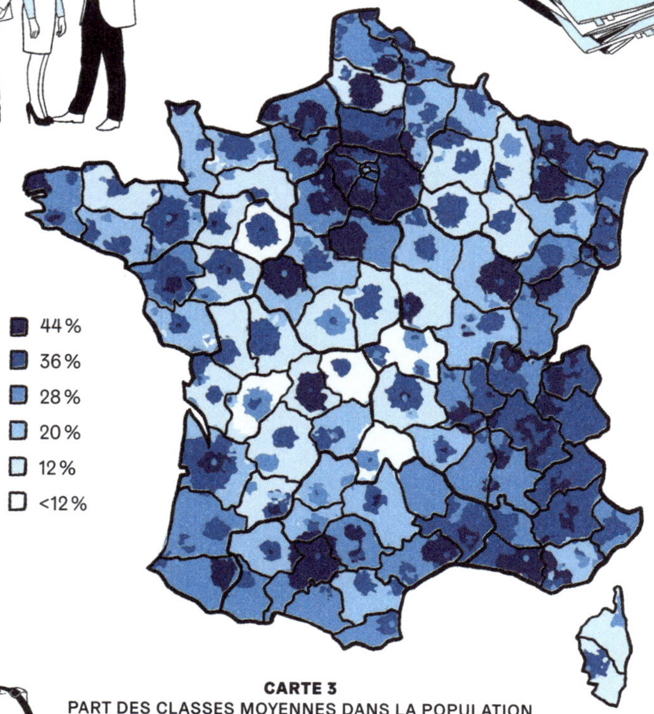

CARTE 3
PART DES CLASSES MOYENNES DANS LA POPULATION ACTIVE ÂGÉE DE 15 À 64 ANS EN 2017

plus encore en zone périurbaine, et forment la catégorie sociale la plus importante dans l'espace rural, loin devant les agriculteurs maintenant résiduels.

On voit sur la carte de l'implantation des « catégories intermédiaires » – techniciens et techniciennes, infirmiers et infirmières, contremaîtres... – que celles-ci ont pris la place des ouvriers dans les zones urbaines sans cependant s'affirmer dans les villes-centres *(figure 3)*. Leur bastion est l'espace périurbain. Déjà moins nombreuses dans les banlieues, elles tiennent plus qu'une place modeste au centre. Mais alors qui habite les banlieues, si les ouvriers les ont quittées et si les catégories intermédiaires ne les occupent pas massivement ? Une population hétérogène, avec aussi bien des cadres que des employés à côté des autres catégories. Cependant, à une échelle plus fine, on verrait une importante ségrégation sociale à l'œuvre entre banlieues, certaines étant très aisées – telle Neuilly –, d'autres pauvres – par exemple, à l'est du 93.

Les banlieues se distingueraient-elles alors par des mœurs différentes, plus modernes, comme les innovations culturelles qui en viennent le laissent augurer ? Non, car l'accès des femmes à l'activité n'y est pas plus fréquent qu'ailleurs. Les femmes sont le plus actives (entre 25 et 54 ans), et de beaucoup, dans les zones périurbaines, ce qui est une gageure étant donné l'éloignement de leurs lieux de travail. Au nord de la Loire, les femmes habitant en banlieue ne sont pas plus actives que celles qui vivent à la campagne. Au sud, particulièrement autour de la Méditerranée et dans le Sud-Ouest, elles le sont plus qu'en milieu rural mais nettement moins que dans la zone périurbaine. Enfin, plus curieusement, les femmes sont souvent les moins actives dans les grandes villes. Beaucoup de facteurs se conjuguent pour rendre compte de ces différences : nécessité de deux salaires pour rembourser l'achat d'un pavillon périurbain, activité moindre des femmes immigrées en banlieue, absence de possibilités d'emploi, activité féminine traditionnellement moindre au sud et à l'extrême nord. Tous réunis, ces facteurs créent une configuration générale nette mais peu prévisible.

L'évolution des mœurs se traduit aussi par celle de la cohabitation, union libre (« concubinage », selon le terme de l'Insee) et pacs empiétant sur le mariage *(figure 4)*. Ici encore, les banlieues ne sont pas en pointe, au contraire. Comme on le constate sur la carte, les unions autres que par mariage sont les plus fréquentes dans les grandes villes, puis assez répandues dans les zones périurbaines. Leur proportion est la plus basse à la campagne, mais souvent aussi dans les banlieues. Regardons la situation dans l'Ouest. À Brest, à Rennes, à Nantes, à Angers, la proportion de pacsés et d'unions libres est élevée, mais immédiatement au voisinage, dans l'agglomération qui les entoure, elle est souvent plus faible qu'en milieu rural. Situation identique en dehors de l'Ouest, aussi bien à Lyon, à Strasbourg, à Metz et même dans l'agglomération parisienne.

L'originalité des banlieues doit être cherchée ailleurs que dans leur démographie, dans leur composition sociale et dans leurs mœurs : dans un dynamisme économique qu'illustre une dernière distribution, celle de la proportion de créations d'entreprises entre 2011 et 2019, rapportée au nombre d'habitants *(figure 5 ; l'année 2020 n'a pas été retenue à cause des effets de la pandémie)*. Pour des raisons liées à leur centralité, les grandes villes viennent en tête, mais leurs agglomérations, donc les banlieues, les suivent de près sans exception, comme on le voit sur la carte. Elles devancent dans des proportions souvent énormes les zones périurbaines et rurales, où les créations d'entreprises par habitant peuvent être jusqu'à dix fois moins nombreuses. La proximité des grands centres joue un rôle, mais aussi le dynamisme des résidents.

Enfin, n'oublions pas la mobilité. Au cours de leur vie, les mêmes personnes pourront résider en centre-ville, durant leur jeunesse, puis en banlieue ou en périurbain au moment où leur famille s'agrandit, pour revenir, selon leurs moyens, en banlieue ou au centre avant de partir en retraite, à la campagne ou à la mer, puis, parvenues à un âge élevé, s'établir à proximité d'un grand équipement hospitalier, donc souvent en ville. ♦

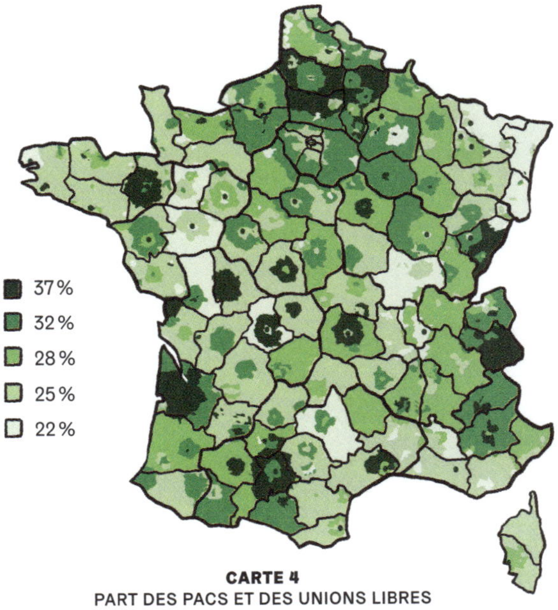

CARTE 4
PART DES PACS ET DES UNIONS LIBRES DANS L'ENSEMBLE DES UNIONS EN 2017

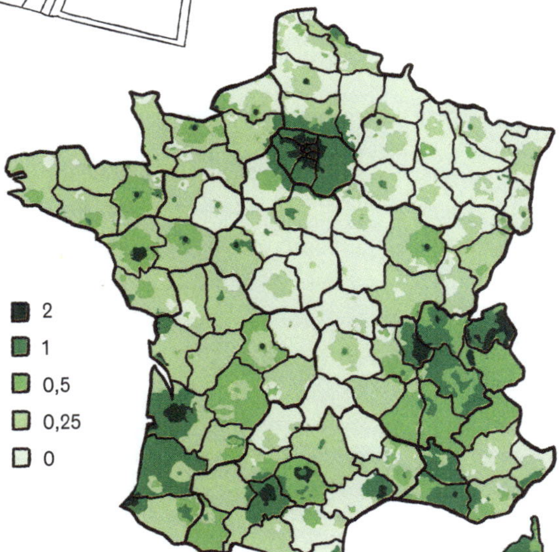

CARTE 5
CRÉATIONS D'ENTREPRISES ENTRE 2011 ET 2019 RAPPORTÉES AU NOMBRE D'HABITANTS EN 2015

HERVÉ LE BRAS est directeur d'études émérite à l'Institut national d'études démographiques (Ined) et directeur de recherche à l'École des hautes études en sciences sociales (EHESS). Il a longtemps été membre du conseil scientifique de la Datar et a coécrit avec Emmanuel Todd *L'Invention de la France* (Gallimard, 2012) et *Le Mystère français* (Seuil, 2013). Son dernier ouvrage, *Serons-nous submergés ? Épidémie, migration, remplacement* a paru en 2020 aux éditions de l'Aube.

MATHILDE BÉDOUET est illustratrice et réalisatrice. Diplômée des Arts décoratifs de Paris en cinéma d'animation, elle vit et travaille à Paris. Après trois ans en agence de communication, elle réalise des clips numériques en rotoscopie et en 2D. Elle collabore avec *le 1* et *Vanity Fair*.

« CE NE SONT PAS LES GAMINS QUI ONT FINI PAR M'USER »

Professeure de collège en Seine-Saint-Denis pendant onze ans, cette écrivaine raconte la formidable solidarité qu'elle a connue et les nombreuses solutions trouvées pour aider ces élèves. Mais les moyens sont devenus insuffisants.

Récit de **GABRIELLE TULOUP**
Illustrations par **LAURA JUNGER**

ONZE ANS en Seine-Saint-Denis. Et cette année, je pars. J'ai une mutation dans une autre académie. On dit qu'il ne faut pas rester plus de six ans dans un établissement. Cela fait neuf ans que j'exerce au collège Diderot d'Aubervilliers. Je me suis souvent promis : « Cette fois, c'est la bonne, pour la rentrée prochaine je vise le lycée », et toujours un nouvel atelier, un projet pédagogique ou la perspective de pouvoir suivre une classe, m'ont retenue.

ÊTRE PROF, C'EST ÊTRE UN GLANDEUR, MAIS PAS « LÀ-BAS ». LA BANLIEUE NOUS DONNE LA FAVEUR D'UN BRIN D'ADMIRATION, OU DE CRAINTE, C'EST SELON

On passe plus de journées dans son établissement que chez soi. On prend plus de temps à préparer ses cours, corriger ses copies, penser à ses élèves qu'à réellement s'occuper de ses proches. Je ne sais pas bien quel grand saut je m'apprête à faire. Je n'ai connu que le « 9-3 », je m'y suis faite, j'y ai explosé mes représentations, d'autres clichés sont venus remplacer les précédents, j'y ai connu mes premières grandes fiertés, mes terribles impuissances, j'ai déployé une énergie folle, en ai reçu bien plus encore, je me suis heurtée à des limites quotidiennes, les miennes, celles des enfants et surtout celles de l'institution. Je me suis épuisée aussi.

Diderot, ma maison. Déjà devenue un peu étrangère. Comme le sont les murs qui vieillissent et qu'on repeint. On ne s'y retrouve plus tout à fait. C'est à cela qu'on sait qu'il faut partir. Je regarde les couloirs, l'alignement des portes, les affiches sans cesse renouvelées sur les panneaux de la salle des profs, une colère nourrie de rouge et de noir syndicaux, des poings levés, une révolte bourrée d'espoir. Il y a toujours à faire par chez nous.

« Chez nous. » Qui suis-je pour dire « chez nous », moi qui n'ai jamais passé une nuit à Aubervilliers ? Pourtant, toutes ces années, plus que « je danse le tango » ou « je suis romancière », c'est bien « je suis prof dans le 93 » qui a été le point d'accroche de toutes les conversations en société, l'identité retenue. Être prof, c'est être un glandeur, mais pas « là-bas ». La banlieue nous donne la faveur d'un brin d'admiration, ou de crainte, c'est selon. Quoi qu'il en soit, on gagne tout de suite l'attention générale, surtout quand on explique, comme je l'ai fait jusqu'à l'année dernière, avec la plus grande ferveur, combien ce n'est pas ce qu'on croit et qu'on y est bien.

J'ai parlé de clichés qui s'évanouissent. Cent choses m'ont retenue auxquelles je ne m'attendais pas. Un collège, c'est d'abord une équipe éducative. On dit souvent que les établissements de banlieue sont des plateformes d'atterrissage (plus ou moins chaotique) pour des enseignants qui s'en iront dès qu'ils auront accumulé assez d'ancienneté pour le faire. Une sorte de passage obligé, une épreuve du feu. Dans mon collège, comme dans tout le département, les professeurs ne se dépêchent pas de plier bagage. Ils se battent au contraire bec et ongles pour la stabilité des équipes – seule garante de celle des élèves.

Je suis impressionnée de voir le nombre de dispositifs pensés, chaque année, par mes collègues pour tenter de trouver des solutions efficaces, concrètes, aux difficultés rencontrées quotidiennement. À chaque jour suffit sa peine : un problème après l'autre.

Un constat s'est rapidement imposé : il est difficile de faire cours la semaine qui précède une période de vacances. Les exclusions et les rapports d'incident s'y multiplient. Pourquoi ne pas imaginer un format qui, sans céder à l'ambition pédagogique, permettrait de recevoir les enfants dans de meilleures conditions ? Ainsi, le collège Diderot a été l'un des premiers à instaurer les « semaines interdisciplinaires ». Les élèves, mélangés de la sixième à la troisième, suivront le même atelier tout au long de la semaine, accompagnés de deux ou trois professeurs de disciplines différentes. J'ai entendu nos mômes jouer et chanter des extraits

d'opéras de Bizet et de Massenet ; tenter l'expérience de Milgram et s'interroger profondément sur les notions d'autorité et de discipline ; réécrire et filmer des journaux télévisés aux dates clés de l'histoire de notre siècle. J'ai vu de petites montgolfières fabriquées par eux, sous l'œil attentif de professeurs de sciences, s'élever au-dessus de la cour de récréation exiguë et ouvrir les horizons.

Autre problème récurrent : l'hétérogénéité des classes. Le gamin, comme greffé au radiateur, qui passe ses journées au mieux à regarder dehors, au pire à bavarder et à déranger le cours parce qu'il a accumulé tant de retard qu'il pense que c'est peine perdue. Alors mes collègues ont imaginé les « poissons-pilotes », des enseignants volontaires, libérés sur certains créneaux horaires, pour pouvoir intervenir à la demande, s'asseoir aux côtés de l'élève et le raccrocher au cours.

Pour améliorer la communication entre des adolescents pour qui il est parfois plus facile de s'insulter que de s'expliquer, il existe maintenant des formations de médiateurs, et des conseils d'élèves.

C'est ce formidable engagement, bien au-delà des programmes, des temps scolaires, de la fatigue même, que j'ai toujours admiré dans mon établissement. Tout n'a pas fonctionné, loin de là. Mais la résignation n'a jusqu'à présent jamais su se faire de place. Et c'est probablement une des plus belles choses que le collectif m'ait apprises.

Alors, au fil des années, on tient parce que les enfants peuvent être, absolument comme partout, aussi pénibles que merveilleux. Parce que les parents ne sont pas de ceux qui remettent en question notre enseignement et qu'ils expriment au contraire si souvent leur reconnaissance. Qu'on ne parle pas de démission de leur part ! C'est vrai, ils sont nombreux à ne pouvoir aider à l'apprentissage de connaissances ou même d'une langue qu'ils ne maîtrisent pas. Cela ne les empêche pas d'être présents et de répéter à leurs enfants que l'école est leur chance. Il faut les voir, les petites mines inquiètes ou fières des élèves venus assister à leurs côtés à la remise des bulletins.

C'est vrai, je ne sais pas ce que c'est qu'enseigner ailleurs, dans des quartiers privilégiés

COMMENT COMPRENDRE QUE, D'ANNÉE EN ANNÉE, LES CONDITIONS D'ENSEIGNEMENT SE DÉGRADENT ET QUE NOS APPELS À LA VIGILANCE ET À L'AIDE NE SOIENT JAMAIS ENTENDUS ?

où toutes les classes sont équipées de matériel informatique performant, où les devoirs sont rendus impeccablement dans les temps, où l'on rédige un rapport chaque fois qu'on entend une insulte. Je ne sais même pas si cela existe ni même si j'en rêve.

La seule chose que je sache, c'est qu'il est des parcours que je n'aurais pu accompagner, à ma petite mesure, nulle part ailleurs. Lorsque je vais devoir, comme il est d'usage, faire un petit discours à mes collègues à la fête de fin d'année, pour dire au revoir mais aussi pour accueillir les nouvelles recrues, je crois que j'aurai simplement envie de raconter l'histoire d'Abdelkader.

Je n'avais pas tout à fait 25 ans, j'étais stagiaire sans formation aucune, car c'était l'année de la réforme Sarkozy. Quand j'avais annoncé le résultat de ma première affectation à mon entourage : Villeneuve-Saint-Georges, une banlieue, au sud de Paris, juste au-dessus d'Orly, les mines dépitées m'avaient un peu inquiétée, mais pas démotivée pour autant. C'est avec une assurance complètement feinte, et appuyée par le bruit sec de mes talons hauts que je voulais intimidant, que j'ai pénétré dans la classe de 4e B. J'ai demandé aux élèves (pratique ô combien désuète) d'inscrire leur nom sur de petits cavaliers pendant que j'écrivais le mien au tableau, comme dans les films. En me retournant vers la classe, je me suis entendue prononcer avec une voix où seule transparaissait la stupéfaction :

« Abdelkader, qu'est-ce que tu fais debout avec ta chaise au-dessus de la tête ?

– Madame, elle couine.

– Si tu ne la poses pas tout de suite, c'est moi qui vais te faire couiner. »

Voilà mes dix premières secondes dans le métier. Un franc succès ! Du moins, Abdelkader avait obtempéré sans difficulté. Ses longs cils sages m'apprirent plus tard qu'il ne s'agissait presque pas d'une provocation visant à me tester, mais bien d'un réel inconfort à s'asseoir sur un siège bruyant.

L'année d'après, il faisait partie de la petite équipe qui venait, deux à trois heures de plus par semaine, travailler l'écriture et la déclamation de textes poétiques, sur la pause déjeuner. Avec ses camarades, je l'ai emmené jusqu'en finale de la Coupe de slam de poésie des collèges et lycées de France. Les années suivantes, bien que scientifique, il continuait à me donner des nouvelles, à m'envoyer un texte ou ses résultats de bac. Jusque-là, rien d'exceptionnel, beaucoup de profs ont des histoires similaires à raconter. Ce qui me touche le plus arrive ensuite. Je l'ai revu après dix ans en janvier dernier. Il a tenu à venir à la soirée de lancement de mon deuxième roman, dont l'action principale se situe dans un collège de Stains. Alors qu'il évoquait gentiment quelques bons souvenirs de la 4e B, j'ai glissé dans la conversation, sans fausse modestie tant je le pense sincèrement, que j'étais sûrement une bien moins bonne professeure aujourd'hui qu'à son époque. Sur le moment, il n'a pas réagi. Mais il y a quelques semaines, plus d'un an après, il a enregistré pour moi un long poème. Pas une ode, non. Pas une louange. Une réaction, presque une semonce à celle qu'il avait connue et qui n'avait pas le droit de ne pas se montrer ambitieuse pour des mômes qui en ont besoin. Cette générosité-là, cette maturité me bouleversent. Parce qu'Abdelkader, ce petit bonhomme aux longs cils sages, cet ingénieur devenu, a pris le temps de me rappeler le sens de mon métier.

Alors, si tout est aussi bien que je le raconte, pourquoi partir ? Parce que, depuis un peu plus d'un an maintenant, quand on m'interroge dans les soirées sur mon métier, je n'arrive plus à répondre avec la même foi. Je tiens beaucoup trop à ne pas agrémenter les discours qui « ghettoïsent » la banlieue pour prendre le risque d'être mal comprise. Ce ne sont pas les gamins qui ont fini par m'user, c'est la lutte permanente pour essayer de leur offrir des chances qui vont s'amenuisant. Et il est évident que la crise sanitaire n'a fait qu'accentuer les inégalités. Alors, comment comprendre que, d'année en année, les conditions d'enseignement se dégradent et que nos appels à la vigilance et à l'aide ne soient jamais entendus ? Les discours ministériels grandiloquents endorment peut-être l'opinion générale, mais pas ceux qui, sur le terrain, voient très concrètement leur marge de manœuvre se réduire comme peau de chagrin. Soyons concrets : quand je suis arrivée au collège Diderot, il y avait moins de vingt élèves par classe, les seuils sont maintenant atteints largement, et même dépassés avec quelque 700 élèves dans un établissement prévu pour en accueillir 500.

En fin d'année, on apprend le nombre d'heures allouées par le rectorat au bon fonctionnement de l'établissement. Il comprend les heures d'enseignements obligatoires et la fameuse « marge de manœuvre » permettant de créer de nouveaux dispositifs, de rémunérer des professeurs désireux d'organiser des sorties, des projets, un atelier théâtre ou un groupe de réflexion sur le sexisme, par exemple. Je n'arrive plus à accepter que l'institution ne soutienne pas nos bonnes volontés et nous force à choisir entre tel et tel dispositif, pourtant essentiels, pour maintenir l'établissement à flot. Qui va devoir disparaître cette année ? Est-ce qu'on sacrifie le grec ou les « poissons-pilotes » ? Non, vraiment, ce sera trop juste pour telle activité sportive... Soit on apprend aux élèves à nager, soit on retire le soutien en français pour les sixièmes. Même les équipes les plus solides prennent un coup dans l'aile. Et c'est d'autant plus difficile d'assurer la continuité qu'il y a de plus en plus de professeurs non titulaires, qui subissent la précarité de contrats de courte durée et de mutations non choisies.

Oui, je suis fatiguée, épuisée même. Je regarde avec une tendresse infinie les nouveaux arrivants pleins d'idées et de volonté. Malheureusement, en une décennie, on a le temps de voir le changement, et je déteste plus que tout l'idée de paraître réactionnaire ou défaitiste.

Diderot, ma maison. Difficile pourtant de tourner les talons. J'espère que les mômes, comme Abdelkader, comme le millier d'élèves que j'ai pu avoir, ne penseront jamais qu'ils sont la raison de mon départ. Au contraire. Je ne peux être enseignante sans faire de promesses, mais aujourd'hui on ne me donne plus les moyens de les tenir correctement.

GABRIELLE TULOUP est romancière et professeure de français. Championne de France de slam 2010, elle a mis à profit cette discipline pour transmettre son goût de la langue aux élèves du collège Diderot d'Aubervilliers, où elle a enseigné jusqu'à cette année. Après *La Nuit introuvable* en 2018, elle a publié en 2020 son deuxième roman chez Philippe Rey, *Sauf que c'étaient des enfants*.

LAURA JUNGER est illustratrice. Diplômée de l'École Duperré, à Paris, ainsi que de La Cambre, à Bruxelles, elle s'est installée en 2009 à Berlin. Elle travaille depuis aussi bien avec de grandes marques qu'avec la presse (*New Yorker*, *Die Zeit*, *Elle*, *Télérama*...).

ENTRE BÉTON ET BITUME, UN ÉCRIN DE NATURE

Dans le 9-3, au cœur de Saint-Denis, se niche un hectare de cultures, baptisé – par dérision – Zone sensible. Ici poussent légumes et herbes aromatiques, les poules se baladant librement… Notre reporter s'est rendue dans cette ferme urbaine mêlant démarches artistiques et éducatives.

Reportage de **ÈVE CHARRIN**
Photographies par **JULIE BALAGUÉ**

Page d'ouverture :

Le potager de Zone sensible, le 10 juin 2021.

Ci-dessus :

Franck, chef maraîcher, forme ce jour-là un groupe de réfugiés à l'utilisation de différentes machines thermiques pour l'entretien.

Page de droite :

L'horloge à légumes de l'artiste Victor Remère, qui fonctionne à condition que ceux-ci soient changés à chaque saison.

DRÔLE D'ENDROIT. On ne s'attend pas à trouver cette combinaison de permaculture et de culture tout court à Saint-Denis, entre les barres d'immeubles HLM et le McDo qui a brûlé au printemps 2020. Pour entrer dans la trouée bucolique baptisée Zone sensible, comme un clin d'œil aux clichés sur les banlieues populaires, il suffit de soulever le loquet d'un portail blanc, au numéro 112 de l'avenue de Stalingrad. Quelques modules Algeco recouverts de lattes de bois font face à une pelouse que jouxte un potager respectueux de la biodiversité. Un hectare : c'est peu, mais déjà un écosystème et aussi une ambiance. En ce mois de mai, quelque 200 variétés d'aromates, de fleurs comestibles et de légumes s'épanouissent avec délicatesse. À mesure que l'on s'avance, le pépiement des oiseaux couvre la rumeur automobile. Des photographies grand format s'exposent en plein air ; un cartel indique qu'elles donnent à voir les différentes facettes du lieu - semis, récoltes, concert, performances artistiques - saisies par une photographe en résidence l'an dernier. Depuis cette enclave verdoyante, on aperçoit au loin les hautes tours d'une cité, plus près, le dôme vert d'une petite mosquée.

Direction la serre, où Maxime, Léah et Vanera parlent compost. Âgés d'environ 25 ans, les trois jeunes gens sirotent leur café matinal sous la verrière où poussent radis, courgettes et mizuna, une plante japonaise. Une poule dodue entre en caquetant, menaçant les semis. Bonnet rond en denim bleu, pantalon à carreaux, chaussettes à pois et chaussures bateau, Maxime, qui mêle les styles gentleman-farmer et hipster, expulse le volatile. Et retourne au sujet qui lui tient à cœur, le compost. Léah, qui vit à Saint-Ouen, commune limitrophe, explique qu'elle dispose d'un composteur dans son immeuble mais ne sait que faire de l'engrais produit. Maxime, qui habite Montreuil, au sud du 93, a adhéré à une association de troc de plantes. Ici, à Zone sensible, « on achète le compost à une association, les Alchimistes, qui collecte les déchets des restaurateurs et les broient avec une grosse vis », précise le jeune homme. Pour éviter les émissions carbonées, le précieux terreau est livré par carriole à cheval, véhicule croisé entre les tours de béton.

À présent, Maxime évoque l'effet pervers du compost, « la méthanisation, pire que le CO_2 ». « Pourtant, c'est naturel », s'étonne Vanera, fluette dans sa polaire mauve. « Chaque solution crée un nouveau problème », observe Léah, pull branchouille en fausse fourrure multicolore, pâleur rehaussée par un rouge à lèvres coquelicot. Ceux qui s'en tiennent à l'image toute faite des jeunes du 93, en galère sous leur sweat à capuche, seront surpris. Si ces trois-là correspondent à une image, c'est plutôt à celle du bobo, diplômé de l'enseignement supérieur, féru d'agriculture urbaine et d'art contemporain. Bizarre ? Médiatrices culturelles en fin de master, Léah et Vanera s'apprêtent ce mercredi à accueillir dans le potager les enfants d'un centre de loisirs. Maxime, responsable du « suivi de projets », après des études de sciences politiques, prêtera main-forte.

Débarquent une dizaine de garçons et de filles de 7 à 8 ans, encadrés par leurs animateurs, Loubna et William. Ils viennent du centre de loisirs de l'école Jules-Guesdes, un établissement classé ZEP à côté de la basilique Saint-Denis, à trois kilomètres de là. Le trio souhaite la bienvenue. Vanera demande qui a déjà visité une ferme. Tous les doigts ne se lèvent pas parmi les enfants, pour beaucoup issus de familles immigrées. « Je sais ce qu'il y a ici, fanfaronne Théo : des poules, des abeilles, des moutons et des lions ! » Au programme, chasse au trésor. Équipés d'une petite loupe et de fiches sur les plantes, Firdaus, Léo, Théo, Meriem, April, Sékou et les autres courent à toute allure sur les allées herbues et les passe-pieds paillés pour repérer la rhubarbe, le fenouil, la menthe, la ciboulette... Les cris fusent : « Par là ! » « J'ai trouvé ! » Une façon ludique de découvrir la biodiversité végétale en Île-de-France.

Place à l'atelier de « sciences participatives », animé par Maxime, qui demande préalablement : « C'est quoi, la science ? » Réponse édifiante d'un petit garçon : « Des trucs chimiques. » Maxime explique qu'il s'agit plutôt, en l'occurrence, d'observer les insectes pollinisateurs sans lesquels « on serait tous morts ». Impressionnés, Théo, April et Meriem vont compter, photographier et dessiner mouches, abeilles, coccinelles, bourdons et autres bestioles sur une angélique en floraison. Dans les replis d'une feuille apparaît l'éclat vert métallique d'un scarabée. Les enfants s'extasient. Théo trouve l'insecte difficile à dessiner, part en courant, revient, poursuit une poule. Loubna s'égosille : « Laissez les poules tranquilles, sinon ça va les stresser, elles ne pourront plus pondre ! »

Maxime explique que les informations collectées sur les butineurs (cinq mouches, trois abeilles, un scarabée, etc.) viennent d'être transférées sur le site Vigie-Nature du Muséum d'histoire naturelle, qui fournit des *big data* aux chercheurs du monde entier. Du sérieux, pour des élèves de cours élémentaire : « Vous êtes des scientifiques », assure le jeune homme. « Je suis une scientifique ! » répète en riant une fillette aux nattes afro, mi-incrédule, mi-flattée. Puis les enfants foncent sur un toboggan arty posé sur la pelouse. Loubna, l'animatrice du centre de loisirs, s'inquiète : « Vous avez le droit ? » Oui, c'est fait pour.

« JE SAIS CE QU'IL Y A ICI, FANFARONNE THÉO : DES POULES, DES ABEILLES, DES MOUTONS ET DES LIONS ! »

SUR LES SIX TONNES DE LÉGUMES ET D'HERBES AROMATIQUES QUI POUSSENT CHAQUE ANNÉE, LES QUATRE CINQUIÈMES SONT LIVRÉES AUX CENTRES SOCIAUX OU AUX RESTOS DU CŒUR

Ci-dessus :
Angélique, infirmière, bénévole depuis mai, vient une fois par semaine pour se former à la permaculture.

Pendant que le petit groupe s'installe sur la pelouse pour pique-niquer, Tristan, Sophie, David, Clothilde et François, équipés de sécateurs, récoltent fèves, radis, menthe, oignons, basilic et courgettes. Parmi ces travailleurs bénévoles, beaucoup se forment à la permaculture en vue d'une reconversion professionnelle. Comme Tristan, la trentaine, ex-prof de SVT qui a fait un *burn out*. Ou Sophie, ancienne communicante, la cinquantaine élégante, qui n'en pouvait plus de son boulot en agence : « Pousser les gens à la consommation, ça allait contre mes valeurs ! » Eux crèchent dans la capitale. À présent, ils répartissent légumes et herbes dans des cagettes destinées à l'aide alimentaire. Barbe poivre et sel, peau burinée, Franck Ponthier, régisseur et maraîcher en chef, raconte : « Au début, en 2018, on vendait notre production comme une AMAP, à 15 euros le panier. Depuis le confinement de 2020, qui a accru la pauvreté de nombreuses familles du voisinage, on a changé de modèle. » Sur les six tonnes de légumes et d'herbes aromatiques qui poussent chaque année, les quatre cinquièmes sont livrés aux centres sociaux ou aux Restos du cœur de Saint-Denis, de Pierrefitte et de Stains. Directement, « sans passer par la chambre froide », insiste Franck. Fraîcheur garantie. Dans le département le plus pauvre de France, où la malbouffe cause diabète et obésité, des familles à faibles revenus peuvent ainsi manger bio, bon, sain et local. Comme les hôtes du Meurice et du Plaza Athénée, clients – payants, eux ! – de Zone sensible.

Plutôt idyllique, et pour cause : l'endroit a été pensé comme une petite utopie concrète, je le découvre quelques jours avant les gamins de l'école Jules Guesdes. Vers l'entrée, un panneau contestataire « La Bourse ou la vie ? » suggère une ZAD, mais l'occupation est parfaitement légale. Dans la plaine des Vertus, cette ancienne ceinture maraîchère au nord de Paris, une association baptisée le Parti poétique a repris le bail d'une ferme qui pratiquait autrefois la culture intensive de salades. Pour un quart de siècle, pas moins, avec la bénédiction de la mairie, propriétaire terrain, et le soutien de l'Union européenne, du ministère de la Culture, de la région, du département et de Plaine commune, qui gère les projets du Grand Paris. Sans compter la Fondation de France, la Fondation Engie, la Fondation Carrefour, et on en passe. Pour faire quoi, au juste ? Depuis son ouverture il y a quatre ans, Zone sensible allie « nature, culture, nourriture », s'enthousiasme Olivier Darné, son concepteur, fondateur du Parti poétique. Artiste plasticien, habitant de Saint-Denis de longue date, le quinquagénaire salue les visiteurs, rigole, discute, prend la pose pour une photo de groupe devant une horloge qui fonctionne (parfois) à l'énergie des pommes de terre. En ce samedi venteux de mai, le jardin accueille le public après une période d'hibernation prolongée par le confinement. Au programme, atelier cuisine, farniente sur les transats, déambulation dans les plantations, collation bio dans la serre sur fond de musique latino-orientale, performance théâtrale, inauguration d'un four à pain fabriqué à partir d'une bétonnière jaune soleil et dégustation de galettes aux herbes. « C'est gratuit et ouvert à tous chaque samedi jusqu'en octobre », répond le maître des lieux à deux femmes venues de La Courneuve, séduites par la verdure et l'ambiance bon enfant. Pas de vigile à l'entrée, vient qui veut.

Olivier Darné s'installe dans un transat, explique que nous sommes sur un « campus de transformation poétique et politique » pour « renaturer les hommes et les êtres », « polliniser la ville ». Zone sensible abrite une dizaine de ruches. Pionnier de l'apiculture urbaine, l'artiste en a installé plein d'autres, notamment sur le toit de l'hôtel de ville de Saint-Denis : « Les abeilles butinent la ville dans un rayon de 3 kilomètres, de sorte qu'elles fabriquent à la fois du miel et du lien », extrapole l'initiateur du « miel béton » *made in* Saint-Denis. Pour 6 euros, on peut s'en offrir un pot à la buvette bio du jardin. Alain Ducasse adore l'idée (et le goût). La star des fourneaux se fournit en « miel béton ». Avec son parrainage, Darné veut faire de Zone sensible « une académie du vivant ». Ducasse au milieu des cités : c'est sûr, cet hectare-là rebat les cartes. Mais dans quel sens ? Ce samedi, j'assiste à l'atelier animé dans le potager par Amaury Bouhours, jeune chef à l'hôtel Meurice. Armelle, Salomé, Paul, Virginie, Alix, Astrid, Sabrina, Nassim et les autres ont repéré l'événement sur Facebook et acheté une place à 10 euros. Amaury invite à déguster les fleurs, « particulièrement savoureuses », surtout celles de mizuna, de lavande et de chrysanthème. Virginie, graphiste, se souvient de son séjour d'études au Japon, où l'on mange les chrysanthèmes. Cette végétalienne se passionne pour la permaculture, comme Astrid qui confie « consommer en conscience » des produits « commandés au producteur ». Pendant la cueillette, les uns et les autres bavardent, il est question de vacances en Sardaigne.

Les gens qui m'entourent ne ressemblent pas à ceux côtoyés dans le bus 250 que j'ai pris à l'arrêt La Courneuve-Aubervilliers : pour la plupart, ils sont blancs et parisiens (moi aussi). Sabrina et Nassim, vêtus avec recherche, habitent le 19e arrondissement et sont « habitués aux pâtisseries du Meurice » (pas moi). Mariam, elle, vient du centre de Saint-Denis ; elle enseigne le français en lycée professionnel. Bref, l'atelier attire des cadres et des profs chaussés de Stan Smith, porteurs de montres connectées et de sacs en tissu estampillés Bibliothèque nationale de France. Les mêmes s'attarderont pour la performance théâtrale et croiseront sur l'herbe les familles du quartier qui prennent l'air, comme Houria, son fils Moustapha et ses deux petits-fils. « On habite à côté, on ne connaissait pas », remarque la grand-mère.

Faut-il se réjouir du brassage social ou s'inquiéter d'une possible gentrification du quartier au détriment de ses habitants ? En face de Zone sensible s'élève justement un nouvel immeuble de logements. À Pantin, à Montreuil, à Bobigny, les prix du foncier ont bondi depuis quinze ans, dopés par les fermes urbaines, les tiers-lieux culturels et autres aménités prisées par ce que le géographe américain Richard Florida appelait les « classes créatives ». « Moi, je ne veux pas un truc bobo, assure Olivier Darné, mais un lieu ouvert à tous. Bon, après, on ne maîtrise pas. »

ÈVE CHARRIN est journaliste. Collaboratrice, entre autres, de *Marianne* et de *XXI*, elle a publié trois livres : *L'Inde à l'assaut du monde* (Grasset, 2007), *La Voiture du peuple et le sac Vuitton* (Fayard, 2013) et *La Course ou la Ville* (Seuil, 2014), qui s'intéresse à la situation des chauffeurs-livreurs.

JULIE BALAGUÉ est photographe. Diplômée de Louis-Lumière, elle collabore avec la presse nationale (*Le Monde*, *L'Obs*, *Libération*...) et mène en parallèle des projets personnels. À travers ceux-ci, elle interroge la nature documentaire de son travail, marqué par sa sensibilité aux thèmes du féminin et de l'urbanisme.

LE NUMÉRIQUE LEUR FABRIQUE UN AVENIR

par ORIANE RAFFIN

En région Rhône-Alpes, les écoles Simplon proposent des formations aux métiers du codage informatique pour des élèves ayant décroché de leurs études. Avec, à la clé, des emplois dans un secteur en forte croissance.

« AU DÉBUT, je voulais apprendre le *back-end*. Finalement, je me suis rendu compte que je préférais le *full stack*. » À 19 ans, Thanhmy Quach maîtrise la novlangue numérique avec aplomb. Pourtant, il y a moins d'un an, la jeune fille originaire de Décines-Charpieu, en banlieue lyonnaise, était en « année sabbatique » après avoir échoué à son baccalauréat S, vers lequel ses parents l'avaient poussée, l'imaginant « docteur ou dentiste, comme tous les parents ». « Bon... en vrai, j'ai passé six mois à rien faire », reconnaît-elle derrière ses fines lunettes rondes.

La jeune fille aux longs cheveux sombres, intéressée par l'informatique depuis ses 12 ans, s'y est immergée grâce à sa Mission locale. C'est ce dispositif accompagnant les 16-25 ans à la construction d'un projet professionnel qui l'oriente vers Simplon, à Villeurbanne, à quelques encablures de la gare de la Part-Dieu. Lancée à l'origine en 2013 à Montreuil, en Seine-Saint-Denis, la structure, qui a ouvert depuis soixante-seize « fabriques » en France, propose des formations au numérique intégralement prises en charge – notamment par Pôle emploi – pour un public composé de chômeurs ou de décrocheurs. Avec à la clé des débouchés nombreux, dans un secteur peinant à recruter.

Après une première demi-journée de découverte en décembre dernier, la jeune femme a suivi pendant six semaines la formation « Hackeuses », destinée aux femmes, pour renforcer leur accès aux formations et aux emplois numériques. Car Simplon cherche à toucher un public traditionnellement éloigné du secteur. « On nous a fait progresser sur les bases du langage informatique et, surtout, on nous a appris à être autodidactes », se souvient Thanhmy. L'occasion de rencontrer beaucoup d'intervenants. À présent, elle sait vers quoi se diriger : le *full stack*, l'intervention à toutes les étapes du développement d'un projet numérique. Thanhmy a donc enchaîné une troisième formation.

Dans les six salles de cours du site de Villeurbanne, les tables sont agencées en îlots de quatre à six personnes. « Cela facilite la collaboration », souligne Ingrid Genet, chargée de formation. Simplon mise sur une pédagogie active : du *live coding*, avec des formateurs qui codent en direct à l'écran. Et surtout, beaucoup de pratique au cours de laquelle les apprenants doivent se débrouiller et s'entraider – apprendre en faisant. Développement web ou mobile, intelligence artificielle : les formations proposées sont variées, quelquefois en alternance.

À l'issue de dix mois de formation – dont deux en stage –, Thanhmy validera un titre équivalent à un bac +2, reconnu par le ministère du Travail. « Mes amies de lycée sont jalouses... Parfois, elles m'insultent pour rigoler, confie-t-elle d'un rire juvénile. L'une d'elles ne fait rien pour le moment... Et deux autres

Page d'ouverture : Lucas modélise sur ordinateur une pièce à réaliser avec une imprimante 3D au fab lab de la Dynamo, à Chambéry, le 21 juin 2021.

© SOPHIE RODRIGUEZ / DIVERGENCE

« CHEZ LES APPRENANTS, ON CONSTATE UNE RÉELLE MIXITÉ SOCIALE, D'ÂGE, DE PARCOURS : UN ÉLÉMENT QUI PERMET DE TIRER TOUT LE GROUPE VERS LE HAUT »

sont à la fac, mais elles n'ont vraiment pas de chance. Alors que moi, à Simplon, je fais du présentiel et je m'en sors bien ! » D'ici à quelques mois, Thanhmy pourra postuler à un emploi ou choisir de suivre une nouvelle formation pour obtenir un bac +3. « Dans la société, on pense qu'avoir un bac, c'est le mieux, note-t-elle. Alors qu'en fait, pas du tout ! »

En région Auvergne-Rhône-Alpes, les fabriques de Simplon sont implantées à Villeurbanne, à Grenoble, à Chambéry et à Clermont-Ferrand, employant vingt personnes et des formateurs à la mission. Simplon a fait le choix de s'établir dans des banlieues sensibles ou à proximité. « Il y a un grand débat sur le sujet : vaut-il mieux réaliser nos actions au cœur des quartiers prioritaires de la politique de la ville (QPV) ou, au contraire, faire sortir les gens de leurs quartiers ? Je n'ai pas tranché pour ma part... reconnaît Pierre-Yves Charpenet, directeur des sites de la région. Nous essayons d'être proches des quartiers prioritaires, mais certaines personnes traversent la ville ou l'agglomération pour venir assister à nos formations. Jusqu'à l'an dernier, nous avions un site au cœur des Minguettes, à Lyon. Désormais, nous avons regroupé tout le monde à Villeurbanne. Le public accueilli n'a pas fondamentalement évolué. Le travail avec les prescripteurs des quartiers est finalement l'élément essentiel. On intervient par exemple dans les Missions locales ou avec Pôle emploi. Il faut aller chercher les futurs apprenants, faire de l'information collective pour recruter », poursuit-il. Surtout que de nombreux habitants des cités passent devant les locaux sans tenter de savoir ce qui s'y déroule...

Mais pas question de créer une formation à destination d'un public précis. « Chez les apprenants, on constate une réelle mixité sociale, d'âge, de parcours : un élément qui permet de tirer tout le groupe vers le haut, souligne Pierre-Yves Charpenet. Si le groupe était composé à 100 % de jeunes issus de QPV, ce serait beaucoup moins intéressant pour eux. » Sur seize apprenants, dont dix femmes, Thanhmy est la seule issue d'un QPV. La moyenne d'âge est de 29 ans. « Lors de ma première formation, je ne savais pas si je devais vouvoyer ou tutoyer les grandes personnes », lance-t-elle. Dans sa formation, l'apprenante la plus âgée a 54 ans. « Pour eux, c'est une différence énorme, confirme Ingrid Genet. Mais ils apprécient, car cela leur apporte une certaine stabilité. »

À une centaine de kilomètres de là, en Savoie, l'antenne de Chambéry est installée depuis 2018 dans un tiers-lieu, la Dynamo. Avec le massif des Bauges en arrière-plan et un environnement relativement vert, on est au cœur du quartier prioritaire des Hauts-de-Chambéry, qui bénéficie de plusieurs plans de renouvellement urbain, avec un taux de pauvreté de 41 %. Le bâtiment moderne, au look cubique et à la façade rouge et blanc, héberge à la fois des services municipaux, des associations et des structures tournées vers la jeunesse. Simplon a participé à la création d'un fab lab, un atelier ouvert au public qui propose d'utiliser une imprimante 3D, une découpeuse laser, etc. Un carrefour de rencontre entre habitants, curieux ou associatifs. Lotfi Souli, 23 ans, apprenant Simplon, exhibe fièrement un porte-clés réalisé sur place, avec un logo créé à partir de ses initiales.

Dans une semaine, le jeune homme aura terminé un programme de formation de trois mois, intitulé « Découverte des techniques de base en informatique ». Un programme conçu pour sensibiliser au numérique un public éloigné de l'emploi. Comme Thanhmy à Lyon, Lotfi se cherche depuis quelque temps déjà. Après un bac pro technicien d'usinage, à quelques mois de la fin de son BTS en alternance, en 2019, l'entreprise qui l'accueille ferme ses portes. Impossible de valider son diplôme. Ne voulant pas « rester à rien faire à la maison, en touchant le chômage », Lotfi réalise un service civique de six mois au sein d'une association qui reçoit des enfants. « Cela m'a permis de voir que faire du social, ça ne me plaisait pas, et que je n'étais pas à l'aise avec les enfants. » Par mail, Pôle emploi lui propose de découvrir les métiers du numérique. C'est ainsi qu'il rejoint Simplon, avec l'idée de s'orienter vers le webmarketing. « Je savais ce que je voulais : gagner de l'argent – mais de manière légale, hein ! » plaisante-t-il.

« Cette formation, c'est un coup de chance. Je galérais depuis presque deux ans, sans trouver ce qui me plaisait, se souvient Lotfi, pesant les mots avant de s'exprimer, tirant sur son masque blanc. Cela m'a permis de voir que je n'étais pas à l'aise avec le développement web, mais cela m'a apporté énormément sur le plan personnel. Une de nos formatrices m'a appris à bien me présenter, à être fluide à l'oral, à relâcher la pression... » Lors d'un court stage en centre social, il a pu aider à son tour des personnes en difficulté avec le numérique. « C'est un bon sentiment de se dire qu'on a pu aider une personne », souffle-t-il. Tout au long de leur formation, les apprenants regagnent confiance. Et acquièrent le savoir-être indispensable à la vie des entreprises. « On constate des transformations de comportements au fil des semaines. Ce sont souvent des personnes qui ont surtout connu des échecs. On essaie d'arriver, de petite victoire en petite victoire, à les faire reprendre la confiance, se félicite Pierre-Yves Charpenet. En fait, on change vraiment la vie de certains ! C'est très gratifiant, même si, bien sûr, on rencontre aussi des échecs... »

S'il ne poursuivra pas dans le numérique, Lotfi a pu participer à un *job dating* et devrait débuter à la rentrée un BTS de management commercial opérationnel en alternance. Le bilan est également positif pour les autres de sa promo. « Je suis fier de ces apprenants, trois d'entre eux ont été retenus pour une formation au développement web, au campus numérique de la French Tech in the Alps, au terme d'une procédure exigeante ; d'autres ont clarifié leurs projets ou ont été acceptés en BTS, se félicite Jérémy Paris, chargé de formation. C'est pour ça qu'on fait ce boulot... » Au niveau national, Simplon peut se targuer de 67 % d'issues positives. ♦

Page de gauche, en haut :

Le tiers-lieu la Dynamo.

© SOPHIE RODRIGUEZ / DIVERGENCE

En bas :

Julien, formateur au fab lab de la Dynamo, anime un atelier de découpe laser.

© SOPHIE RODRIGUEZ / DIVERGENCE

ORIANE RAFFIN est journaliste. Spécialiste des sujets liés à l'économie sociale et solidaire ou à l'environnement, elle a été responsable éditoriale du média Say Yess et collabore avec diverses rédactions, dont celle du *1* ou de *L'Étudiant*.

SOPHIE RODRIGUEZ est photojournaliste. Ancienne sportive de haut-niveau, médaille de bronze de half-pipe aux championnats du monde de snowboard en 2013, elle s'est lancée dans la photo en 2018 et a reçu l'année suivante le Prix spécial du jury 70 ans de *Paris Match*.

REPORTAGE

Illustré par CÉLINE PERNOT-BURLET

LES CLAVIERS SOLIDAIRES

par LINDA CAILLE

L'association Emmaüs Connect vient en aide dans les quartiers aux personnes qui ne maîtrisent pas l'informatique ou n'y ont pas accès. À Lyon, nous avons pu constater comment ses services d'assistance peuvent sortir de l'exclusion des SDF, des étrangers ou des femmes.

TOC ! TOC ! TOC ! Dimitri[1] fait signe derrière la porte d'entrée. Impatient et souriant, il est fort en avance pour son rendez-vous. L'homme brun, coiffé en brosse et à l'allure musculeuse sait qu'il peut accéder aisément à tous les services numériques dans les locaux de cette permanence lyonnaise de l'association Emmaüs Connect. Il souhaite utiliser les applications de la Caisse d'allocations familiales et de Pôle emploi. Il lui faut aussi joindre son opérateur pour modifier la date du prélèvement bancaire, mais ce père de famille de 44 ans ne sait pas accomplir cette démarche seul. Dimitri a aussi des soucis d'impayés. « Il y a quatre mois d'attente avant d'obtenir un ordinateur reconditionné », annonce Vincent, service civique, assis de l'autre côté du bureau des inscriptions. La réponse contrarie Dimitri. « D'ici là, poursuit Vincent, un bénévole vous aidera à contacter votre opérateur pour négocier l'impayé et revoir l'échéancier. Je vous donne un rendez-vous ! »

Avant de le laisser repartir, Vincent lui suggère de prendre le clavier et de taper le mot affiché sur l'écran : « Bonjour ». Dimitri s'exécute docilement et écrit : « bongùanwx ». D'office, Vincent l'inscrit aux six prochaines permanences pour être initié à l'usage du clavier, de la souris et à la création d'une boîte mail. Dimitri s'en va sans smartphone ni nouvelle carte SIM, sa banque a refusé le débit. Il reviendra sûrement d'ici une semaine, lorsque sa carte prépayée de téléphonie sera épuisée.

Fondée en 2013, l'association Emmaüs Connect agit en faveur de l'insertion des personnes les plus démunies devant l'acquisition de compétences et de matériel informatique. En 2021, elle compte quatorze points d'accueil implantés dans dix villes, de Roubaix à Grenoble en passant par Béthune et Antony. Selon cette association pionnière, les compétences numériques ne sont pas aussi répandues que les services publics le prétendent. D'ici à 2022, ces derniers affichent l'ambition de dématérialiser les 250 procédures les plus utilisées par les entreprises et par les particuliers, alors qu'au-delà des publics les plus précaires, un Français sur cinq déclare être « en difficulté » dans l'usage du numérique au quotidien.

« En 2018, lorsque j'ai débuté à Emmaüs Connect, explique Nolwenn Houot-Blanchard, sa responsable régionale, beaucoup d'acteurs

1. Tous les noms des bénéficiaires ont été modifiés.

« LORS DE LA TRANSACTION, CES BÉNÉFICIAIRES N'ONT MÊME PAS UN MAIL PERSONNEL, ILS DONNENT CELUI DU SAMU SOCIAL »

sociaux pensaient que la problématique de l'accès au numérique concernait uniquement les séniors ou bien les territoires ruraux sans connexions. » Depuis, ce point de vue a bien évolué. « Des séniors en reconversion nous sollicitent, ou bien des jeunes en insertion professionnelle. » Ces derniers se révèlent souvent très agiles pour monter des vidéos sur le réseau social Snapchat. « Par contre, poursuit-elle, leurs compétences administratives sont faibles, comme écrire un mail professionnel, choisir un entête ou rédiger une formule de politesse. »

En début d'après-midi, dans une petite salle de classe, la permanence débute avec pour objectif d'être autonome pour mener des recherches sur Internet. Au premier rang, Sara, 57 ans, Érythréenne, est venue avec son fils, un grand adolescent à la barbe naissante. Par bribes de phrases soufflées à l'oreille, il lui traduit les consignes. Au mur, le rétroprojecteur affiche la question : « Dans quelle région se situe le village d'Hermanville ? » Les réponses possibles sont : Hauts-de-France, Occitanie, Grand Est. « Il vaut mieux se fier à Internet qu'à sa mémoire ! avertit avec bienveillance Florian, bénévole, debout devant le tableau blanc. Vous passez par où pour trouver la réponse ? Ouvrez une page, tapez les mots clés et cliquez sur les bons liens en bleu. Regardez ! Je vous montre comment manipuler les onglets. » Florian donne les explications en français et parfois en anglais, tout en faisant circuler le curseur de la souris sur la fenêtre du navigateur jusqu'à la fiche Wikipédia du village où la réponse figure dès les premières lignes. « Assurez-vous, insiste Florian, de bien avoir trouvé ce que vous cherchiez. »

Assis près de la fenêtre, l'index posé sur ses lèvres, Omar, jeune Centrafricain, suit avec attention chaque explication. Avec simplicité et beaucoup de joie dans les yeux, il reconnaît : « Je suis en France depuis deux mois et je veux apprendre ! » Alors qu'il quitte la permanence satisfait de sa formation, Omar croise Ahmed, en chemise en carreaux. « Je reste pas sans téléphone ! » lance-t-il d'emblée à Audrey Cochois, 22 ans, service civique, postée à l'accueil. Ahmed connaît bien la jeune femme à l'épaisse chevelure blonde. Chaque mois, elle lui vend la carte de téléphonie prépayée dont il a besoin pour ses appels. Audrey lui présente les modèles de téléphone à la vente, dont certains sont petits et à clapet. « Quel est le plus fort ? demande Ahmed avec avidité. Je voudrais un écran… » Il mime un court geste horizontal de la main. Tactile ? Son visage s'illumine. « C'est ça ! Taaactiiiile ! » Alors qu'Audrey prépare son smartphone, Ahmed jette un œil dans le carton de fripes mises à la disposition des bénéficiaires. Il apprécie l'accueil à Emmaüs Connect : « Audrey est souriante, patiente, assure-t-il… et toujours élégante ! »

Derrière le plexiglas de l'accueil, Audrey en voit passer. « J'apprécie le contact avec les bénéficiaires. Certains se livrent et racontent leur histoire. » Aux personnes de la rue, envoyées par les services sociaux, Audrey offre un « kit maraude » composé d'une carte prépayée, d'une recharge et d'un téléphone. « Lors de la transaction, rapporte la jeune femme aux grands yeux bleus, ces bénéficiaires n'ont même pas un mail personnel, ils donnent celui du Samu social. » Pour certains sans domicile fixe dépendant des appels provenant des agences d'intérim, le numéro de téléphone reste leur unique contact.

Certains jours, Audrey empile des ordinateurs portables dans sa voiture et se rend dans des squats pour des formations. La jeune femme garde un souvenir tendre et amusé des cinq adolescents roumains accompagnés au milieu de voitures désossées dans les locaux d'une école abandonnée. « C'était un bazar ! s'amuse-t-elle. Ils n'avaient aucune envie d'être là, pourtant ils voulaient apprendre. » Sur des pupitres improvisés, Audrey commence son initiation avec l'utilisation du service de cartographie en ligne Google Maps et leur montre comment retrouver des photos leur village en Roumanie. « Puis nous avons cherché comment se rendre au parc de la Tête d'or en bus, se souvient-elle. Sans même attendre les consignes, ils ont tout compris tout de suite et sans aucune crainte de faire des erreurs. »

Toutes ces formations seraient difficiles à organiser sans une équipe d'une cinquantaine de bénévoles engagés tous les mois. « Le noyau de notre équipe est composé de retraités qui souhaitent transmettre des compétences, relève Laure Guyonvarh, 24 ans, étudiante en Master 2 d'action humanitaire. Ils sont souvent surpris lorsqu'ils découvrent que la précarité financière freine l'accès au numérique. » Le montant du revenu de solidarité active (RSA) culmine en 2021 à 565,34 euros. N'est-ce pas le prix d'un premier smartphone ?

Les bénévoles font preuve de beaucoup de tact pour accompagner des personnes souvent honteuses d'ignorer ce qu'un enfant de 10 ans maîtrise, comme l'envoi d'une pièce jointe. « En suscitant l'intérêt du bénéficiaire, analyse Pierre Marcilloux, jeune retraité de l'informatique et bénévole, nous transmettons un savoir intellectuel. Viser l'autonomie en dehors de nos locaux, il n'y a que cela qui marche ! » Le bénéficiaire doit alors replonger dans une démarche d'apprentissage où la maîtrise du français demeure incontournable.

L'indépendance des bénéficiaires se révèle parfois au détour d'un formulaire numérisé. « Lorsque le site de l'assurance maladie, ameli.fr, a décidé d'associer à chaque numéro de sécurité sociale un seul et unique mail, l'adresse de monsieur ne pouvait pas être utilisée pour le compte de madame, explique Pierre Marcilloux. Ainsi, j'ai vu des femmes s'émanciper grâce à la création de leur première adresse mail. Elles m'ont avoué vouloir désormais gérer leur vie intime sans qu'un cousin ou un fils garde un œil sur leurs dépenses ou leurs résultats médicaux. »

La joie de l'apprentissage et de l'autonomie extirpe certains bénéficiaires de bien des bourbiers. « Je garde le souvenir d'un homme qui vivait dans sa voiture, raconte-t-il. Il avait perdu son entreprise, sa femme… Toutefois, il exprimait ce désir farouche de s'en sortir. Nous avons tout repris, le compte en banque, la recharge connectée, la recherche d'emploi. Il a remis le pied à l'étrier. Un jour, il a franchi la porte de la permanence vêtu d'un ancien costume, il m'a annoncé avoir décroché deux entretiens d'embauche. Depuis, je ne l'ai plus jamais revu. » ♦

LINDA CAILLE est journaliste. Spécialiste des questions religieuses, elle scrute l'évolution des pratiques dans ce domaine et leur influence sur la vie quotidienne des fidèles. Après *Soldats de Jésus : les évangéliques à la conquête de la France* (Fayard, 2013), elle a publié en 2017 *Les Cathos : enquête au cœur de la première religion de France* (Tallandier).

CÉLINE PERNOT-BURLET est illustratrice et facilitatrice graphique. Formée à l'École nationale supérieure d'informatique et de mathématiques appliquées de Grenoble, elle met sa formation d'ingénieure et ses talents créatifs au service de BNP Paribas, pour qui elle travaille, mais aussi en indépendante pour différents projets culturels.

AUX MUREAUX, LE POUMON ÉCONOMIQUE DU SÉNÉGAL

Venus en France pour travailler dans les usines automobiles installées le long de la Seine, les ouvriers sénégalais ne se contentent plus d'envoyer de l'argent au pays. Ils financent directement les équipements de leur village depuis la banlieue.

Enquête de **ARTHUR FRAYER-LALEIX**
Illustrations par **JAMES ALBON**

C'EST UN VENDREDI après-midi de juin et dans la cour du foyer de travailleurs, des hommes en boubou clair discutent au soleil. Au loin, d'autres reviennent du supermarché tout proche, des filets de pommes de terre et des packs d'eau dans les bras. Près du hangar à vélo, deux hommes réparent une roue de bicyclette. Il y a un parfum de relâche, le week-end est tout proche. Bienvenue au foyer social de la rue de la Nouvelle-France, aux Mureaux. Le bâtiment est l'une des places fortes de la communauté sénégalaise dans cette ville populaire de 32 000 habitants nichée au cœur des Yvelines.

Alassane Hane occupe la chambre 131 au premier étage. Il a les cheveux ras et des lunettes à monture noire qui lui donnent un air de professeur. « Je vous fais visiter ? » On le suit. Dans la cuisine, deux hommes découpent du poulet pour le repas du soir. En retrait, à quelques mètres derrière, un troisième fait sa prière. Faute de place dans les chambres, il est plus simple d'honorer Dieu dans la cuisine. Les douches et les toilettes sont collectives.

« On est tous venus en France pour aider nos villages et nos familles au pays », raconte Alassane Hane. Il a 63 ans. Cela fait vingt-deux ans qu'il travaille en France. Comme de nombreux Sénégalais dans l'Hexagone, il a créé une association pour aider son village d'origine. Le sien s'appelle Guélodé. C'est un bourg de 800 habitants à l'est du Sénégal. L'association qu'Alassane Hane a mise sur pied a pour objectif de financer des infrastructures essentielles : une école, un château d'eau, des routes, un réseau électrique…

Il n'est pas le seul du village à avoir émigré. En tout, ce sont trente-huit hommes de Guélodé qui sont venus travailler en France. Une grande majorité vit aux Mureaux. Les autres habitent à Poissy ou à Paris. Tous envoient une partie de leur salaire au pays. Comme on montrerait

des photos de ses enfants, Alassane Hane fait défiler sur son téléphone les images des équipements réalisées : en 2013, l'argent de l'association a permis de doter l'école du village de toilettes, d'une cuisine et d'une clôture. 30 % des travaux ont été financés par les hommes venus en France. Fin 2019, c'est un château d'eau qui a été érigé pour alimenter la commune en eau potable. Les hommes ici en ont financé 16 600 euros. « Ça a permis aux femmes du village de faire du maraîchage. Maintenant, elles font des salades, des oignons, du piment et des tomates. Mais pas de fruits… Ça demande encore trop d'eau. »

De fait, la commune des Mureaux constitue un formidable poumon économique pour le Sénégal. Le cas n'est pas isolé. De nombreuses autres villes de banlieue, avec les diasporas qui y résident, sont aujourd'hui des acteurs clés du développement des pays du Sud : La Courneuve pour les Comores ; Montreuil avec le Mali ; Clichy-sous-Bois pour le Maroc… Ces cités françaises sont aujourd'hui le théâtre d'une mondialisation passionnante, aussi vitale qu'invisible.

Les Mureaux comptent une bonne dizaine d'associations sénégalaises semblables à celle de Guélodé. Sileymane Cissokho, 59 ans, occupe une chambre deux étages au-dessus de celle d'Alassane Hane. Lui aussi a monté une association pour venir en aide à son village d'origine, N'Diarendi, où vivent 400 habitants. Les quinze ressortissants de cette commune venus travailler en France ont permis la construction de deux salles de classe supplémentaires. Ils ont réglé 2 000 des 4 000 euros nécessaires à l'agrandissement de l'école. Dans le foyer de la Nouvelle-France, il y a aussi une association pour aider le village de Galoyabé et une autre pour la commune de Talibadji. Et encore une association, Aiccam, qui soutient les projets agroalimentaires au Sénégal.

Le poids économique de la diaspora est considérable. En 2017, le ministre de l'Intérieur d'alors, Abdoulaye Daouda Diallo, estimait que les travailleurs expatriés contribuaient à près de 1,38 milliard d'euros par an à l'économie

LES EXPATRIÉS CONTRIBUAIENT À PRÈS DE 1,38 MILLIARD D'EUROS PAR AN À L'ÉCONOMIE NATIONALE. PRÈS DU TIERS DU BUDGET DE L'ÉTAT SÉNÉGALAIS CETTE ANNÉE-LÀ !

nationale. Près du tiers du budget de l'État sénégalais cette année-là ! Cet apport économique considérable se fait au prix de vies difficiles.

« Notre vie, c'est boulot-dodo », résume Sileymane Cissokho. Quand on le rencontre, il trimballe avec lui une sacoche au cuir fatigué dans laquelle il garde tout un tas de papiers. Nous sommes installés dans une pièce étroite au rez-de-chaussée du foyer de la Nouvelle-France. Il explique : « On n'a aucun loisir. On va faire nos courses à Auchan et c'est tout. Le peu de temps que l'on a, on le passe à préparer de nouveaux projets pour nos villages. » À 59 ans, il travaille comme agent d'entretien après avoir longtemps œuvré dans l'automobile.

« Nos vies, c'est beaucoup de sacrifices », confirme Saïkou Lom, 60 ans. Ce grand bonhomme aux yeux fatigués et à la voix calme porte une casquette des Golden State Warriors. « On a un objectif : que les infrastructures au pays soient suffisamment bonnes pour que les jeunes Sénégalais arrêtent de quitter le pays. » Lui aussi a longtemps bossé sur les chaînes

LA DÉPENDANCE FINANCIÈRE DES FAMILLES À L'ÉGARD DES TRAVAILLEURS IMMIGRÉS EST TELLE QUE LES CONSIGNES DE VOTE DE CES DERNIERS SONT SUIVIES À LA LETTRE

de montage automobile. Il travaille désormais au service technique d'une commune des environs.

Alassane Hane, lui, est toujours manœuvre chez Renault. Quand il est du matin, il prend le bus à 4 h 50 devant le foyer. Il fait encore nuit, même en été. Le bus est affrété tout exprès par son employeur. Le trajet dure neuf minutes. Durant la route, il écoute sur son téléphone Baaba Maal, un chanteur sénégalais : « Il a participé à la musique du film *Black Panther* ! » Depuis des années, Alassane Hane enchaîne les contrats à durée déterminée entre les usines Renault et Peugeot de la région. « Je gagne entre 1 400 et 1 500 euros net chaque mois. »

« L'argent qu'on gagne, on le divise en trois : un tiers pour qu'on puisse vivre ici ; un tiers pour la famille au pays ; un tiers pour les projets de développement », détaille Saïkou Lom. Sileymane Cissokho paye chaque mois 317 euros de loyer pour sa chambre. À cela s'ajoutent 200 euros de nourriture. « Tout le reste, c'est pour le pays. Si la famille appelle parce qu'elle a besoin d'argent, c'est une obligation pour nous d'en envoyer. »

À la municipalité des Mureaux, on a bien compris le rôle crucial de ces associations villageoises. La mairie prête des salles quand des réunions doivent se tenir. Souvent, la salle du foyer de la Nouvelle-France est trop exiguë. La ville subventionne aussi certains projets de développement. Le conseil départemental des Yvelines fait de même, au risque de certaines dérives. La Chambre régionale des comptes l'a sévèrement épinglé il y a quelques années. En 2018, l'institution s'est inquiétée dans un rapport des dépenses excessives du département dans l'aide au développement. La chambre régionale s'est notamment interrogée sur l'utilité de construire une « Maison des Yvelines » à Ourossogui, une ville de 24 000 habitants au nord-est du Sénégal, sans objectif concret.

L'installation des Sénégalais aux Mureaux est ancienne, elle remonte aux années 1950. La gigantesque usine Renault de Flins vient alors d'être construite. Les travailleurs expatriés viennent y chercher du travail. Dans la commune des Mureaux, on bâtit des tours d'habitation en nombre pour les loger. En quelques années, la ville connaît une explosion démographique. Sa population est multipliée par quatre, passant de 5 000 habitants en 1946 à plus de 19 000 au début des années 1960.

Un mardi, en fin de journée, on retrouve Liko Fall dans un café du quartier d'affaires de La Défense. Le jeune homme de 32 ans, mince et élégant, est membre du Parti socialiste sénégalais et porte-parole du BBY France, la coalition politique actuellement au pouvoir au Sénégal. Liko Fall n'habite pas Les Mureaux, mais il s'y rend régulièrement pour faire campagne. « Les Mureaux ont un poids politique énorme, explique-t-il. Un candidat qui gagne aux Mureaux et à Mantes-la-Jolie *[une ville proche où la communauté sénégalaise est aussi importante]*, il est presque certain de gagner le Sénégal ! » La dépendance financière des familles à l'égard des travailleurs immigrés est telle que les consignes de vote de ces derniers sont suivies à la lettre. « Le sentiment de redevabilité est fort. La famille au pays votera pour qui on lui dira de voter », explique le porte-parole du BBY.

Il y a deux ans, le 9 février 2019, Les Mureaux ont accueilli le rassemblement d'ouverture de la campagne présidentielle du BBY pour soutenir Macky Sall, le président sortant. L'événement a eu lieu dans une salle du quartier de Bècheville, non loin de la piscine municipale. « Le meeting des Mureaux est toujours le plus important de la campagne. C'est là que l'on montre notre force politique », raconte Liko Fall. Ce jour-là, près de 300 personnes se pressent dans la salle. Les militants portent des t-shirts et des casquettes représentant une tête de cheval, l'emblème du parti présidentiel. On passe Youssou N'Dour sur la sono. Les plats de thieb-diem (du riz au poisson) attendent dans de grandes marmites. Les femmes du parti l'ont cuisiné plus tôt dans la matinée. Sur son portable, Liko Fall fait défiler les vidéos de la journée. Les gens dansent, mangent et applaudissent à la fois. « Nos meetings politiques n'ont rien à voir avec les meetings français. C'est beaucoup plus festif. »

Dans les foyers de travailleurs comme celui de la Nouvelle-France, les militants font du porte-à-porte. La campagne se fait aussi dans les appartements des familles. Ces dernières, prévenues, ont préparé à manger pour les représentants des partis qui leur rendent visite. « On s'assoit, on mange et on parle de nos programmes, détaille Liko Fall. C'est important. En une visite, on peut convaincre dix personnes d'un coup. »

Le dimanche 27 juin, on retrouve une dernière fois Sileymane Cissokho et Saïkou Lom, dans les locaux de la radio associative VVS (Vexin Val-de-Seine). Les studios sont installés dans une baraque tout en longueur bordée de jolis rosiers. Tous les dimanches, les deux hommes y animent deux heures d'émission en langue pular. « Avec Internet, elle peut être écoutée au pays. » Ce jour-là, les deux amis s'agacent des politiques là-bas : « Ils nous utilisent depuis des années. Alors que c'est nous qui avons besoin d'eux pour mener à bien nos projets de développement, ils essaient de nous soutirer de l'argent en permanence », s'agace Saïkou Lom. Sileymane Cissokho se souvient avoir invité des élus locaux pour l'inauguration de l'école de son village de N'Diarendi. Les élus acceptaient de s'y rendre à la condition qu'on leur paye l'essence du déplacement. Une façon détournée de demander un bakchich.

Dans le café de la Défense, Liko Fall, le porte-parole du BBY, analyse : « Les Sénégalais de France sont très contestataires et la diaspora difficile à convaincre. » Pour tenter de réduire le fossé entre travailleurs immigrés et personnel politique, le gouvernement sénégalais a créé récemment quinze postes de députés des « Sénégalais de l'extérieur ». Deux sont dévolus à la France. Sans vraiment de surprise, c'est une habitante des Mureaux, Dieynaba Sene, qui a été élue à l'un d'eux. ♦

ARTHUR FRAYER-LALEIX est reporter. Dans *J'ai vu des hommes tomber* (Don Quichotte, 2012), il dresse un tableau des précaires. Il a publié deux vastes enquêtes en immersion. La première, *Dans la peau d'un migrant* (Fayard, 2015), retrace son périple de Peshawar à Calais : il a voyagé grimé en clandestin pour approcher les passeurs. La seconde, *Dans la peau d'un maton* (id., 2011), évoque le quotidien des gardiens de prison à Fleury-Mérogis et à Orléans, qu'il a partagé.

JAMES ALBON est un illustrateur et graveur écossais. Diplômé de l'Edinburgh College of Art et de la Royal Drawing School de Londres, il travaille régulièrement pour la maison d'édition Folio Society et collabore avec différents journaux et magazines, du *Wall Street Journal* à *Libération*, en passant par *L'Express*, le *Guardian* et *Wired*. Son roman graphique *C'est mort, Darling* a été publié en français aux éditions Sarbacane en 2018.

ICI, ON CHANGE LA MODE ET LE MONDE

par NOÉMIE LECLERCQ

L'industrie textile est en train de renaître de ses cendres à Tourcoing et alentour. Elle donne un nouveau souffle économique à la banlieue lilloise, tout en œuvrant pour un avenir écoresponsable.

TOUS LES GENS d'ici ont au moins une histoire avec le textile : une grand-mère couturière, un parent contremaître, un bâtiment en briques rouges et en shed qui donne du relief à sa rue. À la fin des années 1960, l'industrie textile représente 500 000 emplois dans l'agglomération lilloise. Elle est aux femmes ce que les mines furent aux hommes, un passage obligé si l'on est issu du milieu ouvrier. À partir de 1970, la désindustrialisation s'amorce et le chômage dépasse allègrement le taux national (23 % à Tourcoing, 30 % à Roubaix, d'après l'Insee en 2017), les usines désaffectées tombent en ruine, emportant avec elles le patrimoine local. Mais grâce à quelques entrepreneurs décidés à redonner ses galons au « *made in* France » et à la crise sanitaire qui en a montré tout l'intérêt, l'industrie textile de Roubaix-Tourcoing reprend du service.

« En 2020, nos entreprises ont été extrêmement sollicitées pour la fabrication de masques et de blouses, témoigne Christelle Perz, porte-parole du label Nord terre textile. On a pu apporter une réponse très rapide. Ça nous a permis de redécouvrir nos savoir-faire et le travail en réseau. » « Ce qui est intéressant dans la région, c'est que l'on a toute la chaîne de production, de la filature à la confection. C'est le seul exemple en France, complète Annick Jehanne, présidente du réseau d'experts de l'économie circulaire Fashion Green Hub. En relocalisant ne serait-ce que 1 % de la filière, on pourrait créer jusqu'à 4 000 emplois. Sans compter que l'on retrouverait notre autonomie vestimentaire, qui, on l'a vu avec la fermeture des frontières due au Covid, est finalement aussi importante que l'autonomie alimentaire. » Dans une ancienne usine textile du centre de Roubaix, l'association qui œuvre à une mode plus responsable a installé son Plateau fertile, « un tiers-lieu qui permet d'expérimenter autour du "*made in* France" et de tout ce que ça demande ». De la place pour les créateurs et start-upper de la région, un atelier de confection, et surtout l'espace pour que tout cet écosystème interagisse.

Ici, les idées fusent pour le renouveau du textile, alors que la formation a périclité à mesure que les emplois se sont délocalisés. Pour recruter, les entreprises doivent former en interne, ce qui représente un coût et freine leur développement. D'autant que les candidats au travail ouvrier sont peu nombreux, craignant les bas salaires, les horaires décalés et la pénibilité. Pourtant, les environs comptent déjà des écoles de mode reconnues (l'Esmod et

Page d'ouverture : Le Champ libre, à Tourcoing, un ancien magasin de stockage de laine, qui abrite aujourd'hui Vestiaire Collective.

© EMMA BURLET

l'Esaat à Roubaix), mais ces cursus sont davantage tournés vers la création et l'ingénierie, et ne sont pas forcément des plus abordables. En septembre 2021, une école à destination des jeunes décrocheurs ouvre ses portes à Roubaix – un projet né au Plateau fertile, à force de constater les difficultés de recrutement. « L'idée, c'est de se dire qu'à Roubaix, il y a une main-d'œuvre potentielle énorme pour le secteur. Mais nous avons besoin d'aller la chercher et de lui montrer que ce milieu est passionnant et valorisant. » L'École de la production industrielle, de la confection et de la couture (Epicc) prendra elle aussi ses quartiers dans la bien nommée rue de l'Industrie, dans une volonté de réconcilier lieu de formation et entreprise. « Les jeunes, accompagnés du "maître professionnel", répondent à de véritables commandes passées par des clients particuliers ou industriels. Cet ancrage dans la vie économique implique un haut niveau d'exigence et une responsabilisation des élèves, qui leur apportent maturité et confiance en soi. Ils développent ainsi des savoir-faire et des savoir-être essentiels », explique l'école. Pour enseigner la mode, la vraie, loin des paillettes et des tapis rouges parisiens, et pour redonner à la région les moyens de son renouveau, qui nécessite la création de nouveaux métiers.

DEPUIS MARS, VESTIAIRE COLLECTIVE EST DEVENUE LA ONZIÈME « LICORNE » FRANÇAISE, EN ATTEIGNANT UNE VALORISATION SUPÉRIEURE À 1 MILLIARD DE DOLLARS

Comme celui de Placide, 25 ans, qui est « contrôleuse qualité » chez Vestiaire Collective. L'entreprise, spécialisée dans la vente en ligne de seconde main de luxe, s'est installée à Tourcoing il y a deux ans, séduite par les atouts d'une ancienne filature, hauteur sous plafond, briques, grandes fenêtres. « Je suis tourquennoise, et travailler dans un bâtiment issu du patrimoine local est une grande joie et une fierté ! » témoigne cette ancienne de La Redoute, entreprise historique du Nord. « On recrute constamment, se réjouit Pierre Bouchez, directeur du site. Et on a à cœur de permettre l'évolution dans l'entreprise. Par exemple, on recrute beaucoup d'intérimaires ou de CDD pour la partie réception et envoi des colis. Mais si quelqu'un est particulièrement intéressé et performant, il n'est pas rare qu'on l'embauche et qu'on le fasse évoluer. » Il cite ainsi l'exemple de Vincent, ancien poseur de fenêtres, entré dans l'entreprise il y a quelques années et désormais responsable de l'authentification des montres de luxe : il prévient la vente de contrefaçons en contrôlant chaque détail des bijoux.

Lancé en 2009, Vestiaire Collective fait partie de ces entreprises du numérique qui ne connaissent pas la crise. Depuis mars dernier, elle est devenue la onzième « licorne » française, en atteignant une valorisation supérieure à 1 milliard de dollars. Le choix d'implanter son centre logistique pour la section Europe à Tourcoing s'intègre dans une logique de réseau, explique Pierre Bouchez. « Il y a un incroyable dynamisme dans le secteur. On trouve ici des mastodontes, comme La Redoute ou Vertbaudet. Même si nous inventons de nouveaux métiers chez Vestiaire Collective, cette expertise et cette main-d'œuvre sont un atout considérable. »

Une aubaine pour l'entrepreneuriat local. Les portants à vêtements inutilisés sont ainsi donnés à une autre start-up qui se trouve dans la même ruche d'entreprises. Les sacs en tissu recyclé, qui servent à emballer les vêtements, sont produits par une autre société de la région. Et pour accompagner ce beau monde dans sa

Ci-contre, en haut :

Le bâtiment possède son propre studio photo où sont photographiées les pièces des clients VIP.

© EMMA BURLET

En bas :

Une fois prêts, les articles sont emballés proprement pour être expédiés partout dans le monde. Ils sont scannés et l'acheteuse reçoit une notification.

© EMMA BURLET

« ON A COMMENCÉ PAR DES MASQUES VENDUS AUX COLLECTIVITÉS LOCALES. MAINTENANT, ON PRODUIT POUR DES ENSEIGNES DE PRÊT-À-PORTER »

transition écolo, la recherche universitaire se mobilise. Le Centre européen des textiles innovants, situé à quelques kilomètres, a initié début avril une plateforme permettant le développement de design et de production à la demande. Financé en partie par l'État, par la région et par la métropole lilloise, il compte parmi les meilleurs centres techniques mondiaux.

Mais la révolution qui s'opère est aussi et surtout le fait de passionnés. Stéphanie Calvino a lancé le projet Antifashion en 2015. Après des années à Paris, à courir de défilé en shooting photo, la Marseillaise a ressenti toute l'absurdité de ce milieu – « et pourtant, elle adore la mode ». Dans un vieux hangar, rue de l'Épeule à Roubaix, elle monte son atelier Résilience. Quelques dizaines de machines à coudre et autant d'emplois créés dans un quartier qui en manque furieusement. « On s'est lancés pendant le premier confinement, avec l'idée que la crise pouvait être l'opportunité de relocaliser massivement, indique-t-elle. Il fallait que le projet ait du sens : qu'il soit inclusif, durable et solidaire. On a commencé par des masques vendus aux collectivités locales. Maintenant, on produit pour Décathlon et d'autres enseignes de prêt-à-porter. » En ce début juin, dans le hall, trônent les quelques pièces issues de la collaboration avec la marque de vêtements masculins Jules. Des vêtements « upcyclés[1] », faits à partir de chutes de tissus. Et toujours une étiquette qui précise « *made in* Roubaix ». « C'était une de nos volontés, sourit fièrement la fondatrice. Aujourd'hui, si le "*made in* France" est à la mode, le label n'a plus vraiment de sens puisqu'il n'est pas assez exigeant : les fabricants peuvent y prétendre, même si les tissus viennent de l'autre bout du monde, à condition que le produit final ait été assemblé en France. »

Point de chauvinisme mal placé, mais une volonté de rendre à l'industrie locale ses lettres de noblesse et de valoriser le travail de l'atelier Résilience, qui emploie majoritairement des femmes jusqu'alors exclues de l'emploi. Des immigrées asiatiques qui ont travaillé dans la confection, mais aussi des femmes issues de la communauté musulmane et voilées. « Elles représentent 70 % de la main-d'œuvre de l'atelier et, généralement, il s'agit de leur premier emploi. Vis-à-vis de la société et de leur mari, c'est un pas énorme vers l'émancipation. » Pour les y aider, l'atelier organise des cours de français, et Stéphanie se fait parfois médiatrice. « Il y a quelques semaines, une de ces femmes est venue vers moi en me disant : "Maintenant que j'ai un travail, j'aimerais quitter mon mari violent, est-ce que tu peux m'aider ?" Depuis, elles se passent le mot et j'explique les démarches pour divorcer. » Durant l'été, un café tenu par des femmes pour accueillir les Roubaisiennes doit ouvrir un peu plus loin dans la rue, permettant aux couturières de se retrouver après le labeur. Non qu'il manque de troquets dans la ville ni qu'elles n'y soient les bienvenues, « malgré tout, cela reste mal vu et désagréable pour elles de se rendre dans des endroits dominés par les hommes ». Preuve que la mode peut être moteur de bien plus grands changements que celui d'une tenue.

1. De l'anglais *upcycling*, cette pratique consiste à recycler du textile en apportant une plus-value au produit fini, en améliorant sa qualité.

Page de gauche, en haut :

Authentification d'un sac Hermès.

© EMMA BURLET

En bas :

Remise en état des produits lors du contrôle qualité.

© EMMA BURLET

NOËMIE LECLERCQ est journaliste. Diplômée d'un master de Sciences Po Lille pour l'obtention duquel elle rédige un mémoire intitulé *Être journaliste dans le bassin minier : l'identité professionnelle à l'épreuve d'un territoire en difficulté*, et d'un master en journalisme à l'ESJ de Lille, elle écrit désormais pour *Le Monde*, Franceinfo, ainsi que pour le magazine *Elle*.

EMMA BURLET est photographe et vidéographe. Elle collabore régulièrement avec la presse (*Elle*, *M. le Mag*, *Libération*, *Society*...) ainsi qu'avec différentes marques, notamment dans l'univers de la mode.

« LE DÉLIRE D'UNE BANDE DE POTES »

par ALICE ROUJA et NICOLAS LEE

La culture urbaine, on la voit sur les murs de Roubaix, on la porte sur le dos et on l'écoute dans les casques. À travers le rap, les jeunes se créent une place et apprennent l'entraide.

BIENVENUE dans le « vaisseau mère ». Un groupe de rappeurs du Nord, le Space Park, a investi un studio sous-loué aux murs molletonnés de noirs, au plafond ceint d'un néon bleu électrique. Coincé entre des maisons en brique rouge, un haut bâtiment industriel abrite des centaines de pièces distribuées par un large couloir. Ambiance fantomatique, les lumières s'allument au fil des pas. Personne ne pourrait se douter que le samedi soir, le petit monde du rap roubaisien gravite dans ce box, bob ou casquette vissé sur la tête, sweat à capuche et sneakers.

« J'passerai toute ma vie dans un stud', / mais c'est pas toujours la fête. / J'veux m'barrer sur la Lune, / mais ces fils de... veulent m'la mettre. » Les punchlines s'enchaînent, et le micro circule de main en main. Ce soir-là sont réunis des rappeurs, évidemment, mais aussi des beatmakers – qui réalisent la musique, les « beats » –, des professionnels de l'image et des producteurs. Tous acteurs de la culture urbaine, la vingtaine, ils se retrouvent et travaillent la nuit. Ces « Space Jam », comme ils aiment les appeler, « c'est pour faire des connexions ». On reproche souvent au rap d'être un milieu très fermé dans lequel, pour réussir, il faut hautement se démarquer. Le doyen du groupe, Yves *aka* Ivresse Gallagher se souvient de ses passages à Lille, à quelques stations de métro, et de l'ambiance exclusive du rap : « Ça se tire dans les pattes, j'en ai marre de cette ambiance maintenant. » C'est justement pour aller à contre-courant qu'ils organisent des soirées jam, dites « open-mic »[1]. Ils y invitent leurs amis, mais aussi de nouvelles plumes. Le sourire charmeur, Reda *aka* Dar, membre du groupe depuis trois ans, raconte : « La dernière fois, j'étais dans le métro. Je vois un gars sortir son ordi et commencer à bidouiller sur Ableton (un séquenceur musical). Je me suis dit, ce gars-là, c'est sûr qu'il fait du son.

1. Le jam est une séance d'improvisation musicale, souvent à plusieurs. « Open-mic », pour « micro ouvert ».

Page d'ouverture : Yvresse et Réda, deux rappeurs du Space Park.

© NICOLAS LEE / ENCRAGE PHOTO

« ICI, COMME ON EST TOUS DANS LA MÊME GALÈRE, ON NE VA PAS SE METTRE DES BÂTONS DANS LES ROUES. SI ON DOIT CRÉER QUELQUE CHOSE, ALORS VIENS, ON LE FAIT ENSEMBLE »

Page de droite, en haut :

Sidali et Réda.

© NICOLAS LEE / ENCRAGE PHOTO

En bas :

Yvresse passe les musiques sur lesquelles les rappeurs pourront « poser », soit dire leur texte.

© NICOLAS LEE / ENCRAGE PHOTO

Je me suis posé à côté de lui et après avoir discuté je l'ai invité aux samedis soir. »

Comme tous ceux qui sont présents, Reda a grandi dans les quartiers de Roubaix et de Tourcoing. Avant de se mettre au rap, en « caméléon », il a fait du beatbox et dansé le hip-hop. Espiègle et vif, il attire l'attention sans être prétentieux. Il aime parler au nom du groupe : « Le Space Park, c'est le délire d'une bande de potes qui fait des morceaux les plus propres possible. » Et l'arrivée de Léo a élevé l'ambition de cette association. Ami de longue date, il « intègre le *crew* » il y a quelques mois pour en être le manager. Inscrit récemment en communication digitale, il a repris ses études dans « un secteur qui pourrait les aider ». Vers 22 heures, alors que les invités et la fumée de cigarette saturent la petite salle feutrée, l'apprenti imprésario fait grincer le plancher. Sortant et entrant du studio, son téléphone à l'oreille pour accueillir les nouveaux arrivants, il offre une bière par-ci, discute projets par-là, puis s'occupe du branchement des micros pour lancer l'« open-mic ».

Installée sur l'accoudoir d'un canapé, l'épaisse chevelure bouclée, Lyna rigole à cœur ouvert. Celle qui se fait appeler Punchlyne est une personnalité roubaisienne dont le sourire et le bagou ne laissent pas de marbre. Elle aussi a compris l'importance du partage et du réseau : « Ici, comme il n'y a aucune structure et qu'on est tous dans la même galère, on ne va pas se mettre des bâtons dans les roues. Si on doit créer quelque chose, alors viens, on le fait ensemble. » C'est ainsi qu'est né le Five Contest. Un concours de rap « *made in* Roubaix », défiant la concurrence des Buzz Booster et autres compétitions nationales. « L'idée, c'est de créer nos propres réseaux parce qu'on a très bien compris que les canaux plus officiels ne nous seront pas ouverts tout de suite. » Une scène, donc, des jeunes qui usent de leur verbe, une équipe de réalisateurs pour capter les performances, et surtout toute la clique roubaisienne pour se rencontrer, se suivre sur les réseaux et faire de la promotion. Avant la finale du Five Contest, Léo a appelé Lyna : « Et pourquoi est-ce qu'on ne se retrouverait pas tous pour une Space Jam ? » Une abolition de la concurrence, « du jamais-vu » pour Yves.

À Roubaix, on touche à tout. « À 16 piges, j'avais pas de thune pour aller enregistrer ou faire un clip », se rappelle Yves. Il a donc appris tout seul ou grâce à des potes sachant travailler le son et l'image. Aujourd'hui, le Space Park propose d'enregistrer un « son pour 50 euros » dans la petite cabine d'enregistrement cachée derrière une porte du studio. Des prix dérisoires, accompagnés d'une présence et de conseils : « L'idée, c'est de ne pas rester là les bras ballants à attendre l'argent. » Il suffit de discuter avec les jeunes qui sont là ce samedi pour se rendre compte que cette envie d'autoproduction est généralisée.

« Hey, c'est bon... Je suis en plein apprentissage ! » répond Dar à ses acolytes qui le réclament. Les bras croisés avec une main qui va chercher le menton, le jeune rappeur écoute attentivement Sanai en acquiesçant « de ouf ». À 29 ans, il est passé par Londres et, de retour à Roubaix, il souhaite lancer son propre label et aider au maximum les rappeurs de son territoire. Autodidacte, il installe à 17 ans un studio chez ses parents. Il rappe, apprend les bases de la réalisation, du montage pour ses clips. Avec toute l'attention des jeunes rappeurs qui l'entourent et écoutent son discours rodé, il déclare : « Avec un dossier de

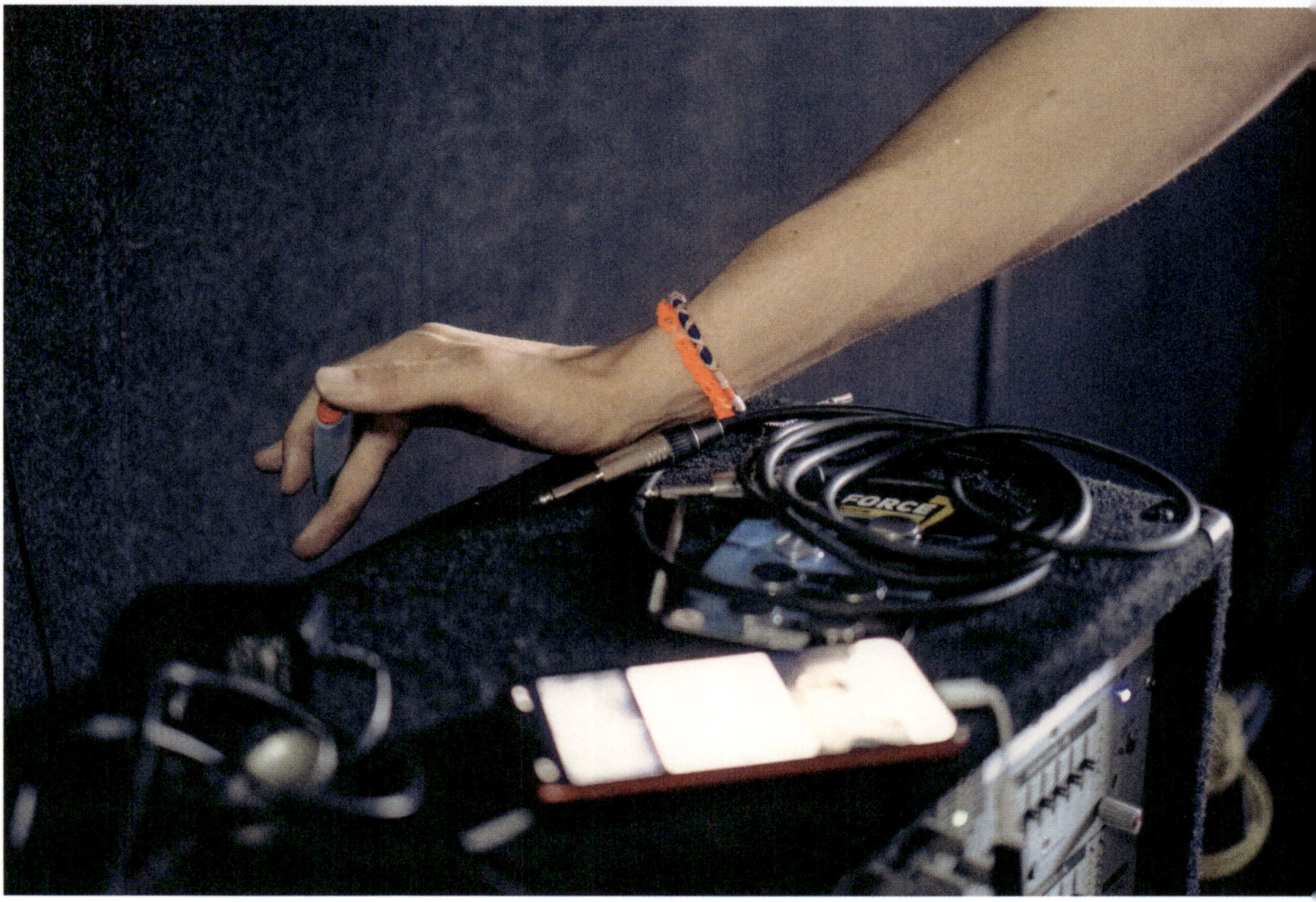
FORCE

LIVE BY THE CODE

trois pages, tu peux récupérer 900 balles. » Presque gêné, il avoue : « J'ai jamais été bon à l'école », pour expliquer qu'il n'a pas fait d'études supérieures. Ça ne l'a pas empêché d'organiser des festivals ou de répondre à des appels à projet européens. Dès 17 ans, il se rend tous les lundis à des ateliers d'écriture et rencontre celui qu'il considère comme son mentor, Hervé Kakiesse, président de l'association So Street. À ses côtés, il participe à des réunions avec des élus, découvre les rouages administratifs qui font vivre une association et des artistes. Ces valeurs de transmission sont indissociables de ses projets : « Le savoir, il peut exister uniquement si tu le fais savoir. »

« LE TERRITOIRE REGORGE DE TALENTS, MAIS ILS N'ONT PAS LES CODES, LES RÉSEAUX… L'OBJECTIF DE MINDSET, C'EST DE DEVENIR UN RELAIS »

Mindset, qu'il crée en 2020, continue dans cette ambition de transmettre des compétences, « le territoire regorge de talents, mais ils n'ont pas les codes, les réseaux… L'objectif de Mindset, c'est de devenir un relais entre les institutions et les artistes ». Justement, les rencontres dans le cadre des projets, au fil des années, tissent la trame de son réseau : « Ça sert à rien de le garder que pour moi, autant le partager avec ceux qui en ont besoin aussi ! C'est de cette nécessité qu'est né Mindset. »

Voisin de bureau de Sanai, Lunzi est manager, directeur artistique et créateur du label Bamy Prod : « À Roubaix, tous les directeurs de centres ou d'associations, ils ont fait du rap lorsqu'ils étaient jeunes. » Si bien que la quasi-totalité des centres aérés de Roubaix a mis en place des ateliers. Que ce soit Ivresse, Lyna ou Sanai, tous sont passés par la case stylo Bic, à gratter une feuille vite noircie sur les conseils des grands frères et des grandes sœurs, qu'ils sont à leur tour devenus aujourd'hui. En prison, dans des classes Segpa[2] ou dans un amphithéâtre de Sciences Po Lille, Lyna fait rapper ses élèves. Elle leur explique que cette écriture est un instrument de lutte : « Les mots sont pris d'une charge, à nous de la leur enlever. Faut pas avoir peur de modeler la langue ! » Pour elle, le rap, c'est aussi l'aptitude à s'exprimer, une occasion d'être écoutée. Formatrice au concours Eloquentia de Lille, elle intitule sa session : « Rap et éloquence, des liens parents et parlants ». Le rap peut constituer la tribune des jeunes générations des quartiers. « Ces ateliers sont une porte d'entrée ludique pour parler de sujets de société comme la surconsommation, la discrimination », abonde Lunzi. Toujours dans l'échange et le partage avec les jeunes générations, ils vivent de l'écriture et de la culture urbaine.

Dans le studio, la brume des clopes et des joints auréole les spots de lumière installés par Léo. Les enceintes toussent des rythmiques aux basses épaisses, quelques têtes s'abaissent et les bustes bougent en rythme. Sur le peu d'espace qu'il reste pour la scène, ils improvisent ou balancent des vers notés sur leurs smartphones. Entre deux éclats de rire, des conversations sérieuses se poursuivent sur des projets à venir. ⧫

2. Sections d'enseignement général et professionnel adapté, pour les élèves en grave difficulté.

Page de gauche, en haut :

Lucas, beatmaker de 21 ans, fait écouter à Yvresse une production.

© NICOLAS LEE / ENCRAGE PHOTO

En bas :

Au centre, Lyna, qui utilise le rap dans des ateliers d'écriture.

© NICOLAS LEE / ENCRAGE PHOTO

ALICE ROUJA est journaliste. Formée à l'École supérieure de journalisme de Lille, elle collabore notamment à RFI. Sensible aux thématiques sociales, elle a couvert l'actualité des quartiers populaires dans le jeune média roubaisien Labo148.

NICOLAS LEE est journaliste indépendant et photographe. Formé à l'ESJ Lille, il est attaché à une approche documentaire, en immersion. Il travaille notamment sur des sujets liés aux migrations, aux exclusions urbaines et au numérique.

REPORTAGE
Illustré par BENOÎT GUILLAUME

« UN PROJET DE FADA »

par SITTINA YOUSSOUF

Dans les quartiers nord de Marseille, de nombreux enfants souffrent de troubles de l'apprentissage, comme la dyslexie. Pour les aider, associations et entreprises se sont mobilisées.

EN PLEIN CŒUR des quartiers nord de Marseille, plaque tournante du trafic de drogue, un nouveau rêve a vu le jour : le premier village d'innovation éducative en France, baptisé L'Épopée. À sa tête, Pierre-François Duwat, un habitué des grands projets puisqu'il a été directeur du multiplexe EuropaCorp (réseau Pathé-Gaumont) dans le centre-ville, mais aussi directeur de Grand Littoral, l'un des plus importants centres commerciaux de l'Hexagone. Il reconnaît qu'il fallait être fou ou complètement « fada », comme on dit ici, pour lancer ce projet durant la crise sanitaire. Ce n'est pas pour rien que L'Épopée s'appelle ainsi, car « ça relève d'une véritable prouesse ».

L'initiative est venue de l'association marseillaise Synergie Family, spécialisée dans les activités périscolaires. À celle-ci se sont joints d'« irréductibles innovateurs optimistes », comme ils se surnomment. Parmi eux : un grand club d'e-sport d'origine marseillaise, MCES, qui utilise cette pratique pour apporter une discipline de travail aux jeunes, le groupe ETIC, créateur d'espaces de travail partagés, ainsi que l'entreprise Make ICI Marseille, rassemblant différents créateurs mêlant les savoir-faire de l'artisanat, du numérique et du design. Tout ce joyeux monde se répartit sur 12 000 m² de terrains, 9 000 m² de locaux, 6 000 m² de bureaux pouvant accueillir jusqu'à 1 500 personnes. Collaboratrice de Synergie Family, Amélie Mathez en est encore émerveillée : « C'est un lieu atypique, avec des coins et des espaces un peu partout, qui donne l'impression d'être dans un village, au sens propre comme au sens figuré. » De fait, L'Épopée rappelle les campus des GAFA américains. Même l'ancienne usine historique de Ricard est restée là, ce qui offre un potentiel exceptionnel avec plusieurs possibilités d'aménagement. Du coup, les associations regorgent d'idées. « On a pensé à des espaces ludo-éducatifs pour les enfants, à une salle de musique et de sport », confie-t-elle. Une de ses collègues, Jenny, tout autant inspirée, déclare : « Le fait d'être tous réunis sur le même lieu, ça multiplie les idées. Si on veut faire un partenariat, on n'a qu'à aller taper à la porte à côté, car on a déjà un réseau social intéressant ici. »

« Créer un écosystème », tel est l'objectif de Laurent Choukroun, cofondateur et directeur général de Synergie Family, qui, sourire aux lèvres, retrouve ses collaborateurs devant le food truck. Créée en 2008, leur association se nommait à l'origine Synergie Sport Sud, car ses fondateurs avaient fait du sport le « prétexte » pour aborder les problèmes que connaissent les habitants des quartiers. « Au départ, nous nous rendions directement au pied des immeubles à la rencontre des familles, les soirs après le travail et les week-ends, et nous proposions des activités sportives aux enfants. »

Puis Synergie a élargi son offre à la culture, à l'éducation et à l'insertion professionnelle, en profitant des difficultés de la municipalité de Jean-Claude Gaudin (maire de Marseille de 1995 à 2020) à gérer le temps d'animation périscolaire. Elle a décroché la gestion de ces activités dans une dizaine d'écoles maternelles et primaires. « Nous intervenons dans ce qu'on appelle les temps libres : à 7 h 30, 12 heures et après 16 h 30 », précise-t-il.

En l'espace de dix ans, l'association est passée de 2 à 540 salariés. « On cherchait depuis un moment un lieu plus grand pour continuer à nous développer et 1 000 m² nous auraient suffi. Puis l'opportunité Ricard est arrivée avec la possibilité de racheter son siège comprenant ses bureaux et son espace de production. » L'Épopée est donc partie d'une initiative privée et d'une levée de fonds de 22 millions d'euros. En outre, Laurent Choukroun vient de signer, le 10 mars dernier, un partenariat avec Crocos Go Digital, leader français des troubles cognitifs chez l'enfant. Son président, Vincent Berge, se montre intarissable sur le sujet : « On estime qu'un quart des enfants montrent des dysfonctionnements cognitifs en France, dont des difficultés d'attention liées au manque de concentration et à l'agitation de l'enfant, des troubles de l'apprentissage qui renvoient à la dyslexie, la dyspraxie, la dyscalculie, ainsi que des troubles du spectre autistique plus ou moins sévères. » Or, on observe une inégalité dans la prise en charge de ces troubles, en fonction du milieu social. Conséquence : dans les quartiers sensibles, les enfants présentant ces signes cumuleront de lourds handicaps, ce qui peut les mener à un décrochage scolaire. « Et à l'adolescence, cela se transforme en déscolarisation et donne lieu à des formes de délinquance. »

« Notre métier consiste à construire des ateliers numériques et ludiques à destination des enfants pour détecter des troubles cognitifs et ensuite proposer un accompagnement », poursuit Vincent Berge. En collaboration avec des experts du laboratoire de psychologie cognitive d'Aix-Marseille Université, sa société a mis en place un outil d'aide au prédiagnostic et des projets invitant les enfants à la programmation de robots et de drones. Les tablettes utilisées sont dotées de capteurs qui suivent leur comportement pendant l'exercice en révélant des informations sur le mouvement des yeux et de la tête. Ces tests ont l'avantage d'être plus rapides que les nombreuses séances chez les spécialistes et moins onéreux. Aujourd'hui, Crocos Go Digital et ses 28 salariés ont donc rejoint L'Épopée et partagent avec son équipe la mission d'aide aux enfants en difficulté. Synergie Family l'a d'ailleurs accompagné dans sa dernière levée de 1,4 million d'euros avec d'autres partenaires comme l'Institut du cerveau et de la moelle épinière de Paris.

Déjà, des élèves en situation de décrochage scolaire ont pu participer aux « vacances apprenantes », mises en place par Synergie Family et l'OM Fondation durant l'été 2020. Une centaine d'enfants marseillais de 8 à 14 ans ont ainsi pu rattraper leur retard lors d'activités pédagogiques en mêlant culture et sport, dans l'emblématique stade Orange-Vélodrome. L'Olympique de Marseille avait même joué le jeu en envoyant quelques footballeurs saluer les jeunes.

Alors que leur pause déjeuner touche à sa fin, les deux jeunes salariées de Synergie, Amélie et Jenny, évoquent avec empressement un autre projet prévu en septembre 2021 au sein de L'Épopée. Il est mené par l'association Meet My Mama et a pour objectif d'aller à la rencontre des mères de famille de Marseille qui cuisinent déjà chez elles et de les former pour passer de leur cuisine « faite maison » à une cuisine « traiteur » avec à la clé la délivrance d'un CAP hygiène et sécurité. Ainsi, plus qu'un restaurant d'entreprise, c'est une cantine à l'esprit convivial et familial qui est envisagée ici. « Elle sera aussi ouverte à tous, pas besoin de travailler à L'Épopée, tout le quartier pourra venir », soulignent-elles. « Il y a un sens à ce qu'on fait, c'est au bénéfice de ceux qui ont besoin d'emploi, de repères et qui, malheureusement, s'autocensurent et n'osent pas, insiste Jenny. On veut ouvrir le champ des possibles. »

Une volonté qui revêt d'autant plus de sens qu'à quelques mètres de là, dans les locaux abandonnés du McDonald's de Saint-Barthélemy (placé en liquidation judiciaire en décembre 2019), une plateforme solidaire baptisée L'Après M a vu le jour, autre utopie devenue réalité. Mais c'est encore une autre histoire. ♦

SITTINA YOUSSOUF est journaliste. Diplômée de l'École de journalisme et de communication d'Aix-Marseille, elle travaille depuis quatre ans en tant que reporter d'image et chargée de communication.

BENOÎT GUILLAUME est graphiste et dessinateur. Il a réalisé en 2013, avec Barbara Malleville, le court-métrage *Encore des changements*, d'après un texte d'Henri Michaux, et publié en mai dernier *Terrains vagues* (éditions Le Port jauni), un recueil de poèmes écrits par Géraldine Heredia à partir de ses dessins.

POUR ALLER PLUS LOIN

UNE HISTOIRE DES BANLIEUES FRANÇAISES
Erwan Ruty
Éditions François Bourin, 2020

Cet ouvrage retrace l'évolution sur quarante ans de la banlieue en interrogeant ses habitants et des chercheurs. Le récit commence par la Marche pour l'égalité et contre le racisme en 1983, se poursuit avec les émeutes urbaines de 2005 et s'achève avec la montée du djihadisme et les attentats de 2015. Sorties des marges, voilà les banlieues placées au centre de l'histoire de notre pays.

LE « BANLIEUE TOUR »
Charlotte Bienaimé
Podcast de France Culture, 2012

Le temps d'une visite de leur quartier de Fontenay-sous-Bois, Mamadou, Sountou, Emmeline, Sidalie et Fares deviennent des « guides de banlieue ». Formés pendant six jours par le conseil d'architecture, d'urbanisme et d'environnement du Val-de-Marne, ces jeunes font découvrir aux visiteurs les différentes facettes de la vie locale, de l'histoire à l'architecture. Avec une envie de casser les préjugés.

POLITIQUE, BEURK, BEURK : GAUCHE ET QUARTIERS POPULAIRES, DE LA RUPTURE À LA TRANSMISSION
Ulysse Rabaté
Éditions du Croquant, 2021

Centré sur les banlieues rouges, ce livre s'intéresse aux liens de plus en plus fragiles entre les quartiers populaires et la gauche, qui peine à les représenter. Ancien conseiller municipal de Corbeil-Essonnes, l'auteur revient sur sa propre expérience pour traiter de sa ville, où le « système Dassault » a mis un terme à trente-cinq ans de gestion communiste. Dans un récit précis et documenté, il s'interroge sur la politique qui convainc de moins en moins.

BANLIEUES ET PÉRIPHÉRIES. DES SINGULARITÉS FRANÇAISES AUX RÉALITÉS MONDIALES
Hervé Vieillard-Baron
Hachette supérieur, 2011

Professeur de géographie à l'université, l'auteur analyse les évolutions démographiques et la formation du paysage des banlieues, avant de consacrer une partie de son livre aux quartiers sensibles et à la politique de la ville. Il termine par une comparaison avec les périphéries des métropoles mondiales. Destiné aux candidats au Capes, ce manuel reste néanmoins accessible à un public plus large, déjà sensible à ce sujet.

TEXTE
CHRISTOPHE BOLTANSKI
ILLUSTRATIONS
GIACOMO NANNI

FAIT DIVERS

Incendie à la charcuterie

Les sociétés d'un homme d'affaires bordelais auraient eu la fâcheuse tendance à brûler quand elles allaient mal. Mais sa dernière entreprise industrielle pourrait avoir pris feu accidentellement… Notre reporter est allé enquêter.

LA POLICE ne les a jamais entendus. Quatre ans après l'incendie, les Twardowski s'en étonnent encore. « Nous étions pourtant aux premières loges », s'écrie Fabienne. Leur baie vitrée donnait directement sur l'usine. Un voisinage parfois pénible à cause du bruit et des odeurs de graisse. Les camions livraient les carcasses de viande en pleine nuit. Thomas, le mari, a failli plusieurs fois en venir aux mains avec les chauffeurs. « Ils avaient ordre de couper leur frigo, dit-il. Mais personne ne le faisait. » Le couple et ses deux enfants habitent Villenave-d'Ornon, une banlieue de Bordeaux. Thomas pose des pelouses synthétiques. Fabienne travaille dans l'immobilier. Leur maison avec piscine jouxte la zone industrielle. Derrière le grillage s'étend un vaste chantier. Une grue, un terre-plein, un entrepôt inachevé. De La Charcuterie bordelaise, il ne reste rien. Le 16 février 2017 au soir, l'entreprise qui employait 49 salariés a entièrement brûlé.

« Un prof venait donner un cours de guitare à ma fille, raconte Fabienne. Il me dit en arrivant : "Y a beaucoup de fumée dehors." La partie haute du bâtiment était toute rouge. Je monte à l'étage et vois une flamme transpercer le toit et le parcourir comme une vague. Ça devait faire un moment que ça chauffait à l'intérieur. » Thomas tente de prévenir le patron, qu'il tutoie à force de le solliciter. Son téléphone portable sonne dans le vide. Il lui envoie un SMS : « Ton dépôt est en feu. » Pas de réponse. Un silence qui éveillera la suspicion des enquêteurs, jusqu'à devenir un élément à charge.

Le lendemain, alors que les pompiers éteignent les dernières braises, le quartier bruisse de rumeurs. « La piste criminelle, on l'a aussitôt entendue, reconnaît Thomas.

Le sinistre intervient en pleine crise. La charcuterie industrielle est au bord de la faillite. « Les gens disaient qu'il y avait des plaintes pour manque d'hygiène, des problèmes de trésorerie. » Son épouse opine : « Cette baisse d'activité, on l'avait constatée. Il y avait moins de camions. » Un mois plus tard, la police scientifique conclut à un acte prémédité. Le PDG Arnaud Chedhomme est mis en examen pour incendie volontaire et escroquerie à l'assurance. En 2019, le tribunal correctionnel de Bordeaux le condamne à trois ans de prison ferme et au versement de 3 millions d'euros au mandataire liquidateur, ainsi que de 150 000 euros à la compagnie d'assurance AXA.

Le 29 avril 2021, nouveau rebondissement : la cour d'appel de la Gironde prononce la relaxe. L'hypothèse d'une mise à feu accidentelle ne peut être écartée, écrit-elle dans ses attendus.

Arnaud Chedhomme admet que les circonstances jouaient contre lui : « J'étais le coupable idéal »

Dans le centre de Bordeaux, les bars viennent de rouvrir. Foulard de soie autour du cou, gilet matelassé, chemise blanche, Arnaud Chedhomme profite de son premier café en terrasse. À 56 ans, il entame un nouveau départ. Il veut relancer La Charcuterie bordelaise sous un autre nom, l'œuvre de sa vie, comme il dit, ayant été détruite, rasée, liquidée. Son combat judiciaire à peine terminé, il parle d'en mener d'autres. Il se prétend victime d'une cabale et menace de poursuivre ses instigateurs. « Dès le soir de l'incendie, j'étais accusé », fustige cet homme qui a toujours clamé son innocence. Il admet cependant que les circonstances jouaient contre lui : « J'étais le coupable idéal. »

La viande, c'est une affaire de famille. Dès le milieu des années 1930, le grand-père Chedhomme élève des porcs à Villejuif, qu'il nourrit avec les déchets des restaurants et des cantines. Le père reprend l'exploitation et la transfère à Rambouillet, dans un grand domaine. Pour se faire de l'argent de poche, Arnaud garde des moutons à l'adolescence : « Avec ma sœur, on vendait les agneaux à la Garde républicaine. » Il fait une école de commerce à Paris. Entre deux cours, il revend des huiles usagées qu'il va collecter au petit matin dans les McDo. À l'issue de ses études, il choisit, par un enchaînement logique, l'agroalimentaire. Il ne veut pas « débiter du saucisson à l'ail au kilomètre ». Ce qui l'intéresse, ce sont des produits régionaux « de qualité ».

Avec une filiale du Crédit agricole, il monte une holding qui rachète des boîtes en difficulté. En 1992, il acquiert une charcuterie, Régis Visage, à Castillon-la-Bataille, en Gironde, puis, cinq ans plus tard, un fabricant de rillettes, Fresnais-Bergé, dans la Sarthe. Les deux opérations se soldent par un échec. Après une épidémie à la listeria, Fresnais-Bergé dépose le bilan, puis Régis Visage ferme à son tour. Arnaud Chedhomme persiste et crée en 2000 La Charcuterie bordelaise. Servis dans des restaurants de la région ou vendus en hypermarchés, ses pâtés, jambons, boudins garantis « 100 % terroir » sont primés « Saveurs de l'année ». Lui-même commence à se faire un nom. Il anime une émission culinaire avec un chef réputé sur la chaîne locale TV7 et participe à la foire aux vins de Hong Kong, où accourt tout le gratin du Bordelais. Il lorgne les marchés asiatiques et décide de s'agrandir. Installé d'abord à Bègles, il déménage en 2012 dans la commune voisine de Villenave-d'Ornon. Le long de la gare de triage, il fait construire une usine grande comme deux stades de rugby. Un site flambant neuf, mais surdimensionné. Coût : 6 millions d'euros. « L'activité était déficitaire depuis son origine », dira Me Serge Cera, l'administrateur judiciaire, lorsqu'il sera entendu par la justice.

« Il avait escompté une croissance qui n'est pas venue », soupire Patrick Blanchard, son ex-directeur administratif qui, dès son arrivée en 2014, se débat avec les banques, l'Urssaf et autres créanciers. « Mon premier rendez-vous, c'était avec le mandataire judiciaire. Vous parlez d'une entrée en matière ! » En 2015, la PME est placée en redressement. Furieux de n'avoir pas été payé, un négociant en viande, flanqué d'« un gros bras », bloque le portail avec sa voiture. « Il a fini par laisser partir le personnel, mais nous a gardés, moi et Chedhomme. » Fort de son expérience, Patrick Blanchard conseille aujourd'hui des « entreprises en difficulté ». « Tout le monde n'a pas été séquestré par un fournisseur », ironise-t-il. Resté fidèle à son patron, il décrit néanmoins « une personnalité clivante », capable de traiter le chef des services fiscaux de « connard » ou la responsable du recouvrement de « salope ». « Alors, forcément, ils se disent : “Le jour où je pourrai me le payer, celui-là, je ne louperai pas.” » Arnaud Chedhomme n'hésite pas à interpeller un ministre en direct sur RTL ou à lui envoyer un mail rageur en pleine nuit. Régulièrement en butte avec l'État et ses représentants, il menace d'alerter la presse ou pratique le chantage à l'emploi.

Redoutant encore ses réactions, ses salariés n'acceptent de témoigner que de manière anonyme. « Il arrivait avec sa furie, se mettait à injurier les gens et tapait dans les portes », confie une ouvrière. Une responsable d'atelier renchérit : « J'ai toujours eu peur de cet homme. Un jour, il m'a envoyé un téléphone à la figure. Il est capable de tout. Il pouvait vous engueuler et, une heure après, vous accorder une prime. » Venue organiser des élections du personnel, une syndicaliste de la CFDT, Corinne Lantheaume, se souvient encore de son esclandre le jour du scrutin : « Il est entré en hurlant que je voulais couler son entreprise. Il s'est même frappé la tête contre le mur. Mais nos candidats ont été élus brillamment. »

Deux des trois délégués du personnel finiront par s'en aller. Arnaud Chedhomme leur menait une guerre permanente. « Je pars très vite, concède-t-il. Je ne comprends pas qu'on ne chasse pas tous ensemble. Avant, à Bègles, on était une petite famille. À Villenave, on a recruté pas mal de gens et ça s'est mal passé. Ils étaient dans la revendication. » Il se défend d'être un exploiteur : « Je payais très bien ! Par principe et pour avoir des bons. C'est un métier dur. Vous êtes dans la barbaque à 3 heures du matin. Vous bossez dans le froid, à 7°, parce que c'est la norme. »

À mesure que l'entreprise périclite, les retards de salaires se multiplient. « Il fallait patienter une ou deux semaines, parfois un mois pour toucher son argent, raconte une ouvrière. On était obligés d'aller mendier un par un dans le bureau du patron. On repartait avec un chèque et on s'apercevait qu'il était en blanc. » Les factures impayées s'accumulent. Des fournisseurs ne livrent plus. « On manquait de tout, de masques, de gants, de poches plastiques, même de produits de nettoyage », poursuit cette femme aujourd'hui retraitée.

Noël 2016, un défaut de cuisson sonne la fin. Pour honorer une commande urgente, des rillettes de canard n'ont pas été pasteurisées assez longtemps. Après avoir détecté la présence de listeria dans un lot, une grande surface donne l'alerte. C'est la deuxième fois en un an que le bacille contamine La Charcuterie bordelaise. Les services vétérinaires déboulent un matin par surprise, procèdent à des prélèvements, épluchent les registres et exigent le retrait des produits. Le 25 janvier 2017, le préfet de la Gironde ordonne l'arrêt de l'ensemble ou presque de la production. Arnaud Chedhomme saisit le tribunal administratif et parvient une semaine plus tard à faire lever la mesure, mais le mal est fait. « C'était catastrophique, surtout dans une ville comme Bordeaux, avec toutes ces mauvaises langues », se lamente Philippe Charron, l'ancien commercial. Visage anguleux, teint hâlé, chevelure blanche, voilà plus de vingt ans qu'il suit son patron dans chacune de ses péripéties. Il cite avec nostalgie les spécialités de la maison : « Les grattons ! s'exclame-t-il. On les faisait avec des morceaux nobles. Une très belle recette. »

L'image détruite, l'activité en berne, tout s'écroule. La dette frise les 10 millions d'euros, soit le double du chiffre d'affaires annuel. Les matières premières manquent. Le cuisinier doit filer à Metro acheter ses ingrédients avec sa carte bleue. L'équarrisseur ne vient plus chercher les carcasses qui s'amoncellent dans le frigo. « Ça débordait, alors Chedhomme a ramené un van de cheval et demandé qu'on jette les déchets dedans. Toute la journée, on a chargé cette viande puante dans la remorque », fulmine un employé. Le 3 février, le personnel débraye pour la première fois.

Acculé, Arnaud Chedhomme jette ses dernières cartes. Le 15 février, il propose un partenariat à son concurrent direct, la société Mainjolle. Le lendemain, son épouse, Catherine, diététicienne à Libourne, signe une caution d'un montant de 800 000 euros sur le bâtiment de l'usine au profit d'un des principaux fournisseurs, la coopérative Terre du Sud. En échange, celui-ci doit reprendre ses livraisons de viande. Le PDG passe une partie de l'après-midi avec son directeur. « Il était content, assure Patrick Blanchard. Il disait que les soucis étaient terminés. On devait organiser la fusion des sociétés. C'était plus de mon ressort. Il en a profité pour prendre des vacances. » Il a prévu de partir ce soir-là en famille au Chili, où réside sa fille. Il est le dernier à quitter l'usine.

Vers 19 h 15, Philippe Charron vient le chercher en voiture pour le conduire à l'aéroport de Bordeaux-Mérignac. En chemin, il reçoit un appel de la société de télésurveillance AST. Celle-ci l'informe que plusieurs alarmes viennent de se déclencher. « Il doit y avoir un pigeon, répond-il. Ce n'est pas bien grave. » Il doit retrouver les siens à Paris et, de là, prendre un second vol pour Santiago du Chili. À son arrivée, il apprend que son usine est en feu. « Mon mari s'est effondré dans les bras de son père en pleurant », attestera Catherine à la barre. Les pompiers bataillent toute la nuit. Impossible d'approcher de l'immense brasier. Des salariés observent de loin leur outil de travail partir en fumée. Ils se demandent ce qu'ils vont devenir, ils essayent de se rappeler ce qu'ils avaient laissé dans leur casier et ils partagent leurs soupçons. « On a tout de suite pensé que c'était lui », lâche un cadre sur le ton de l'évidence. Les anciens évoquent les précédents. À Castillon aussi, ça a brûlé. La faute à un court-circuit. Tout comme à Bègles, à cause d'un four défectueux. « Trois entreprises, trois incendies, ça fait beaucoup », dit l'un d'eux.

Ils ne sont pas les seuls à parvenir à cette conclusion. Accouru sur les lieux, Patrick Blanchard est accueilli par un officier de police qui lui déclare d'entrée de jeu : « On sait que c'est Chedhomme. Il s'est enfui à l'étranger. » Son patron n'a pas quitté le territoire français. Lorsqu'il revient à Bordeaux, le lendemain, par la route, il comprend qu'il est le principal suspect. Les enquêteurs constatent que l'alarme s'est déclenchée deux secondes après avoir été activée et une minute seulement avant le premier appel aux pompiers. Ils en déduisent que le gérant de la charcuterie ne peut pas être parti sans avoir perçu quelque chose. Une fumée ou une odeur. Ils lui demandent pourquoi il ne répond pas aux nombreux appels qu'il reçoit avant d'embarquer. Notamment au fameux SMS de son voisin. Pas vu, plus de batterie, plaide-t-il.

Deux témoins viennent conforter ce qu'ils pressentent déjà. Le premier s'appelle Frédéric Martini. Gérant de pizzéria à Talence, vendeur de voitures d'occasion et éphémère président de l'Union Bordeaux-Bègles, un club de rugby, il dit être un client d'Arnaud Chedhomme et lui avoir présenté deux mois avant l'incendie un ex-joueur à la carrure imposante, au lourd casier judiciaire, Jean-Francis Swaels. Ce dernier préside un club local de Harley-Davidson et exerce le métier de chauffagiste et de couvreur. Il affirme aux policiers avoir rencontré le maître charcutier à plusieurs reprises. Celui-ci lui aurait demandé de mettre une « branlée » à un vétérinaire non identifié, et, une autre fois, de « cramer » son usine en son absence. Toujours selon ses dires, l'ancien rugbyman se serait contenté d'empocher l'argent. Arnaud Chedhomme reconnaît l'avoir reçu dans ses locaux de Villenave, mais en tant qu'artisan et afin de réparer une fuite dans la toiture.

Les techniciens de la police scientifique interviennent neuf jours après les faits dans ce contexte chargé. Ils écartent vite la piste d'un accident. Parmi les décombres, ils ont trouvé des marques en V suspectes, ainsi que trois bonbonnes de gaz placées près d'un camion. Le robinet d'une des bouteilles était ouvert au maximum. Les prélèvements confirment la présence à différents endroits de l'usine de liquides inflammables. Il ne peut s'agir, selon leur rapport, que de « produits accélérant dans le but de mettre le feu ».

Le 10 avril, Chedhomme est arrêté et placé en garde à vue, en même temps que Philippe Charron, son factotum. Il réclame une contre-expertise. La justice rejette sa demande et, le 30 janvier 2019, le reconnaît coupable d'avoir détruit son usine afin de toucher l'assurance. Le tribunal y voit l'acte désespéré d'un homme, déjà sous le coup d'une plainte pour ses manquements à

Un officier de police lui déclare d'entrée de jeu : « On sait que c'est Chedhomme. Il s'est enfui à l'étranger »

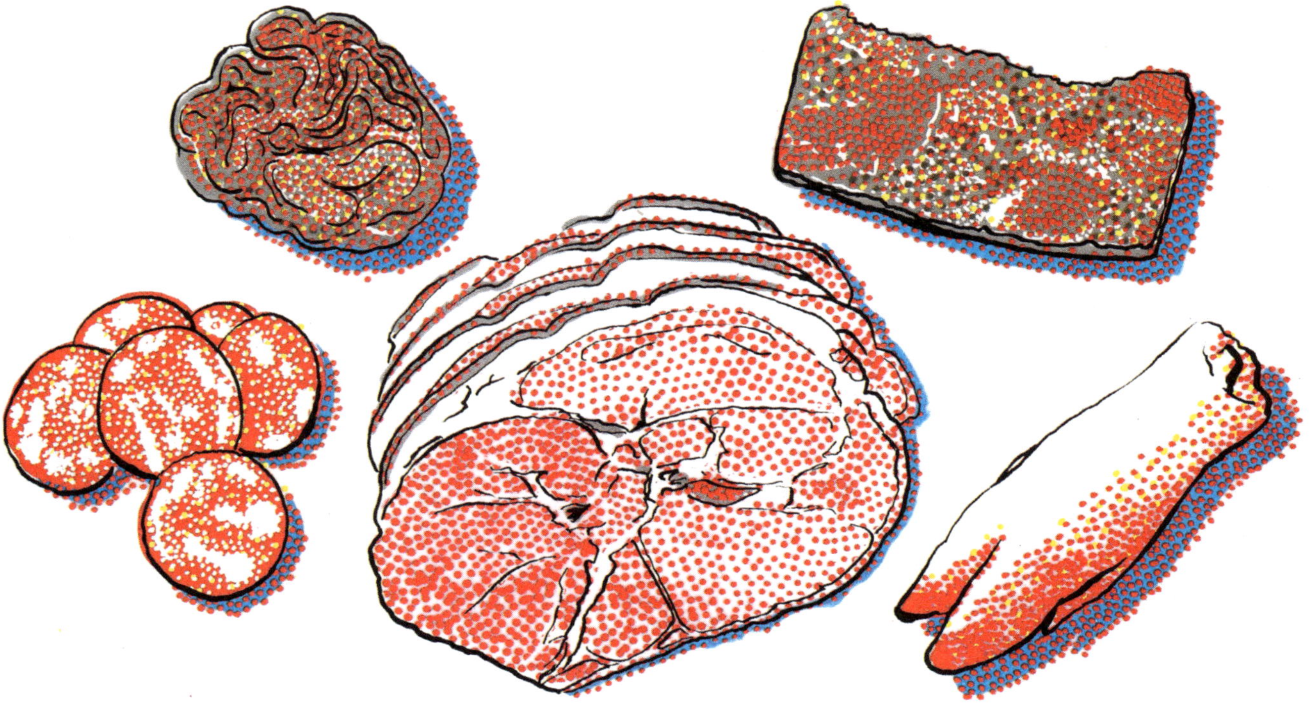

« Quand on a été mis au chômage partiel, on n'a rien touché et lui il gagne ! Ce gars arrive à tout »

l'hygiène, incapable de rembourser ses dettes et prêt à tout pour repartir.

Ses employés et collaborateurs le comparent souvent à Bernard Tapie. Même bagou, même entêtement, mêmes méthodes faites d'expédients. Et même avocat. Pour son procès en appel, il va requérir les services de l'avocat Hervé Temime, l'un des ténors du barreau de Paris, l'un des plus chers, l'un des plus demandés à force d'enchaîner les victoires. Un habitué des causes difficiles, qui dit aimer être du côté de celui que tout accuse. L'audience se déroule à Bordeaux, le 30 janvier 2020, dans une salle aux murs vert olive, lambrissés de chêne. À la barre, Arnaud Chedhomme dénonce une « enquête complètement à charge » et demande à laver son « honneur ». Pendant près d'une heure, les deux experts auprès des tribunaux qu'il a sollicités, d'anciens chefs sapeurs-pompiers, démontent une à une les conclusions de la police scientifique.

Rien ne prouve, d'après eux, l'utilisation d'« accélérants ». Les traces de liquides inflammables découverts sur les lieux peuvent provenir de n'importe où. Du toit en bitume, de graisses animales, des véhicules garés sur le site ou encore des engins de chantier qui se sont succédé depuis l'incendie. « On est dans une entreprise dont l'activité tourne autour du gras. Il est même étonnant qu'on n'en ait pas trouvé plus », soulignent-ils. Par ailleurs, des torrents d'eau ont été déversés par les secouristes. Emportés par les flots, ces produits ont dérivé au gré de la déclivité du terrain :

– C'est la raison pour laquelle on les retrouve à côté des siphons de sol.

– Et si l'auteur de l'incendie avait répandu des hydrocarbures sous la toiture ?

leur demande la présidente, reprenant l'une des hypothèses des enquêteurs.

– Alors, il ne serait plus là. Boum ! rugit l'ex-commandant des pompiers. Les vapeurs se seraient embrasées brutalement et auraient provoqué une explosion.

Les deux experts attribuent le sinistre à une défaillance électrique, probablement au niveau d'un câble situé sous les combles. Un rapport établi un an avant par le groupe Apave, spécialiste du contrôle, jugeait d'ailleurs l'installation déficiente et mettait en garde contre un risque d'incendie. Lors de sa plaidoirie, Hervé Temime achève de démolir les travaux de la police scientifique. Il souligne que les accusateurs de son client ont changé de version et rappelle leurs antécédents judiciaires. Frédéric Martini a été condamné pour fraude et Jean-Francis Swaels pour vol avec effraction, menace, violence, extorsion, port d'arme, etc. Il démontre enfin qu'Arnaud Chedhomme n'avait aucun intérêt à mettre le feu à son usine. L'administrateur judiciaire l'a lui-même reconnu : l'assurance ne compensait pas la perte de son patrimoine. Il aurait mieux fait de déclarer la charcuterie en faillite : il serait resté propriétaire des murs et du terrain.

Une nouvelle expertise est ordonnée par la cour d'appel. Ses conclusions présentées le 21 mars dernier concordent avec celles des deux pompiers mandatés par Chedhomme. Les « témoignages contestables » de Jean-Francis Swaels et de Frédéric Martini sont « écartés », de même que « l'éventuel mobile tiré des difficultés financières de l'entreprise ». Plus de délit, plus de motif, plus de témoins à charge. Un mois plus tard, les juges prononcent la relaxe. La nouvelle fait l'effet d'une bombe. « Quand on a été mis au chômage partiel, on n'a rien touché et lui il gagne ! Ce gars arrive à tout », s'écrie l'une de ses anciennes ouvrières qui, malgré la décision de justice, reste convaincue de sa culpabilité : « La semaine précédant l'incendie, il passait nous voir l'après-midi pour nous inciter à partir plus tôt. Il préparait son coup. » « Dans cette affaire, les seuls à avoir été punis, ce sont les salariés », déplore de son côté la syndicaliste Corinne Lantheaume.

Contacté au téléphone, Frédéric Martini ne souhaite pas s'exprimer. « Je connais bien Arnaud. Il s'en est sorti. Tant mieux pour lui ! Il a de la chance », dit-il avec un petit rire, avant d'ajouter : « C'est quelqu'un qui a beaucoup de relations. Je préfère ne pas me mettre en danger. » Quant à son comparse, Jean-Francis Swaels, il ne semble plus pratiquer la plomberie ni les embrouilles. Il vit maintenant au Portugal avec son épouse.

Le téléphone sonne à nouveau chez Philippe Charron, l'ancien commercial, aujourd'hui à la retraite. « Des gens qui depuis trois ans n'appelaient plus me balancent : "Ah, tiens, on a vu le verdict..." » Dans la phrase d'après, il entend à l'autre bout du fil le doute qui persiste. « J'ai droit à une petite réflexion. "Ah, je rigole..." », qu'on me dit alors. » Interpellé en même temps que son patron, il a passé près de 72 heures en garde à vue. « Pour les policiers, on devait forcément avoir senti l'odeur et vu la fumée. Ben non ! Ça, ils n'ont jamais voulu le croire. » Il a été soupçonné jusque dans son propre entourage. Mariée à un gendarme, sa fille lui a reproché de salir le nom de la famille. L'homme hausse les épaules : « On n'imagine pas le mal que ça fait. »

CHRISTOPHE BOLTANSKI est journaliste et écrivain. Correspondant à Jérusalem et à Londres pour *Libération*, il rejoint *Le Nouvel Observateur* comme grand reporter, avant de devenir rédacteur en chef de la revue *XXI*. Son premier roman, *La Cache* (Stock, 2015), est lauréat du prix Femina en 2015. Dans *Les Vies de Jacob*, paru récemment chez Stock, il consacre une enquête littéraire à un anonyme dont l'existence, entre quête de sens et goût du secret, rejoint la grande histoire.

GIACOMO NANNI est un dessinateur italien. Il a étudié le dessin animé à l'École du livre d'Urbino. Auteur de bandes dessinées, d'animations, de romans graphiques et d'illustrations pour la presse, il a reçu en 2020 le Prix de l'audace du festival d'Angoulême pour *Acte de Dieu* et a publié en 2021 la BD *Tout est vrai* (éditions Ici même).

MADAME DE STAËL ET NAPOLÉON

par LAURENT THEIS

À propos des *Considérations sur les principaux événements de la Révolution française* de Germaine de Staël, parues en 1818.

EN 1817, Germaine de Staël mourait à Paris, à 51 ans. C'était un 14 juillet. En ce début de la Restauration, cette concomitance ne fut pas relevée. Rares étaient ceux qui pouvaient se souvenir que la fille de Jacques Necker, principal ministre de Louis XVI, avait assisté à Versailles, le 5 mai 1789, à l'ouverture des états généraux, et avait suivi au plus près ce qui s'était ensuivi, de la prise de la Bastille à la chute de la royauté. C'est dans ces circonstances que s'était forgé le noyau indestructible de ses convictions, mises à l'épreuve des personnes et des faits jusqu'à la chute du Premier Empire et l'établissement du régime constitutionnel qu'elle n'avait jamais cessé d'appeler de ses vœux et de travailler à établir.

À la toute fin de sa vie, elle reçut la visite de Chateaubriand, devenu un ami, qui formait avec elle la « double colonne triomphale à l'entrée du siècle », selon l'expression de Sainte-Beuve. Elle lui aurait dit, sentant qu'elle s'éteignait : « J'ai toujours été la même, vive et triste ; j'ai aimé Dieu, mon père et la liberté » ; un peu le premier, beaucoup le deuxième, passionnément la dernière. Cette passion de la liberté, qui parcourt toute son œuvre et imprègne tous ses gestes, Mme de Staël ne la fit complètement connaître que neuf mois après sa disparition.

Déjà elle était, depuis une quinzaine d'années, la femme la plus célèbre d'Europe, et sans doute des deux mondes ; n'avait-elle pas, dans sa jeunesse, rencontré Benjamin Franklin dans le salon de sa mère ? N'était-elle pas en correspondance avec Thomas Jefferson ? Goethe, Schiller, Byron étaient des relations personnelles, qui la reconnaissaient pour l'un des plus grands esprits de leur temps. Sa liaison tumultueuse avec Benjamin Constant avait ajouté du piment à son éclat. Cette immense réputation, elle la devait à son talent et à son caractère. Ses deux romans, *Delphine* en 1802, *Corinne* en 1807, avaient rencontré un succès considérable. Son essai *De l'Allemagne*, interdit en France en 1810, publié en Angleterre en 1813, l'avait consacrée comme médiatrice culturelle de l'Europe. Surtout, son opposition à Napoléon lui valait une aura dont elle sut tirer un parti aussi puissant qu'inattendu. Avec ses amis républicains modérés, elle avait approuvé le coup d'État de brumaire, ayant pour le jeune général les yeux d'une Chimène voyant en lui un autre Washington refondant la République sur le droit, la vertu et la liberté. On sait ce qu'il advint. Son salon devint un foyer de contestation, et son château de Coppet, au bord du Léman, réunissait, selon Stendhal, « les états généraux de l'opinion européenne », qu'elle enchantait de son incomparable talent de conversation. Elle fut, par une exagération qui ne lui déplut pas, désignée par l'empereur comme son plus redoutable adversaire avec l'Angleterre, voire davantage. Éloignée de Paris en 1803, exilée de France en 1810, elle paya son indépendance à un prix élevé, mais que la gloire ainsi acquise lui remboursa à sa mesure, et même au-delà. Ou plutôt dans l'au-delà, auquel cette petite-fille de pasteur vaudois croyait à sa manière. En effet, en avril 1818, son fils Auguste et son gendre Victor de Broglie, plus tard président du Conseil de la monarchie de Juillet, donnèrent à un gros manuscrit demeuré inachevé la forme d'un livre en trois tomes, sous un titre qu'elle avait choisi, *Considérations sur les principaux événements de la Révolution française*. Ce fut, dans le monde des lettres et de la pensée, un coup de tonnerre comme on n'en avait pas connu depuis *Génie du christianisme* de Chateaubriand, en 1802, voire *Du contrat social* de Rousseau, en 1762 ; et sans doute plus encore. En quelques semaines, 60 000 exemplaires s'arrachèrent. Onze éditions parurent presque simultanément, de Lisbonne à Stockholm, de Londres à Saint-Pétersbourg, en passant par Berlin et Vienne. En 122 chapitres composant six parties, l'ouvrage couvre la période allant de l'avènement de Louis XVI au début de la deuxième Restauration, suivant un cours qui devait presque infailliblement conduire de l'un à l'autre. Alternant récits, portraits, considérations générales, opinions philosophiques et convictions spirituelles, comparaisons entre la France et l'Angleterre au profit de cette dernière, le livre arrivait à son heure. Pour la première fois, la Révolution était traitée en son entier, dans ses tenants et ses aboutissants, avec sa dimension politique et morale,

et envisagée de très haut. Et c'était par une femme.

De fait, les premières lignes des *Considérations* avaient de quoi frapper : « La Révolution française est une des grandes époques de l'ordre social. Ceux qui la considèrent comme un événement accidentel n'ont porté leurs regards ni dans le passé ni dans l'avenir. Ils ont pris les acteurs pour la pièce ; et, afin de satisfaire leurs passions, ils ont attribué aux hommes du moment ce que les siècles avaient préparé. » En quelques mots, tout était dit. Ce formidable bouleversement, dont les séquelles, en 1818, demeuraient à vif, n'était donc le produit ni d'un complot politique ni d'un décret de la Providence, impénétrable, mais procédait d'une évolution séculaire que le XVIIIe siècle avait porté à son point culminant. Au sein de ce mouvement de fond, la part des circonstances et des personnes ne tint qu'au déroulement de l'ultime séquence, par le fait que l'événement révolutionnaire se produisit alors que la philosophie des Lumières n'avait pas encore infusé suffisamment dans les esprits. En raison de ce décalage, les passions du moment l'emportèrent sur la raison encore en travail. Ainsi s'expliquaient et la Terreur et le despotisme

Page de gauche : © KARINE BOUVATIER – Page de droite : © PIERRE JAVELLE

« EN POLITIQUE, IL FAUT SAVOIR APPRÉCIER À QUELQUES ÉGARDS MÊME CEUX QU'ON HAIT »

napoléonien, qui en fut le contrecoup, et auquel l'autrice s'en prend avec une verve parfois virulente ; ni l'une ni l'autre n'était conforme à la logique de l'histoire, et leur caractère accidentel se résolut dans leurs chutes respectives. C'est pourquoi ce n'est qu'en 1814 que, peu ou prou, fut réalisé ce qu'annonçait 1789 : l'égalité civile, le gouvernement représentatif et la liberté de conscience et d'opinion qui en est la garantie. Car l'opinion publique, montrait Germaine de Staël, était devenue, et par le vote et par la presse, un acteur à part entière de la société politique, et désormais démocratique. Tout absolutisme, pouvait-on croire, était maintenant impossible, monarchique ou populaire.

Ainsi, tout s'éclairait et prenait sens. La génération parvenue à l'âge adulte sous l'Empire trouvait enfin une réponse à la question qui la taraudait : que nous est-il arrivé ? comment en conjurer le retour tout en en préservant les bienfaits ? L'un de ses représentants les plus brillants et les plus subtils, Charles de Rémusat, conservait quarante ans plus tard le souvenir intact de cet ouvrage culte : « Peu de livres ont plus agi sur moi. » Par celui-ci, Germaine de Staël inaugurait ce que Tocqueville, qui lui doit tant, a appelé la « politique littéraire ». Les jeunes gens qui cherchaient leur voie y trouvèrent un précieux aliment et un modèle entraînant, repris et diffusé par *Le Globe*, journal de la jeune France libérale sous la Restauration, à peu près *Le Nouvel Observateur* des années 1970, ou encore aujourd'hui *Zadig*, la qualité des contributions compensant largement l'absence d'illustrations : y collaboraient Guizot, Thiers, Sainte-Beuve, Stendhal, Mérimée, Jouffroy, Rémusat... Sur eux tous planait le génie staëlien.

Benjamin Constant, rendant compte des *Considérations* au lendemain de leur parution, en énonce les principaux éléments : « L'attachement à la liberté », que Staël incarna et servit inlassablement, même si elle sentait bien que, à la différence des Anglais, les Français ne la comprenaient qu'imparfaitement ; « le sentiment profond de la dignité de l'espèce humaine », qui lui fit embrasser la cause des femmes, fût-ce Marie-Antoinette, et condamner l'esclavage, au point qu'elle demanda publiquement à toutes les puissances du Congrès de Vienne, en 1815, d'abolir la traite négrière ; « le respect pour la morale appliquée à la politique et aux grands intérêts de l'humanité », qui doit interdire, écrivait-elle, de « négocier avec les circonstances », faute de quoi « tout est perdu » ; enfin, « cette sensibilité inépuisable qui rendait cette femme célèbre aussi admirable par sa bonté », qu'elle mit au service de ses amis, et aussi des autres, avec un courage et une générosité confondante, car, disait-elle aussi, « mes opinions ne sont que des noms propres ». Et elle ajoutait : « En politique, il faut savoir apprécier à quelques égards même ceux qu'on hait. »

À l'aube du romantisme, Germaine de Staël, convaincue de la « perfectibilité » des individus et des sociétés, fit ainsi converger en une synthèse unique les exigences de la raison avec l'emprise des sentiments, dans laquelle elle se déploya avec des accents nouveaux. Intellectuelle avant la lettre, elle rencontra les limites qu'imposaient à la condition féminine les mœurs de son temps, et sut s'élever au-dessus d'elles, comme en témoigne, en 1814, un autoportrait saisissant : « Il arrive souvent que les femmes d'un esprit supérieur sont en même temps des personnes d'un caractère très passionné ; toutefois la culture des lettres diminue les dangers de ce caractère, au lieu de les augmenter ; les jouissances de l'esprit sont faites pour calmer les orages du cœur. » Ce fut comme le programme de toute sa vie et le ressort de toute son œuvre. Le dernier mot appartient à son meilleur ennemi, Napoléon, qui, depuis son rocher de Sainte-Hélène, conclut de façon lapidaire : « Elle restera. »

LAURENT THEIS est historien et éditeur. Spécialiste de l'époque médiévale et président honoraire de la Société de l'histoire du protestantisme français, il a consacré de nombreux livres à la figure de François Guizot et dirigé en 2017 la réédition dans la collection « Bouquins » de plusieurs œuvres de Germaine de Staël dans le volume *La Passion de la liberté*.

LA FAUTE À VOLTAIRE
chronique de MARTIN MAUGER
Illustrée par ÉRIC HÉLIOT

L'ACCORD DE LA DISCORDE

Le participe passé et l'auxiliaire avoir, toute une histoire !

POUR AVOIR prétendument inventé l'école, Charlemagne a été vilipendé par des générations d'élèves du primaire et du secondaire. Il est curieux que Marot échappe pour sa part à une telle rancœur, sa réputation de tortionnaire ne dépassant guère les cercles de linguistes et de grammairiens.

De quoi l'accuse-t-on au juste ? Rien de moins que d'avoir importé en France les règles d'accord du participe passé après l'auxiliaire avoir qui avaient cours en son temps dans la péninsule italienne et que nos voisins ultramontains, plus raisonnables que nous, ont depuis largement abandonnées. Tout cela est assez fantasmé, comme le montre le dernier livre de Bernard Cerquiglini, *Un participe qui ne passe pas*, paru chez Points.

Vers 1537, Clément Marot, qui jouit alors d'une grande renommée et de la faveur du roi François Ier, compose l'épigramme « À ses disciples » dans laquelle il prescrit un principe simple : l'accord du participe avec le terme auquel il se rapporte si celui-ci le précède. Mais Marot n'invente ni n'importe rien ; il émonde une ramure foisonnante dont les branches ont tendance à partir dans tous les sens. D'autres partagent son souci de clarifier la langue, mais leurs propositions de réforme, l'invariabilité ou l'accord systématique, heurtent trop pour s'imposer.

Marot, lui, travaille en poète, à l'oreille, et cherche à normaliser l'usage en se calant sur la pratique majoritaire. Car, à l'époque, les accords s'entendent, quels qu'ils soient : le *e* muet du féminin se traduit à l'oral par un allongement de la voyelle finale, tout comme le *s* du pluriel qui, placé en fin de phrase, reste audible.

Ces subtiles variations de prononciation se perdront au cours des siècles suivants, alors même que l'accord du participe passé deviendra la pierre d'angle de la grammaire normative française. Ses gardiens se plairont d'ailleurs à en raffiner les règles en les poussant dans d'infinies subtilités, au point d'en faire le degré ultime de la maîtrise de la langue. Au grand dam de ses praticiens lambda – et de nombreux écrivains. ♦

Nous retranscrivons ici, dans une version modernisée, le fameux poème de Marot :

À SES DISCIPLES

Enfants, oyez une leçon !
Notre langue a cette façon
Que le terme qui va devant
Volontiers régit le suivant.
Les vieux exemples je suivrai
Pour le mieux ; car, à dire vrai,
La chanson fut bien ordonnée,
Qui dit : *M'amour vous ai donnée*[1] ;
Et du bateau est étonné[2]
Qui dit : *M'amour vous ai donné.*
Voilà la force que possède
Le féminin, quand il précède.
Or prouverai par bons témoins
Que tous pluriels n'en font pas moins.
Il faut dire en termes parfaits :
Dieu en ce monde nous a faits.
Faut dire en paroles parfaites :
Dieu en ce monde les a faites ;
Et ne faut point dire (en effet) :
Dieu en ce monde les a fait,
Ni : *nous a fait*, pareillement ;
Mais : *nous a faits*, tout rondement.
L'italien (dont la faconde
Passe les vulgaires du monde)
Son langage a ainsi bâti,
En disant : *Dio noi a fatti*[3]. [...]

1. « Amour » à l'époque est féminin.

2. Abruti, comme un marin désorienté par le tangage.

3. Marot se trompe et aurait dû écrire *ci* plutôt que *noi*. L'exemple italien ne vaut de toute façon pas plus que celui d'auteurs anciens (Villon, en particulier).

CHEMINS INTIMES

L’aquarelle de Saint-Omer

En se rendant à une rencontre avec des lecteurs, l’écrivain n’en mène pas large. Dans son nouveau livre, il a voulu rendre justice à la meurtrière d’un enfant du pays. Mais ses habitants auront-ils bien compris sa démarche et le sens de son travail ?

TEXTE
PHILIPPE JAENADA

ILLUSTRATIONS
JOËLLE JOLIVET

JE SUIS ALLÉ à Saint-Omer à reculons, un samedi. Je n'étais pas tranquille. Ce n'est pourtant pas bien effrayant a priori, Saint-Omer, mais j'avais de bonnes raisons d'être inquiet. Alors, la semaine précédant le départ, j'ai collecté quelques informations de base sur Wikipédia, pour me rassurer : la ville de Saint-Omer abrite 14 726 habitants, appelés les Audomarois (sa devise est *Fideles Audomarenses*, « Fidèles Audomarois » – mais ça ne m'avançait pas beaucoup, on peut être fidèle à la violence ou à la haine du visiteur, qui pourtant n'a rien fait, j'aurais préféré « Formidables Audomarois », ou au moins « Doux Audomarois », mais enfin on ne choisit pas), elle est au cœur du parc naturel régional des caps et marais d'Opale, c'est joliment exotique, entourée de nombreux et beaux étangs, au pied des collines de l'Artois. Ça donne envie. Et les gens sont gentils, je suis sûr, pourquoi pas ? Omer lui-même, d'ailleurs, saint Omer, leur père à tous, Audomar de son vrai nom, a laissé sur terre, plus de mille trois cents ans après sa mort, le souvenir d'un homme « obéissant, plein d'amour, d'humilité et d'indulgence » – je n'en demande pas plus.

Ce qui engendre en moi une légère appréhension, ce samedi matin, au moment de prendre le train vers le nord, c'est que j'ai écrit un livre pour défendre la meurtrière d'un jeune homme innocent, enfant de Saint-Omer, qui avait pour seul tort de l'avoir quittée. Plus de sept cents pages d'un plaidoyer (vibrant, je crois) pour elle, où je laissais sous-entendre qu'évidemment ce n'est pas bien de tuer quelqu'un, mais qu'enfin il n'avait qu'à pas la quitter, même si ce n'est pas une raison pour se prendre trois balles dans le corps, d'accord, mais bon, dommage, qu'est-ce qu'on peut y faire, certes le beau Félix n'était pas le mauvais bougre, Félix Bailly, le fils du Dr Bailly, mais il était un peu, comment dire, pas simplet, ce serait méchant, mais un peu candide, nigaud, enfin ça n'a rien à voir, mais bon, ce n'est pas le sujet, c'était un livre sur Pauline, une femme formidable qui n'a pas eu de chance, voilà, je suis du côté de Pauline. Félix était gamin à Saint-Omer dans les années 1930, des descendants de sa famille s'y trouvent peut-être encore, ses amis d'école doivent avoir 90 ans, on peut être encore assez vif à 90 ans. Je suis fort et courageux, je n'ai

pas peur de gens de 90 ans (même s'ils sont quatre ou cinq – il en reste peut-être quatre ou cinq), mais il faut tout de même rester prudent.

Je pense à mon copain Jean Teulé. En 2009, il a écrit *Mangez-le si vous voulez* : il y raconte l'histoire, au mois d'août 1870, d'un brave homme accusé à tort par certains habitants d'un village du Périgord, Hautefaye, d'être un traître pro-prussien. L'alcool d'un jour de marché et l'effet de meute aidant, ou plutôt n'aidant pas, il a été lynché, massacré, brûlé – des rumeurs, floues, évoquent même des actes de cannibalisme. À la sortie de son livre, Jean a pensé qu'il serait logique et amusant d'aller faire une rencontre et une séance de dédicaces à Hautefaye. Il aurait dû mieux penser – il avait oublié qu'il faut rester prudent. Il a dû repartir jambes à son cou et ventre à terre (ce qui ne facilite pas les choses), sous escorte rapprochée, tout entourbillonné de colère villageoise, de rancune bruyante et de menaces : près d'un siècle et demi plus tard, ça grondait encore. Les furibonds ne sont pas allés jusqu'à préparer le bûcher, mais ça sentait le roussi.

Qu'est-ce que je suis venu faire ici ? On m'a invité, mais je n'étais pas obligé d'accepter

Les Français, comme pas mal d'autres, ont des défauts et des qualités, qui souvent s'imbriquent et se confondent. Ils sont attachés à leur région d'origine, fiers de leur terre et de leur clocher parfois, de toute forme de patrimoine, ils ont de la mémoire (pas tous), du cœur et de l'impétuosité sous-jacente. Les Artésiens, les Audomarois, ne sont probablement pas différents des Périgourdins – des Ardéchois ou des Vosgiens. Je ne suis pas dans la même situation que Teulé, calmons-nous, j'ai simplement pris la défense d'une femme qui a tué un garçon du pays, mais même une vengeance proportionnée (sac de farine sur la tête, jets d'œufs, coup de poing dans le pif) m'ennuierait – je n'aime pas. Qu'est-ce que je suis venu faire ici ? On m'a

invité, mais je n'étais pas obligé d'accepter. (Je suis trop gentil.)

En entrant, l'air serein, souriant je crois, dans la salle des rencontres de la bibliothèque de Saint-Omer, j'encaisse trois surprises consécutives, à quelques dixièmes de seconde d'intervalle : elle est pleine, plus un siège n'est libre ; les trois quarts du public au moins sont de vieilles dames ; elles me regardent fixement, assises droites, impassibles, comme tendues – en m'asseyant face à elles, je pense d'abord « impénétrables », puis « glaciales ».

Elles m'observent, toutes. Une cinquantaine de dames. Plus ? Il me semble qu'elles ont toutes 90 ans – au crédit de Saint-Omer : l'air local conserve. (Même immobiles, elles ont l'air bien toniques.) Je suis sur mes gardes et ridicule, que peuvent-elles me faire ? Si elles s'avancent, j'en prends une dans une main, une dans l'autre, et je les lance sur celles qui viennent derrière. Mais je n'ai même pas besoin d'envisager le pire, j'ai défendu Pauline mais je n'ai pas attaqué Félix, j'ai simplement voulu rendre justice à une femme que la société n'a pas épargnée (que la société a, symboliquement du moins, lynchée, massacrée, brûlée), je regrette pour Félix, je l'ai un peu laissé de côté, mais la justice vaut quelques compromis, quelques maladresses, non ? La justice ne doit-elle pas passer avant tout ? Je n'ai rien fait de mal. Or, la justice est aussi précieuse au cœur des habitants – et des habitantes, surtout – de Saint-Omer qu'à celui de ceux et celles surtout de Paris, de Rennes, de Maubeuge ou de Rodez. Non ?

Le soir du 26 juillet 1770, à Saint-Omer, au numéro 90 de l'ancienne rue d'Arras, François-Joseph Monbailly et sa femme, Anne-Thérèse, née Danel, soupirent. La vieille Marie-Françoise Groman, veuve Monbailly, respectivement leur mère et belle-mère, picole du matin au soir à gorge déployée et fait n'importe quoi, beugle, tape, tombe, hurle – elle ne boit pas de la petite vinasse, mais de la gnôle coriace, du casse-boyaux à l'ancienne, du vrai tord-mémère de nos régions. Elle ne travaille plus, bien sûr, on ne peut pas tout faire, elle s'occupait d'une petite fabrique de tabac et a passé le relais au couple, qu'en échange elle héberge dans une chambre de sa petite maison. Anne-Thérèse et François-Joseph, que nous appellerons Anne et François sinon on n'en finit plus, se sont mariés quinze mois plus tôt à Saint-Omer, et ont déjà un garçon de 6 mois. Sur l'acte de mariage rédigé par le curé de la paroisse, on lit que François a 44 ans et Anne « environ 22 ans ». En ce mois de juillet 1770, elle est de nouveau enceinte. Ils sont appréciés dans la petite ville, car extrêmement discrets, on n'a jamais rien eu à leur reprocher – François est un homme d'une grande douceur, considéré même comme trop faible, dont la seule passion est la culture des fleurs dans le petit jardin de sa mère.

Le 26 juillet, comme tous les soirs, la poivrote fait des siennes, ulule et tempête dans ses murs. Et ça fait du bruit, ça fait du grabuge, Marie-Françoise n'est pas la petite créature de courant d'air : selon Voltaire, qui écrira, l'année suivante, *La Méprise d'Arras*, un texte de vingt-cinq pages sur ce qui va bientôt devenir un épouvantable drame, elle était « d'un embonpoint et d'une grosseur énorme ». Anne et François, comme souvent, se permettent quelques remarques, gentiment, est-ce qu'elle ne devrait pas songer à diminuer un peu sa consommation de sirop de cimetière ? Ce serait mieux pour tout le monde, la maisonnée serait plus calme, ça ne ferait pas de mal au marmot non plus. Mémère comme toujours s'emporte, menace de les chasser, ces pisse-vinaigre, elle compte même prévenir les autorités pour les faire expulser, on ne peut plus boire à son aise chez soi ? Les jeunes mariés ne s'affolent pas, ils ont l'habitude, elle sera calmée demain matin : tout le monde va se coucher.

À l'aube, à 5 heures, une ouvrière frappe à la porte, elle vient voir la veuve. François se lève, lui ouvre, sa mère dort encore, cuve encore, il ne veut pas la réveiller tout de suite et suggère à la femme d'attendre un peu. Une demi-heure plus tard, Anne est levée, son mari va voir dans la chambre de la vieille et la trouve par terre au pied de son lit dans une flaque de sang, près d'un coffre en bois, une grosse plaie à l'œil droit, livide et inerte, visiblement au paradis des ivrognes, gros tas mort. François pousse un cri et tombe dans les vapes. Anne et l'ouvrière sortent alerter les voisins et courent chercher le médecin, qui vient vite, pratique aussitôt une saignée sur le fils de la défunte pour le ranimer, puis observe le cadavre : pas de doute possible, elle est tombée ou a glissé en se levant, ou la veille au soir en se couchant, et sa tête a cogné contre un coin du coffre ; il s'agit plus que probablement, selon l'homme de science, d'une apoplexie. Voltaire, après avoir consulté plusieurs spécialistes, confirmera l'année suivante : « C'est une fin très commune dans la Flandre à tous ceux qui boivent trop de liqueurs fortes. » L'affaire est réglée, c'est triste (ou pas) mais c'est comme ça, c'est la vie, c'est la mort. On range le corps de Marie-Françoise dans un cercueil, l'enterrement est prévu pour le surlendemain, le 29 juillet.

Tous les voisins entourent Anne et François, les soutiennent, les consolent (ça va aller, ça va aller), à l'exception, dans la rue devant la maison, de cinq vieilles femmes, mégères – auxquelles je ne peux m'empêcher de donner les traits des cinq qui me font face au premier rang de la salle des rencontres de la bibliothèque. Elles grommellent, elles murmurent. Il paraît que la Groman baignait dans son sang, on a entendu le docteur en parler, non mais dis, c'est ça une apoplexie ? Et le fils, quand il est sorti, vous avez vu qu'il en avait, du sang, sur ses bas ? Ben tiens ! Il paraît qu'elle voulait les mettre à la porte de chez elle, les voisins ont entendu de la dispute hier soir. Ils se sont vengés, ça devait arriver de toute façon, ils l'ont trucidée, la malheureuse. En quelques heures, la rumeur acide se répand partout. Certains esprits posés tentent d'expliquer que le sang au sol, c'est parce qu'elle s'est fracassé la tête en tombant, sur le fils parce qu'il vient de subir une saignée, que la dispute c'était tous les soirs mais qu'on n'entendait qu'elle mugir, qu'Anne et François sont doux comme des agneaux timides, qu'elle ne leur laisse que des dettes et une bicoque branlante,

mais il est trop tard, la vase noire inonde la petite ville, c'est le grand bazar, il faut intervenir pour apaiser la fureur : malgré les protestations indignées du médecin, le magistrat régional, qui s'est rendu spécialement sur les lieux le lendemain, mais ne connaît personne, décide de mettre le couple « à l'abri » dans la prison d'Arras, sans motif, sans l'ombre d'un soupçon de preuve, simplement pour calmer la foule et la satisfaire.

« La rumeur populaire se dissipe bien moins aisément qu'elle ne s'élève », note Voltaire. Mais à Saint-Omer, on finit tout de même par reprendre ses esprits, les vieilles commères rentrent chez elles en bougonnant, et quelques semaines plus tard on ne pense plus trop à cette sale histoire. À Arras non plus, bien sûr – mais que fait donc ce couple ahuri derrière les barreaux ? Il faut les juger ! Le conseil d'Artois se réunit, on convoque le magistrat qui a arrêté Anne et François, il explique qu'ils sont fortement soupçonnés d'avoir occis la bonne Marie-Françoise Groman dans le but sordide d'accaparer ses biens, et parce qu'elle leur avait demandé de partir pour avoir enfin droit à une vieillesse

La vase noire inonde la petite ville, c'est le grand bazar, il faut intervenir pour apaiser la fureur

paisible et heureuse. Quoi ? Mais c'est horrible ! Les juges, loin de Saint-Omer (à plus de 60 kilomètres), n'ont pas besoin d'en savoir plus, c'est assez ignoble comme ça : le 9 novembre 1770, sans interroger qui que ce soit, pas même un médecin, ils condamnent François à souffrir la question ordinaire et extraordinaire sur la roue, à avoir « les bras, jambes, cuisses et reins rompus vif » ainsi que « le poing coupé » pour qu'il comprenne bien qu'on ne rigole pas, puis à mourir sur le bûcher, c'est toujours le plus sûr. On est plus magnanime avec Anne, qui n'a dû qu'assister au crime (et qui est une femme, la galanterie n'est pas un vain mot en France) : elle sera simplement « pendue et jetée dans les flammes ». On pousse la gentillesse jusqu'à la laisser

accoucher d'abord, on s'occupera d'elle quand le bébé, innocent s'il en est, aura été placé en lieu plus sûr que le ventre de sa mère.

Le 19 novembre 1770, à 10 heures, François-Joseph Monbailly est conduit devant le grand portail de la cathédrale de Saint-Omer, tiré par une corde qu'on lui a passée autour du cou, pieds nus, en chemise et agrémenté de deux écriteaux « Parricide », un devant, un derrière. Il lève la tête, demande pardon à Dieu pour les erreurs qu'il a commises dans sa vie (sa mère pocharde avait au moins un mérite : elle l'a bien élevé) et lui jure qu'il n'a en revanche pas commis le crime dont on l'accuse, il pleure, on le ligote sur la roue, on lui brise la plupart des os du corps à coups sauvages de barre de fer, tourné vers le ciel il hurle son innocence, on s'en tamponne, on lui coupe le poing, il halète et sanglote : « Cette main n'était point coupable d'un parricide ! » on continue à le frapper rageusement jusqu'à ce qu'il accepte de mourir. À midi moins le quart, peu avant son dernier souffle et alors que, près de la roue, le bûcher l'attend, il tente de se redresser malgré la douleur et les liens et remercie le père dominicain, Joseph Vandesmet, qui l'a assisté (modestement) pendant le supplice. Celui-ci se penche vers lui et lui explique qu'il va bientôt rencontrer son Seigneur et qu'il est donc grand temps maintenant d'avouer son crime, c'est sa dernière chance. Il lui répond : « Pourquoi voulez-vous me forcer à dire un mensonge ? En prenez-vous la responsabilité ? » Il prononce encore quatre mots : « Oui, je meurs innocent », puis enfin il meurt, innocent. On le détache, on le brûle. Sur la place, tout le monde pleure, car tout le monde – citoyens et magistrats de ville – sait qu'il n'avait rien à se reprocher. On l'a torturé et assassiné parce que le conseil de l'Artois en avait décidé ainsi, c'est tout, il devait mourir, sans raison. Toute la population en fait aussitôt un martyr : quand les flammes finissent par s'éteindre, des femmes en larmes se précipitent vers le bûcher pour récupérer quelques poignées de cendres, qu'elles rapportent chez elles comme des reliques de saint.

Grâce au texte de Voltaire, qui parvient jusqu'à Louis XV, le procès d'Anne-Thérèse Danel, veuve Monbailly, désormais mère de deux bambins (« l'un qui sort du berceau, l'autre à la mamelle »), est révisé :

le 8 avril 1772, elle est extraite de son cachot, innocentée (feu son mari aussi – Dieu doit lui tapoter l'épaule : tu vois, tout finit toujours par s'arranger), libérée sur-le-champ et, deux jours plus tard, accueillie en héroïne à Saint-Omer, où elle entre sous les acclamations de la foule avec une couronne de laurier sur la tête et un grand sourire aux lèvres, sans comprendre ce qu'il se passe : cette effroyable et plus qu'injuste mésaventure lui a fait perdre la tête. La ville est en liesse, on pleure et on rit, un grand feu de joie est allumé – on frôle le cynisme.

Il me semble donc avoir tout de même quelques raisons d'être crispé sous les yeux de ces innombrables vieilles dames de marbre qui me jaugent, tandis que j'essaie de leur expliquer que Pauline n'a pas fait exprès de tuer Félix : il y a bien de l'injustice en ce monde. À la fin de *La Méprise d'Arras*, Voltaire fait remarquer qu'on n'y peut pas grand-chose, que ce n'est pas à nous de dire aux puissants ce qu'ils doivent faire : « Nous devons attendre en silence ce que la raison, la science, l'humanité, le courage d'esprit et l'autorité voudront ordonner. » À la fin de la rencontre unilatérale, quand mes juges se lèvent et qu'une dizaine d'entre elles s'approche lentement de moi en groupe serré, j'espère de tout mon cœur qu'elles sont emplies de science et d'humanité.

Oui. Elles me sourient. Vive la France. De près, et quand elles s'animent, je m'aperçois qu'elles sont aimables et lumineuses, et que la majorité a bien moins de 90 ans. Mais plusieurs me disent avoir connu Félix lorsqu'il était jeune homme, ou même joué avec lui quand elles étaient petites, fréquenté sa famille, certaines ont été soignées par son père, toutes se souviennent du drame de 1951 et de son écho douloureux dans la ville. Elles parlent, elles parlent. Je suis soulagé, elles ont compris mon regard sur Pauline, sur Félix aussi, personne ne m'en veut, ni même à Pauline, elles l'ont comprise, aimée, je me sens mieux, raison et courage d'esprit font loi ici, youpi.

L'une des dames tient en main un grand objet plat emballé dans du kraft, qu'elle me tend. Un cadeau. Je déchire le papier, c'est une belle aquarelle qu'elle a peinte (elle est signée « D. Darras ») et m'offre pour me remercier d'être venu. Elle représente la fontaine Sainte-Aldegonde (des enfants ou des chérubins de bronze entourent le pied de la vasque), place Victor-Hugo, où vivaient, au numéro 7, le pauvre Félix Bailly (un descendant de Monbailly ?) et sa famille – à gauche de la fontaine (Félix devait jouer autour), on voit la porte de leur maison. Juste derrière, à quelques pas, se trouve la cathédrale devant laquelle étaient installés la roue et le bûcher du pauvre François – qui a dû, lui aussi, passer souvent devant cette fontaine : elle a été inaugurée en 1757. En levant la tête, maintenant, cinq ans après la rencontre à la bibliothèque, soixante-dix ans après la mort de Félix, deux cent cinquante et un ans après le supplice de François, je regarde cette aquarelle, accrochée face à mon bureau, au-dessus de mon ordinateur. Je laisse les yeux longtemps dans le bleu vert liquide du bronze de la fontaine. ⧫

PHILIPPE JAENADA est écrivain. Il publie en 1997 son premier roman, *Le Chameau sauvage*, qui obtient le prix Alexandre-Vialatte et le prix de Flore. Aimant manier l'humour et l'autodérision dans ses écrits, il s'inspire souvent de faits divers, comme dans *Sulak* (2013), *La Petite Femelle* (2015) et *La Serpe* (2017), tous trois publiés aux éditions Julliard. Son dernier livre, *Au printemps des monstres*, a paru en août chez Mialet Barrault.

JOËLLE JOLLIVET est fabricante d'images. Elle dessine, peint et fait de la gravure. Après des études de graphisme aux Arts appliqués, elle complète sa formation à l'atelier de lithographie des Beaux-Arts. Elle a publié de nombreux ouvrages pour les enfants, et réalise des affiches et des dessins pour la presse.

© ALEXANDRE BIN

par BERTRAND DICALE

« La belle vie »

SCÈNE FAMILIÈRE dans la musique populaire : un groupe de jeunes hommes entoure un rappeur avec en toile de fond une énorme barre de logement collectif. Si l'on ne connaît pas Alonzo, on devine aisément, à l'accent, qu'il est marseillais, et l'immeuble s'identifie facilement comme la cité des 4 000 de La Courneuve, en Seine-Saint-Denis.

Épaule contre épaule, mêlant regards durs et sourires ravis, streetwear sophistiqué et tee-shirt de tous les jours, signes des doigts et armes à feu (factices, espère-t-on), cette assemblée se disperse en un cortège de scooters, quads et motos – roues arrière, pas de casque, rodéo ordinaire.

Le refrain claque : « RS4, pas de plaque / Ma gadji, c'est une Bagdad / Kalash sous le clic-clac... / J'ai bu quatre packs / La belle vie, le 'zin *[ter]* / On a bu douze packs. » C'est évidemment obscur à la première écoute. Quand on est marseillais, on s'appelle « cousin » ; comme on est jeune, ce sera « le 'zin ». Alonzo parle d'un go fast, qui transporte de la drogue en utilisant une berline rapide sans plaque d'immatriculation – une Audi RS4, par exemple. Dans cette vie, on dort avec un fusil d'assaut, on boit beaucoup d'alcool, mais les femmes sont belles. Sa gadji (une « non-Rom », en langue romani) est une bombe ou une Moyen-Orientale ou les deux à la fois, selon que l'antonomase soit strictement géographique ou s'attache aux nombreux engins explosifs frappant la capitale de l'Irak.

D'ailleurs, le clip commence par des plans d'un couple dans une chambre obscure alors que l'on devine le plein soleil derrière un volet roulant. Sexe, flingues, bande, cité, fric, tout est déjà là, à quoi Alonzo et son réalisateur ajoutent des scènes nocturnes en voiture de sport décapotée, le rappeur au volant, deux somptueuses créatures dansant sur les sièges. Il descend la rue Royale, traverse la place de la Concorde, passe devant la tour Eiffel... Le fantasme de réussite est situé : Paris et la liberté du luxe.

Le clip de « La Belle Vie » d'Alonzo a été mis en ligne le 2 juin 2014, cinquième de ses six vidéos publiées cette année-là et deuxième des sept de l'album *Règlement de comptes*. Dans le rap français, industrie culturelle fonctionnant avec des circuits courts entre l'artiste et son public, la vidéo est un vecteur majeur : Alonzo a sorti une soixantaine de clips depuis 2010.

Évidemment, « La Belle Vie » parle un peu de lui. Kassim Djae est né en juillet 1982 de parents comoriens à Marseille, que l'on dit première ville comorienne hors des Comores, la deuxième étant La Courneuve, où le clip montre que l'on brandit le drapeau de la petite République islamique. Au sortir de l'enfance, Alonzo commence à rapper avec ses cousins Soprano et Vincenzo. Avec le DJ Sya Styles, d'origine marocaine, ils créent Psy 4 de la rime, qui deviendra le groupe phare d'une nouvelle génération de rap marseillais. Quatre albums à succès, puis la séparation quand Sya Styles succombe à un cancer en 2015.

Mais Alonzo est déjà artiste solo depuis 2009. Quand sort son troisième album, *Règlement de comptes* (classé deuxième du Top album et rapidement disque d'or), son statut lui autorise des *featurings* de Booba, Maître Gims, Lacrim et Gradur. Il incarne une sorte de *middle of the road* à la fois fasciné par le crime et plutôt raisonnable dans la réalité. La France ne connaît pas la longue litanie de crimes endeuillant le rap américain, qui porte le deuil de dizaines de *recording artists* victimes de meurtres. Ici, on se souvient de quelques rares affaires, comme la

DE GÉNÉRATION EN GÉNÉRATION, DES AUTEURS JUXTAPOSENT LA LANGUE STANDARD ET LE PARLER PLUS OU MOINS CRYPTIQUE DES DÉCLASSÉS

mort de Samat, abattu d'une balle dans la tête sur le parking d'un McDonald's de Garges-lès-Gonesse en octobre 2019. Incarcéré, il bénéficiait d'une permission de sortie pour préparer la sortie de son album *Commission rogatoire*, qui contenait notamment « Crime organisé », dont le clip est saturé d'armes et glorifie une vie de délinquance.

Dans son imaginaire, « La Belle Vie » n'est pas très loin. Cependant, la réalité sociologique, économique et judiciaire des quartiers nord n'est pas seule en jeu : les portraits de délinquants sont fréquents dans la culture populaire. La variété de l'entre-deux-guerres éprouve une fascination obsessionnelle pour la prostitution, tant dans la chanson réaliste qui détaille la misère des filles que dans la chanson de comédie qui met en scène des proxénètes rigolos – « La Rue de la joie » et « En maison » par Damia, « Les Poupées de minuit » par Berthe Sylva, « Sous le pont noir » et « Les Filles qui la nuit » par Fréhel, « Prosper (yop la boum) » et « Ma régulière » par Maurice Chevalier, « Correq' et réguyer » et « Elle fréquentait la rue Pigalle » par Édith Piaf…

Alonzo croise aussi la tradition des atteintes faites à la langue du centre-ville. Le vers « Bangué et meufs tanquées, voilà comme d'hab » confronte l'appellation du cannabis en comorien et l'adjectif occitan *tanqué*, qui exprime à l'origine une solide immobilité (comme pour la « pétanque », que l'on joue les pieds fixes) puis a désigné une disponibilité sexuelle passive. De même, « Dans le bloc, au goulot Poliakov, ça bibi non-stop / Coupe-gorge, quartier Nord » invite la vodka Poliakov (de fabrication française) et la permanence de la bibi, c'est-à-dire la bicrave, autre mot romani, synonyme de deal…

Après tout, c'est un long continuum que l'usage de la langue des marges dans la chanson populaire. De génération en génération, des auteurs juxtaposent la langue standard et le parler plus ou moins cryptique des déclassés. D'Aristide Bruant jusqu'aux loubards de Renaud et au rap, la même jubilation produit des effets parents.

Car la banlieue horrifie autant qu'elle envoûte. Alonzo lui tend le miroir d'un univers survirilisé, domptant filles et deux-roues, valorisant une délinquance à visée consumériste. Et, à l'extérieur de ces territoires, il propose de contempler les fauves et la banalité de leurs désirs – fric, femmes, Paris.

Finalement, on retrouve le charme de « Prosper (yop la boum) », dont l'activité criminelle est précisément ce qui, en 1936, le rend drôle, sympathique et inoffensif. Le dealer armé d'Alonzo, qui « affronte les problèmes mains gantées » (pour ne pas laisser d'empreintes, donc), a pour lui le piquant des rafales véloces que l'auditeur averti décrypte avec passion (« Chouf Anigo, tilte le bingo / Hasta luego dans les Vosges ») et le rêve rassurant d'une balade sur les quais de Seine en décapotable.

Ni tout à fait réaliste ni tout à fait fictionnel, le rap français a valeur de symptôme, par l'étroitesse de ses horizons comme par le ressassement des représentations masculinistes et matérialistes. Mais son imaginaire, borné par les barres d'immeubles et porté par des auteurs comme Alonzo, affirme son poids colossal dans la consommation de musique en France. Une victoire symbolique du romantisme douloureux des banlieues.

BERTRAND DICALE est journaliste et passionné de chanson française. Il a fait ses études à l'Institut d'études politiques de Paris. Après avoir travaillé au *Figaro*, il collabore à France Info comme chroniqueur musical. Il a publié de nombreux livres consacrés à des artistes (Juliette Gréco, Brassens, Aznavour) ainsi qu'un *Dictionnaire amoureux de la chanson française* (Plon, 2016). *Tout Gainsbourg* a paru en mars dernier aux éditions Gründ.

ALONZO est rappeur. Sa carrière a démarré au sein du collectif Psy 4 de la rime, aux côtés de ses cousins Soprano et Vincenzo, et se poursuit en solo depuis 2009. Marseillais d'origine comorienne, il s'inspire souvent de sa ville d'origine, comme dans son album *Avenue de Saint-Antoine* (2016). Son dernier projet, *Capo Dei Capi, Volumes II & III* (2021), fait appel à de nombreux rappeurs connus de la scène française, comme Jul et Naps.

« LA BELLE VIE »

[Refrain :]
RS4, pas de plaque
Ma gadji c'est une Bagdad
Kalash sous le clic-clac...
J'ai bu quatre packs
La belle vie, le 'zin
La belle vie, le 'zin
La belle vie, le 'zin
On a bu douze packs

Roue avant sur le nez
Cagoule noire sur le nez
M'zigaland, tu connais
Janjawid soudanais
Et on s'en bat les couilles, on va à Maranello
Le 'zin se marie, cheval cabré sur le capot
On a les pneus neufs, on bombarde jusqu'à La Courneuve
À 200, on sourit au flash, le permis vient des Comores
Comme d'hab, j'm'en tape
Bangué et meufs tanquées, et voilà comme d'hab
On achète pas les 'zins avec dessous-de-table
On encule pas les 'zins, recule ou on se tape
La BAC vend du shit, les frères ouvrent des chichas
Avec le bénef du shit, cherche à devenir official
P'tit « bismillah » pour mon fish, pour mon chiffre
Je n'ai pas de compte en Suisse
Tout est dans le mtsango de la Mama

[Refrain]

C'est la hass, je paga en espèce
Rail de cess, here we go, bastos dans la fartas
Dans la bouche, un chouch, sur la tête, un chèche
A.L.O.N.Z, j'ai de la reprise comme un contach'
Khabat, 2Pac
Malaga-Marseille : go fast
Tu paies pas... shottas
Tu dis que c'est ta hlel mais c'est une chaudasse
C'est le choix de vie, le 'zin...
Un choix de vie, le 'zin...
Un choix de vie, le 'zin...
Un choix de vie, le 'zin...
Je me lève à 15 heures de l'aprèm
Soirée passée crème sous Dom Pé'
Encore ballonné, j'affronte les problèmes mains gantées
J'fais que slalomer, j'baroude en pack m j'suis chargé
Pas l'temps de somnoler, sa mère la BLM wah

[Refrain]

Bats les pattes, j'ai le gilet pare-balles
Dans le bloc, au goulot Poliakov, ça bibi non-stop
Coupe-gorge, quartier Nord
La poule aux œufs d'or chie des lingots
Chouf Anigo, tilte le bingo
Hasta luego dans les Vosges
Barbac, casque SHARK, Paul and Shark
'Teille de Jack, soirée manjaque avec Yves et Jacques
Polo black, jean black, Tod's black, chrome black
Roof black, moto black, all black, tout est black

[Refrain]

« LA BELLE VIE »
(N. Cheikh / T. Wasteels)
© Haussmann & Miller Publishing & Because Éditions
© Only Pro
AVEC L'AUTORISATION D'ONLY PRO ET DE BECAUSE EDITIONS

© PATRICE NORMAND / LEEXTRA VIA LEEMAGE

La nouvelle inédite de

KAOUTHER ADIMI

Emprunter un taxi collectif plutôt que l'autobus habituel peut vous conduire, sans coup férir, des côtes de Somalie jusqu'à Paris. Surtout si de véritables pirates sont de la partie...

KAOUTHER ADIMI est une écrivaine algérienne. L'autrice de *Des pierres dans ma poche* (Seuil, 2016) s'est installée à Paris en 2009. Elle a obtenu le Renaudot des lycéens pour *Nos richesses* (id., 2017), dans lequel elle retrace la vie d'Edmond Charlot, le libraire-éditeur algérois qui publia les premiers textes d'Albert Camus. Son dernier roman, *Les Petits de Décembre*, a paru en 2019 au Seuil.

Le pêcheur de langouste

MAISON D'ARRÊT de la Santé, 2 h 30 du matin. Une nuit de juin 2012. La date exacte, il ne la connaît pas. Son avocate lui a pourtant répété à maintes reprises quel jour il serait libéré mais que faire d'une date, d'un jugement ou d'une libération lorsque le monde s'est effrité et a disparu ? La rue est déserte, si ce n'est un couple enlacé sous une porte cochère, au loin. Deux jeunes garçons qui s'embrassent collés l'un à l'autre. L'homme les observe longuement, étonné de cet amour qui s'affiche ainsi à ses yeux, étonné de son propre étonnement, presque rassuré de voir que quelque chose peut encore l'intriguer.

Cet homme est âgé d'une trentaine d'années mais on lui en donnerait dix de plus. Sa date de naissance n'est inscrite sur aucun document officiel, et pour cause, il ne la connaît pas lui-même. Ses cheveux ont blanchi durant son incarcération en prison. En maison d'arrêt. L'avocate a bien expliqué et l'interprète a bien traduit, ce n'est pas une prison mais une maison d'arrêt. Un sas, une antichambre, un couloir qui mènera à la peine définitive ou à la libération. Mais un sas, une antichambre ou un couloir qui ressemble à une prison et où les détenus passent tant de temps qu'ils finissent par oublier qu'ils n'ont pas encore été jugés. « Le Barzakh en quelque sorte », a expliqué encore l'interprète musulman, soit le lieu entre les vivants et les morts, là où les âmes attendent le jour du jugement.

La présence de cet ancien prisonnier devant la maison d'arrêt rend nerveux le gardien qui veille l'entrée. Il grogne à voix basse : « Qu'est-ce qu'il fout encore là, celui-là ! » Le couple a arrêté de s'embrasser. L'un fume, l'autre consulte ses messages sur ton téléphone portable. Encore un dernier baiser, une cigarette écrasée sous la semelle d'une basket, un signe de la main, l'un s'éloigne, l'autre entre dans un immeuble. Fin de scène pour eux.

L'homme sourit et cela ajoute à l'énervement du gardien de prison. L'homme sourit aux deux garçons disparus dans la nuit. Son nom ne vous dira rien, il a été oublié, jeté dans l'histoire, mélangé aux noms des autres, trahi par la justice. Son nom est apparu ici et là, mal orthographié dans un article de presse, lors d'un flash info à la radio, par une journaliste qui a trébuché sur son prénom. Quelle plaie que ces noms étrangers, a-t-elle râlé hors antenne. L'assistante d'origine arabe n'a rien dit, les joues rougies par la colère.

Le gardien jette un nouveau coup d'œil. Il fait un geste de la main à l'homme, ce geste

que l'on fait aux mouches : « Allez, casse-toi ! » ajoute-t-il. L'homme ne répond pas. Il tient à la main une sorte de baluchon, oh pas de ce genre de baluchon auquel vous pensez, fait d'un tissu blanc usé jusqu'à la corde, attaché ou plutôt noué à un bâton, non, c'est plutôt un baluchon « moderne » : un sac en plastique transparent qui contient deux ballots de vêtements, un ticket de métro, cinq tickets-restaurants et une carte de téléphone portable prépayée.

Avant de partir, on lui a rendu ses affaires personnelles : un tee-shirt blanc à l'effigie de Mickey Mouse, un pantalon de pêcheur marron aux larges poches et des tongs jaunes. Quelques billets chiffonnés d'une monnaie étrangère. C'est ainsi habillé qu'il a passé la porte de la maison d'arrêt.

Une voiture passe et s'arrête un peu plus loin avant de s'engouffrer dans un parking souterrain. L'homme se demande pourquoi ces gens cachent leurs voitures sous terre. Il n'a pas le temps de se questionner plus longtemps, le garde lui ordonne de partir avec une voix menaçante et lui fait signe de décamper comme on le ferait cette fois pour un chien dangereux. L'homme traverse la rue et s'installe par terre face à la prison. Le gardien peste, impuissant.

Sur le trottoir gris, dans la nuit d'un début d'été, l'homme au t-shirt de Mickey regarde les étoiles. Il faut aller vers le Yémen, se souvient-il. Pour retrouver mon chemin, pour rejoindre la mer, il faut suivre la route du Yémen.

Quatre ans plus tôt, Nicolas Sarkozy, enfermé dans une grande salle avec quatre de ses hommes de confiance, conseillers et ministres, fulmine, s'agite et ordonne. Il est heureux de retrouver, le temps d'une crise, son costume de ministre de l'Intérieur et de délaisser les affaires de la présidence. On a fait tomber les vestes et on a retroussé les manches des chemises. Sur les murs, de grandes cartes de la Corne d'Afrique sont punaisées et les hommes s'affairent à épingler dessus bateaux, avions, hélicoptères et hommes sous le regard approbateur du président Sarkozy qui d'un

signe ou d'un mot modifie la trajectoire d'un hélicoptère ou la position d'un bateau.

Et deux jours avant cette réunion de crise, le *Ponant*, un grand voilier blanc, parcourt les flots. C'est un luxueux trois-mâts de 88 mètres de long, battant pavillon français. À son bord, une vingtaine de passagers. On danse, on rit, on chante et on boit. Les matins sont joyeux agrémentés d'un réveil que tous attendent jour après jour : le chant du coq imité par le commandant lui-même.

En ce matin du 4 avril 2008, le *Ponant* revient d'une escale aux Seychelles et se dirige vers l'Égypte, prochaine étape du circuit. Le bateau poursuit son chemin à faible vitesse, lumières éteintes la nuit car la région est dangereuse. Il faut rester discret même si au loin des navires de la marine américaine, canadienne ou française veillent sur ces eaux qui se trouvent à des milliers de kilomètres de leurs côtes respectives. Tous ces détails amusent les passagers qui les notent dans des agendas ou sur les téléphones pour se souvenir de tout raconter aux amis à leur retour en France.

C'est la fin de la matinée, une jeune femme, un peu timide, aborde le commandant. Elle est hôtesse de l'air, explique-t-elle, et c'est sa toute première croisière, elle voudrait une photo du commandant s'il veut bien poser quelques instants pour elle, comme un souvenir de cette merveilleuse traversée, ajoute-t-elle, mais le commandant ne l'écoute plus. Il vient de remarquer un écho sur le radar. Il regarde au loin, guette, donne un petit coup de barre mais c'est trop tard. À peine a-t-il le temps d'ordonner aux femmes de se cacher dans la cale.

Le commandant est un vieux loup de mer. Lorsqu'il comprend qu'il va être attaqué par des pirates, il appuie sur le bouton d'alarme caché sur le pont, soulagé d'avoir un système de sûreté qui lui permet d'alerter en toute discrétion les bateaux les plus proches.

Une douzaine de pirates somaliens se hissent à bord. L'équipage ne peut rien faire : se dressent face à eux des fusils et des lance-roquettes. Les pirates passent en revue les otages et commencent à faire leurs comptes.

À Paris, François Fillon, Premier ministre, déclenche l'alerte « Pirate-Mer » et se prépare à attendre. Il le sait, les tractations peuvent être longues et coûteuses.

Pour l'heure, pourtant, les pirates ne demandent rien et naviguent dans l'océan Indien vers le sud, longeant la côte somalienne. Ils ne jettent l'ancre que 850 kilomètres plus loin, tout près d'un village de la côte.

À bord, les femmes sont toujours cachées dans la cale. Elles mangent des biscuits et boivent du vin, ignorant ce qui se passe plus haut

Les passagers, inquiets à l'idée d'être débarqués et emmenés dans les terres, observent au loin le spectacle aride, les quelques pauvres baraques, deux ou trois barques de pêcheurs aux couleurs vives.

Autour du *Ponant*, on s'active. Le GIGN et les forces spéciales de la marine sont parachutés dans l'eau par des hélicoptères. Ils nagent dans la mer chaude au milieu des requins et rejoignent les vaisseaux militaires. L'US Navy se dit prête à intervenir, mais à Paris on se méfie de l'usage de la force, Nicolas Sarkozy l'a affirmé aux familles, il fera tout pour que les otages soient libérés. Et les pirates attrapés, pense-t-il.

À bord, les femmes sont toujours cachées dans la cale. Elles mangent des biscuits et boivent du vin, ignorant ce qui se passe plus haut. Elles y restent une journée et une nuit dans une confusion totale. Le bateau est-il en train de dériver ? Les autres passagers sont-ils encore vivants ? Ces éclats de voix, sont-ils ceux des « nôtres » ou ceux des « autres » ? Et si les secours arrivaient et repartaient sans elles ?

N'y tenant plus, elles ouvrent la cale et se retrouvent devant un pirate ahuri de découvrir de nouveaux otages. Elles rejoignent les autres prisonniers. Les pirates les regardent manger, dormir, chuchoter. L'un d'eux laisse tomber son arme et se prend une rouste par un autre.

Sur la côte, à quelques dizaines de kilomètres, un homme marche sur la route, vêtu d'un tee-shirt blanc à l'effigie de Mickey, ce qui amuse les enfants. C'est un pêcheur de langouste. Six mois par an, il rejoint la côte à une centaine de kilomètres de chez lui pour pêcher et vendre des poissons. Dans cette partie de la Somalie, la mer est très agitée et les courants si forts que la pêche est quasiment impossible de mai à septembre. Année après année, l'homme gagne de moins en moins. Les acheteurs pourtant sont là, toujours aussi nombreux, qui attendent sur le rivage le retour des petites barques.

Ce dernier jour, l'homme au tee-shirt de Mickey n'a presque rien attrapé dans son filet. Il était pourtant en mer avant même que le soleil ne se lève et ne vienne colorer l'océan. À 8 heures du matin, il avait vendu langoustes et espadons, déchargé le matériel et rendu la petite barque qu'il loue à son propriétaire. Il a compté et recompté les billets en se dirigeant vers l'arrêt de bus, heureux de rentrer enfin chez lui pour retrouver sa femme et son fils de quatre ans mais déjà inquiet du manque d'argent. Le calcul a été rapide à faire, moins 20 % par rapport à l'an dernier. Moins 30 % par rapport à l'année d'avant et moins 50 % depuis le tsunami qui dans l'indifférence générale fit 300 morts en Somalie et détruisit 18 000 habitations en plus des nombreux déchets toxiques des entreprises occidentales qui se déversèrent sur la côte et polluèrent l'océan.

Le jeune pêcheur a longuement attendu à l'arrêt de bus mais la vieille fourgonnette blanche qui sert d'autobus n'est jamais arrivée. Il a vu les uns et les autres se résigner à revenir le lendemain. Il a marché pendant quelques

Personne n'a de millions ici. La seule richesse est la mer qui vient et va, qui nourrit et emporte

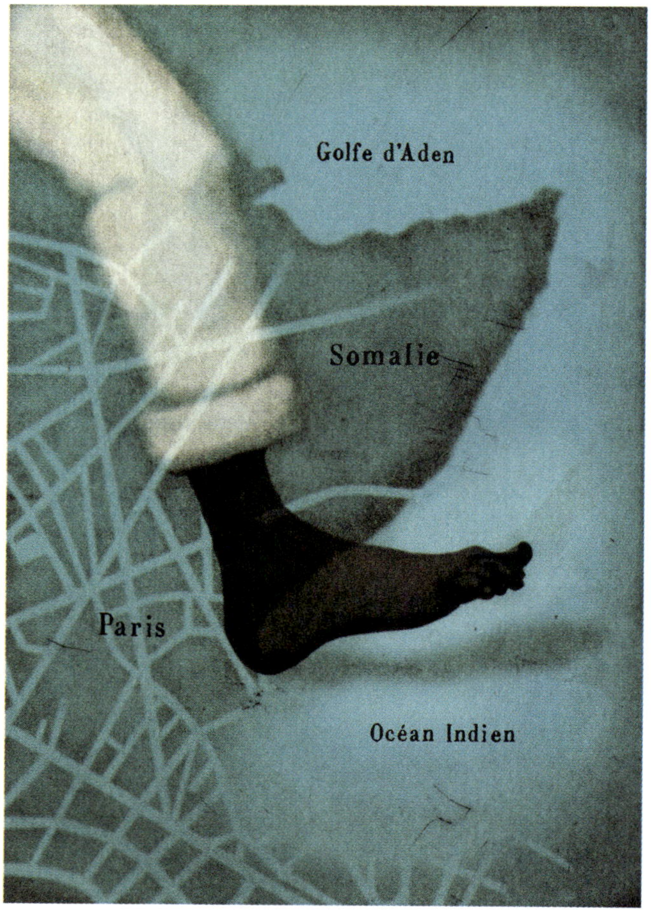

heures en s'arrêtant de temps en temps pour faire du stop. Un taxi collectif, sans plaque, s'est arrêté et lui a proposé de monter. Le pêcheur de langouste a salué les trois autres passagers déjà installés à l'intérieur, trois hommes euphoriques qui semblaient avoir fumé du khat, une plante hallucinogène très populaire dans la région. Ils disaient avoir 2,15 millions de dollars US dans des sacs de billets de 100 dollars. Le pêcheur de langouste les écoutait en souriant, personne n'a de millions ici. La seule richesse est la mer qui vient et va, qui nourrit et emporte.

Ils n'entendent pas le bruit de l'hélicoptère. Un tir, et le taxi clandestin cale et s'arrête. Ensuite, le pêcheur ne sait pas ce qui se passe. On l'embarque. Pendant plusieurs jours c'est la confusion et l'absence de lumière. Ce n'est qu'arrivé à la base Dugny, en Seine-Saint-Denis, après plusieurs jours, qu'il revoit le ciel pour la première fois. Il grelotte de froid. L'homme ne comprend pas ou plutôt, si, il comprend qu'il ne reverra pas tout de suite sa femme et son fils.

Il est inquiet tout au long du transfert jusqu'à la maison d'arrêt car, dans sa poche, il a l'argent de la pêche et sans cet argent, c'est une année sans manger. Il voudrait vérifier si l'homme blanc lui a volé les billets mais ses mains sont menottées.

On l'enferme dans une prison quelque part. Toutes les prisons se ressemblent dans le monde.

À la télévision, on se félicite de son arrestation et de celles des trois autres pirates. On regarde sur les écrans les otages libérés rejoindre le grand bateau. On salue le courage du commandant qui a gardé « son sang-froid » de bout en bout, qui a réussi à communiquer avec les pirates, demandant des couvertures et des jeux de société pour les passagers. Il raconte la partie de Monopoly et l'amusement des pirates somaliens à la vue des faux billets. Il dit l'odeur lourde du sang des deux chèvres égorgées sur le pont puis grillées et mangées accompagnées de spaghettis. Sa femme, inquiète, l'écoute raconter. Il dit qu'il retournera très vite à la mer car c'est là sa vraie maison, la mer. La femme est rassurée, son mari n'a pas changé.

Dans la prison, le pêcheur de langouste s'enferme dans un mutisme profond, sa langue que personne ne parle, que personne ne comprend s'évapore au fur et à mesure des jours.

Un matin, on ouvre sa cellule et on le pousse vers le parloir. Une avocate est là accompagnée d'un Somalien comme lui. Un traducteur. Le prisonnier demande où il est. L'avocate, surprise, répond : « En France. » L'interprète explique que le prisonnier ignore ce qu'est la France alors l'avocate après une brève hésitation sort un petit agenda en cuir de sa poche, l'ouvre aux dernières pages et, de son index joliment manucuré, lui indique un pays sur une carte du monde. Le prisonnier hoche la tête, il a compris. Il demande : « Combien de jours de marche jusqu'en Somalie ? »

Et depuis quatre ans, le pêcheur de langouste n'a cessé de poser encore et encore cette question à l'avocate. Cette dernière a essayé de se renseigner auprès de marins, de géographes, d'historiens. En soirée, une coupe de champagne à la main, à chaque rencontre qu'elle faisait, elle demandait : « Sauriez-vous combien de jours de marche il faut pour rejoindre la Somalie ? » Et invariablement, on lui répondait : « Mais... c'est tout à fait impossible. » Et elle soupirait.

Un jour où l'avocate, lasse, avait fini par dire à son client qu'il était impossible de rejoindre la Somalie à pied, il retourna dans sa cellule et avala une bouteille de shampoing, puis lors d'une promenade il enleva ses vêtements et se mit à courir tout nu en hurlant. La folie des prisons, a expliqué le psychiatre à l'avocate. La folie de la mer qui n'est plus, a rétorqué l'avocate.

L'avocate est revenue voir le prisonnier mais seule cette fois, sans l'interprète. Elle lui a donné une affiche enroulée. Une fois dans sa cellule, il l'a déroulée et a vu la mer apparaître, scintillante, éclatante, pleine de langoustes et d'espadons. Il a ri d'un rire fort, nerveux, aux échos de sanglots.

À 3 h 15 du matin, l'avocate arrive à bord d'un taxi devant la maison d'arrêt. Elle est furieuse de voir que son client l'attend dehors. Elle râle qu'on lui avait annoncé une libération à 4 heures du matin. Elle fait monter le pêcheur de langouste dans la voiture. Elle lui explique de nouveau : libéré, acquitté, demande d'indemnisation en cours. L'homme demande : « Où est la mer ? » Le chauffeur de taxi s'en amuse. L'avocate s'agace : « Je vous ai déjà expliqué, il n'y a pas de mer à Paris. »

Si à l'horizon il n'y a pas de mer, comment retrouver son chemin ?

Les lumières de Paris défilent sous le regard du pêcheur de langouste. L'avocate soupire, prend la main de son client et lui dit : « Il faut environ cent soixante-cinq jours de marche pour rejoindre la Somalie. »

Le pêcheur de langouste serre fort la main de son avocate. ♦

SERGIO AQUINDO est un auteur et illustrateur argentin. Installé à Paris depuis 2001, il collabore régulièrement avec *Le Monde*. Ses dessins au crayon ou à l'encre de Chine, dans un style proche de la gravure, révèlent la beauté sombre de ses sujets, comme en témoigne son livre paru fin 2020, *Atlas des monstres connus & méconnus* (éditions du Chêne).

PORTFOLIO

À L'OMBRE DE LA CENTRALE

ANDREA PUGIOTTO

La ville de Saint-Vulbas, dans l'Ain, vit avec en toile de fond les réacteurs nucléaires de Bugey, la centrale à 5 kilomètres. Profitant du calme ainsi que des prix attractifs de l'immobilier et de l'électricité, ses habitants en oublient l'imposant voisinage des tours de refroidissement.

Coca-Cola
Coca-Cola

1520
63

La dolce vita

par FABRIZIO TOMMASINI

Après la catastrophe de Fukushima, en mars 2011, le débat sur l'énergie nucléaire fut très animé en Italie. L'été qui a suivi, j'ai accompagné en tant que journaliste le photographe Andrea Pugiotto pour voir Bugey, l'une des centrales nucléaires françaises les plus proches de la péninsule. Une recherche en ligne nous avait permis de découvrir qu'elle se trouve tout à côté de Saint-Vulbas, un paisible village niché dans la campagne, sur les bords du Rhône.

Ainsi est née l'idée d'évoquer le nucléaire à travers ceux qui l'ont sous les yeux, en allant les voir chez eux. Sur place, nous nous sommes promenés et nous avons sonné à une première maison. Les habitants de Saint-Vulbas nous ont ouvert leurs portes avec beaucoup de gentillesse. Surpris, car ils ne pensaient pas que leur situation susciterait de l'intérêt, mais prêts à parler. Ils nous ont raconté leur vie et, tandis qu'ils détaillaient les avantages qu'il y a à vivre près de la centrale, Andrea prenait des photos avec son Canon 5D Mark II.

La centrale était présente partout, et il s'agissait de trouver la photo qui traduirait le mieux son intégration dans le paysage. Parfois, il suffisait de déplacer le rideau d'une fenêtre ou de regarder par-dessus une haie. Dans d'autres cas, une échelle, prêtée par un habitant, s'est avérée utile. Nos rencontres se succédaient, jusqu'à ce que nous essayions de prendre une photo de l'entrée du site avant d'être interrompus par l'intervention d'une patrouille de police, sirènes hurlantes. La centrale nucléaire reste un lieu sensible, cible potentielle d'attaques terroristes. À force d'être immergés dans l'intimité des gens, pris par les clichés d'Andrea, nous l'avions oublié… ♦

Traduit par Marion Mergault

ANDREA PUGIOTTO est un photographe italien. « Photographe-narrateur », il réalise des photoreportages à l'autre bout du monde (*The End of the Road*, portrait d'un Alaska en été) comme près de chez lui (*Islands*, hommage à la lagune de Venise).

1. À quelques centaines de mètres de la centrale, des enfants s'amusent dans une piscine privée.

2. Avec l'argent de la vente d'un petit appartement à Lyon, ce couple a pu acheter une vieille ferme avec jardin.

3. Pour amuser ses petits-enfants, cet habitant a collé des autocollants sur son hublot.

4. Une trentaine de vaches laitières dans un des prés situés autour de la centrale.

5. L'une des nombreuses routes résidentielles de Saint-Vulbas.

6. Arrivé il y a peu avec sa famille, un habitant réalise des travaux dans sa nouvelle maison, achetée à bas prix.

7. Un habitant se promène dans un parc public, près des tours de refroidissement.

LES VIES ENFOUIES DES COLONIES

par VALÉRIE PARLAN

À Aix-en-Provence, les Archives nationales d'outre-mer recèlent trois siècles d'histoire de l'empire colonial français. Celles de l'Algérie, qui fêtera, en 2022, le soixantième anniversaire de son indépendance, suscitent émotions et tensions.

16 SEPTEMBRE 1959. Dans une allocution radiotélévisée, le général de Gaulle s'adresse, le ton grave, à la nation. À 2 500 kilomètres de Paris, le sang coule à Alger. Même si le terme d'autodétermination est prononcé pour la première fois, beaucoup se doutent que cette promesse ne suffira pas. La plaie béante entre partisans d'une Algérie française et militants ne paraît pas devoir se cicatriser bien vite.

Dans les foyers de la métropole, les épouses ou les mères frémissent à l'idée de voir leur époux ou leur fils embarquer vers le front de cette guerre. Les jeunes appelés continuent, par centaines, de mettre leur baluchon sur le dos. Un service militaire par-delà la Méditerranée, voilà ce qui sépare, en 1960, Alain Boullet et son amie. L'étudiant aux Beaux-Arts est affecté au camp de regroupement d'Aïn-Dem. Une de ces zones créées par les militaires français pour éviter que la population civile ne vienne en appui aux actions du Front de libération nationale (FLN). Des milliers d'hommes, de femmes et d'enfants algériens y sont parqués, arrachés à leurs villages, survivant dans l'ignominie derrière des barbelés. Le jeune Alain y porte le képi, mais sort ses crayons. Il lui fallait dessiner. Raconter en croquant. Se souvenir en griffonnant.

Soixante ans plus tard, pour découvrir ce que l'artiste a saisi, il faut se poser à Aix-en-Provence, et, au détour d'une route sinueuse dans le quartier des universités, pousser la porte des Archives nationales d'outre-mer (Anom). Là, Isabelle Dion, conservatrice générale du patrimoine et directrice du lieu, reprend le fil de l'histoire. « Alain Boullet a été envoyé en Algérie en 1960-1961. Durant son temps libre, il a réalisé de nombreux dessins, surtout de femmes et d'enfants, qu'il adressait à sa future épouse. À son retour, tout a été bien rangé comme le souvenir de cette guerre dont il parlait très peu à ses proches. Comme tant d'appelés qui se sont longtemps tus… »

Quand il exhume ce témoignage, des années plus tard, il s'aperçoit qu'il tient entre ses mains des documents qui peuvent offrir une voix plus intime que les seuls échos du pouvoir. Là est bien la mission des Anom depuis leur déménagement dans le Sud en 1966 : conserver, communiquer et collecter les archives de l'expansion coloniale française. « Héritiers de trois siècles d'histoire, nos fonds conservent deux grands ensembles aux passés administratifs et archivistiques différents. D'une part, les archives des ministères qui

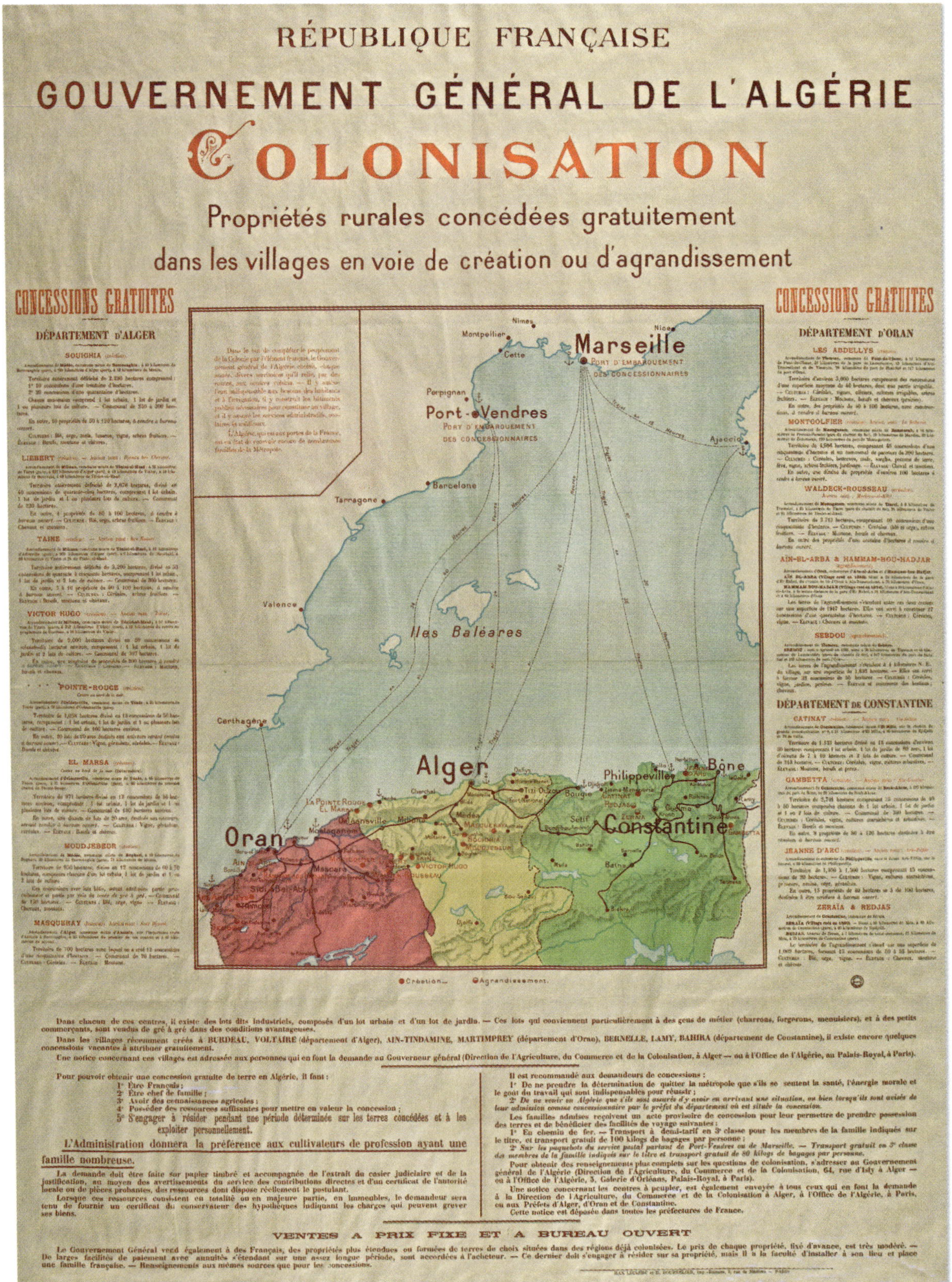

Carte administrative de 1905. © ANOM

Les Archives nationales d'outre-mer, à Aix-en-Provence. © ANOM

LES ANCIENNES COLONIES PLOIENT ENCORE SOUS LE POIDS DES OMBRES D'UN PASSÉ DOULOUREUX POUR DES MILLIERS DE FAMILLES

furent chargés du XVIIe au XXe siècle de l'empire colonial français. D'autre part, les archives transférées des anciennes colonies et de l'Algérie lors de leur indépendance. Forcément, en grande majorité, ces 38 kilomètres de documents représentent la voix des colonisateurs. Donc nous sommes attachés à ces dons privés pour enrichir les archives d'éclairages inédits. »

C'est une gageure d'agripper ainsi des émotions. D'autant que les anciennes colonies ploient encore sous le poids des ombres d'un passé douloureux pour des milliers de familles. Par-delà les océans et les nouvelles frontières, des générations entières souffrent d'un présent où résonnent les fers de l'esclavage, les armes de la guerre, les adieux de la déportation, les clés des geôles, le silence des disparus… Autant de blessures pénibles, de rancœurs et de hontes délicates à confesser, de regrets à exprimer.

Qu'ils soient des particuliers, des historiens ou des chercheurs, les personnes fréquentant les archives aixoises racontent cette émotion, parfois leur indignation, à entrevoir le vécu des femmes et des hommes ayant servi dans les colonies à travers les milliards de pages et de feuillets si rébarbatifs au premier abord. Il en faut, de la patience et du flair, pour lire entre les lignes à la rédaction codifiée d'un état civil, d'un registre de bagnard, pour faire des déductions en décortiquant un état de service militaire, une attestation de carrière…

L'historienne Colette Zytnicki, professeure émérite à l'université Toulouse-Jean Jaurès et spécialiste de l'Algérie en période coloniale, a, elle aussi, fait le chemin jusqu'à Aix pour entendre des voix passées sous silence, celles des habitants de Draria, qu'elle évoque dans *Un village à l'heure coloniale* (Belin, 2019). Ce hameau agricole a été créé en 1842 pour pérenniser la présence française dans cette région où les tribus locales s'étaient soulevées contre les autorités. « En représailles, des terres ont été confisquées pour les donner en concession à des paysans venus de métropole ou d'Europe. Les nouveaux arrivants ont pris possession des lieux et établi les règles d'une coexistence qui s'est achevée avec la guerre d'indépendance. Je voulais comprendre cette cohabitation. Le territoire était tout à fait à l'image de cent trente ans d'histoire pendant lesquels colons et Algériens se sont côtoyés, croisés, affrontés, haïs, aimés… Ensemble, ils ont vécu sur la même terre et ont été les acteurs volontaires ou désignés de la domination coloniale. »

Pendant des heures, dans la salle de lecture, elle a feuilleté, compilé, copié des lettres de candidatures des aspirants au départ qui, depuis leur campagne miséreuse – notamment de l'est de la France –, rêvaient d'une terre ensoleillée. L'eldorado au bout de la fourche. Dossiers de concessions de parcelles, comptes rendus de conseils municipaux, pétitions, articles de la presse locale… L'historienne a fouillé et trouvé. « Des éléments extraordinaires qui donnent des clés pour restituer la vie locale. » Au XIXe siècle, prendre la plume pour échanger avec les agents lettrés des autorités n'est pas un acte anodin pour bon nombre de Français. « Parfois, je lisais à haute voix les écrits des paysans, car c'était une écriture phonétique. » Étudier la forme pour percer le fond. Se coltiner des listes interminables de documents de nomination des agents de la municipalité ou de reçus au certificat d'études publiés dans les colonnes du journal pour s'arrêter, soudain, sur l'apparition d'un nom à consonance arabe. « De là, on date à partir de quand les indigènes, comme les appelaient les colons, commencent à exister dans l'organisation de la vie publique. »

Grâce aux conseils des archivistes, chacun spécialisé dans un fonds et un territoire, les historiens complètent leurs recherches, croisent leurs sources. « Nous bénéficions, aux Anom, d'une écoute de qualité, ajoute Colette Zytnicki. C'est une matière si dense et si complexe ! La rigueur, la passion et les connaissances des équipes sont précieuses. »

À Aix, les archives sont revenues de territoires très lointains allant des Antilles aux Mascareignes, du continent américain à l'Afrique, en passant par l'Asie et l'Océanie. S'y entremêlent des cultures et des langues différentes, des organisations institutionnelles aux multiples statuts, des conditions de conservation, de classement et de rapatriement parfois chaotiques. Avec, à l'arrivée, des campagnes de restauration et de numérisation conséquentes tant les documents ont pâti de ces pérégrinations. Sans oublier les froissements diplomatiques après les indépendances.

Contrairement à la coopération fructueuse avec les professionnels des archives du Viêtnam, ex-Indochine française, la tension est récurrente avec les responsables algériens des archives. Paris et Alger se renvoient la balle de soupçons de suppression et de rétention de documents. Au printemps dernier encore, un collectif d'historiens algériens a publiquement dénoncé les entraves à l'accès aux archives de leur pays par le pouvoir du président Abdelmadjid Tebboune. Quelques mois plus tôt, c'est l'historien Benjamin Stora qui avait préconisé dans son rapport sur les questions mémorielles une nécessaire réactivation des échanges entre les conservateurs. Isabelle Dion le concède : « 70 % des courriers de particuliers que nous recevons pour des recherches sur l'Algérie concernent des documents que nous n'avons pas à Aix, car ils sont restés sur place ou ont été restitués au pays après l'indépendance… » Les élégants dessins du jeune soldat Boullet seront bien conservés à Aix et offerts aux regards. Pour les soixante ans de l'indépendance de l'Algérie, en 2022, les Anom leur consacreront une exposition.

VALÉRIE PARLAN est journaliste. Collaborant à *Ouest-France*, elle s'intéresse aux sujets de société et s'est spécialisée, depuis cinq ans, dans le traitement des territoires d'outre-mer. Elle assure également des formations en journalisme et en écriture au CFPJ.

ÇA S'EST PASSÉ PRÈS DE CHEZ VOUS
par RÉGIS JAUFFRET
Illustré par ÉRIC HÉLIOT

Inspiré ou non par des événements relatés dans les quotidiens régionaux, l'auteur laisse dans ces histoires libre cours à son imagination.

1. Alpes-de-Haute-Provence

UN CURÉ de vingt-sept ans, Arnaud D., a fait l'objet mercredi dernier d'une mise en examen pour escroquerie. Ce jeune individu infligeait à ses ouailles d'incessantes quêtes pour réparer le toit de l'église cependant neuf, changer le tabernacle sous prétexte que sa porte grinçait au lieu d'en dégripper les charnières avec un peu d'huile, remplacer les dalles centenaires par du parquet flottant prétendument plus contemporain. Il soumettait les pauvres gens à trois quêtes par office, montant en chaire après chacune pour se plaindre de la modicité des dons et montrant du doigt les plus ladres.
Cet indigne radis noir allait jusqu'à se rendre en plein milieu de la nuit au domicile des paroissiens pour les harceler. Il bloquait la sonnette de ces infortunés puis agitait un tronc portatif sous le nez de l'habitant effaré qui entrouvrait sa porte. Quand l'importuné voulait refermer l'huis, le malotru le bloquait avec son pied. Il alla jusqu'à gifler une vieille dame récalcitrante dont il exigeait la chaînette et la médaille de baptême qui ornaient son cou. Elle porta plainte le lendemain. D'après les enquêteurs l'argent de ces quêtes forcenées servait au curé véreux à faire le plein de cocaïne dont au moment de son interpellation son nez était cafi. À regretter le temps où les ecclésiastiques n'étaient qu'ivrognes. ♦

2. Bouches-du-Rhône

M. HENRI-NORBERT Valantier vient d'atteindre l'âge vénérable de cent onze ans. La municipalité de Gardanne, où il naquit, passa son existence et vit encore aujourd'hui, a organisé samedi dernier un vin d'honneur pour fêter l'événement. Nous avons pu converser avec lui dans les jardins de la mairie à l'ombre d'un platane dont pour chenu qu'il soit Henri-Norbert est sans doute l'aîné de plusieurs décennies. Il nous raconta son enfance, son apprentissage chez un coiffeur de Marseille, son service militaire en Indochine et son retour dans sa cité natale où il ouvrit un salon avec Lucie – jeune fille de vingt ans qu'il épousa.

Au cours de son interminable vie ne lui échurent ni cancer, ni infarctus, ni coryza, ni le moindre accès de mélancolie. Pourtant la vie ne fut pas tendre avec lui. En effet, il perdit son père à l'âge de sept ans, sa mère à quatorze, Lucie fut assassinée par un rôdeur deux mois après avoir donné le jour à une petite fille qui, le jour de son entrée en sixième, périt dans un terrible accident de la circulation qui fit trois victimes. Il se remaria à la veille de la Deuxième Guerre avec une infirmière dont il fut veuf en 1999 et qui, avant cela, lui donna trois fils, tous décédés depuis de mort naturelle sans qu'aucun d'eux ait dépassé les soixante-douze ans. Rien de tout cela ne put jamais entamer sa belle humeur. Avant que nous partions il nous a glissé en confidence dans le creux de l'oreille que seules les ordures faisaient de vieux os. ⧫

3. Deux-Sèvres

NIORT, dimanche, vingt-trois heures, à son domicile de la rue Victor-Schoelcher, Sébastien G., cinquante-neuf ans, a été retrouvé inconscient, le visage ensanglanté, et fut transporté à l'hôpital. Un examen rapide du logis révéla des traces d'hémoglobine sur les murs de la cuisine, du salon et de la chambre où on le retrouva. Quand il s'était effondré sa femme avait appelé le Samu mais par crainte d'être accusée avait pris aussitôt la poudre d'escampette. Elle s'est constituée prisonnière lundi matin. Elle fut aussitôt mise en garde à vue et strictement interrogée par deux inspecteurs. Elle décrivit son mari comme un homme brutal. En 2011, il avait même été condamné à un an de prison pour violences domestiques. Elle reprit cependant la vie conjugale quand il eut purgé sa peine. Elle affirma que la veille du drame l'homme avait été pris d'un terrible accès de jalousie. Il avait notamment menacé de défenestrer l'ordinateur du ménage. Ensuite, il s'était tapé la tête contre les murs, passant d'une pièce à l'autre comme un dément. Aucune parole n'avait pu le calmer.

Le surlendemain, sorti du coma sans séquelles neurologiques, Sébastien G. confirma aux enquêteurs ses propos. Ce soir-là, éprouvant un irrépressible besoin d'exprimer sa violence, il avait préféré s'en prendre à lui-même plutôt qu'à son épouse car il craignait davantage la prison que la mort. ⧫

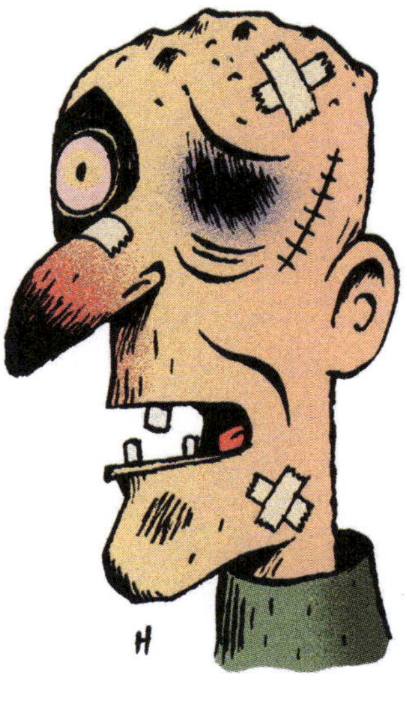

4. Indre

CHÂTEAUROUX, rue Bourdillon, dimanche dernier, le résident du 65, Henri V., appela la police. Il accusait Mme Héloïse M. née V., sa fille, de harcèlement à son endroit. Quand il eut reçu sa deuxième dose de vaccin, cette dame avait décidé après plus d'une année de pandémie de revenir déjeuner chaque dimanche chez lui comme elle le faisait naguère. Il refusa de lui ouvrir, prétextant une inondation qui l'empêchait de la recevoir car entre les murs ses meubles flottaient comme des youyous. Héloïse pensa qu'il était devenu fou mais, contacté par téléphone, son frère lui fit observer que les personnes âgées étaient fantasques et lui conseilla de repasser la semaine suivante.

Pendant un mois Héloïse apparut tous les dimanches à midi sur le palier du logis de M. V. qui à chaque fois l'éconduisait fermement. Jusqu'à ce jour où, exaspéré, l'homme prévint les forces de l'ordre. Elle affirma aux policiers que son père avait besoin de son aide pour ranger son logement, s'occuper de son linge, aspirer le sol et battre les tapis. Henri V. laissa les policiers pénétrer dans son domicile. La cuisine rutilait, le parquet resplendissait, ses vêtements parfaitement propres et repassés étaient rangés d'équerre dans son armoire. Le père de famille déclara qu'il s'était aperçu pendant ces longs mois d'isolement forcé qu'il n'avait besoin de personne. Quant au versant affectif de la visite dominicale de sa fille, il déclara qu'il s'en foutait. ♦

5. Lot-et-Garonne

BERNADETTE H. a l'habitude de faire de grandes promenades dans la ville à chaque fois que l'insomnie la jette au bas de son lit en plein milieu de la nuit. Nous l'avons rencontrée à son domicile où l'élégant survêtement écarlate pailleté d'or qu'elle portait le jour de l'incident tournait dans le tambour de la machine à laver. À chacune de ses sorties la coquette mamie prend de nombreux selfies qu'elle publie fièrement sur Instagram.

Vendredi, à deux heures trente du matin, armée comme toujours de sa bombe lacrymogène d'autodéfense, Bernadette déambulait dans les rues d'Agen. Parvenue à l'angle de l'avenue du Dr Jean-Bru et du boulevard Édouard-Lacour, elle aperçut un individu immobile. L'éclairage était assez puissant pour qu'elle puisse constater qu'il l'observait. Elle lui balança une giclée de gaz afin de le faire circuler. Au lieu de déguerpir, l'homme sauta sur elle dans un tel état de fureur que sa mâchoire inférieure pendait comme celle d'un loup affamé. Bernadette eut alors l'idée d'en profiter pour vider le contenu de l'aérosol dans la bouche bée du voyou qui ne tarda pas à s'effondrer sur le bitume. Il ne portait sur lui aucun papier d'identité. On ne sait si sa motivation était crapuleuse, criminelle ou s'il s'agissait d'un de ces farfelus dont les HP bondés refusent l'admission malgré la pression des familles. Son pronostic vital est engagé. S'il succombait, gageons que les honnêtes Agenais n'organiseraient pas de collecte pour fleurir sa bière. ♦

6. Pyrénées-Orientales

PARCE QU'ILS sont mécontents de ceux qui nous gouvernent, certains Perpignanais ont cru astucieux de donner à leur chien le nom de notre président de la République. Il ne se passe de jour qu'on n'entende prononcer son patronyme de façon criarde et autoritaire pour demander à un caniche de se coucher, à un labrador de ne pas souiller une pelouse de ses excrétions. La télévision régionale s'est emparée du sujet le mois dernier. Un reportage montrant notamment – à visage et museau cachés – un maître et son chien. L'un de hurler d'une voix fort vulgaire le nom du chef de l'État, l'autre d'aboyer avec insolence, de montrer les dents, d'exécuter un pas de danse, d'exhiber son postérieur en agitant sa queue conique et velue.

Une enquête fut diligentée par le préfet. Les agents de la force publique ont été chargés de contrôler l'identité des maîtresses et des maîtres d'animaux répondant au nom du président. Ces gens ont été postérieurement sommés par le procureur général de débaptiser leur bête sous peine de poursuites pour outrage au chef de l'État. Un délit puni d'une amende maximum de 45 000 euros. Dans un communiqué, le garde des Sceaux a suggéré d'ajouter à la sanction financière une peine de prison. Le ministre de l'Intérieur envisage quant à lui l'incarcération systématique des bêtes contrevenantes dans des établissements où de sévères dresseurs leur apprendront à s'appeler désormais Médor ou Mirza comme les chiens d'autrefois. ♦

7. Var

LE 20 AVRIL 2020, un homme a été retrouvé assassiné sur un terrain agricole proche du Castelet appartenant à un certain André-Paul Dugout, 69 ans, charpentier à la retraite. L'homme célibataire sans enfant fut reconnu – bien que son visage soit fort endommagé – par un cultivateur voisin. Personne ne réclama le corps qui a été incinéré selon la procédure. L'année suivante le dossier fut classé sans suite.

Or, André-Paul Dugout est toujours vivant. Déclaré décédé auprès de l'administration, il ne touche plus sa retraite. Menacé d'expulsion de son petit logement toulonnais dont vingt loyers demeurent impayés, il a vendu au début du mois sa Peugeot 408, dernier bien de valeur qui restât en sa possession – une vente en cash, à des aigrefins, car aux yeux de la loi il n'était plus propriétaire du véhicule. Nous l'avons rencontré chez lui dans son salon vide. Il venait de brader télévision et meubles pour acheter de la nourriture. Il ose à peine sortir car en cas de contrôle d'identité on l'accuserait d'usurper celle d'un mort dont on le soupçonnerait aussitôt d'être le meurtrier. L'infortuné monsieur n'a pas de famille. Il est seul face à l'administration. Puisse cet article attirer l'attention de la Justice dans l'espoir qu'elle lui accorde un équitable procès au terme duquel il espère être disculpé de son propre assassinat. Une fois blanchi, il pourra former une requête auprès du ministère de l'Intérieur pour demander à porter le nom de l'assassiné. ♦

RÉGIS JAUFFRET est écrivain. Né à Marseille, il est l'auteur de nombreux romans, dont *Histoire d'amour*, *Clémence Picot*, *Fragments de la vie des gens*. Il reçoit le prix Décembre pour *Univers, univers* (Verticales, 2003) et le prix Femina pour *Asiles de fous* (Gallimard, 2005). En 2007, *Microfictions* (id.) est récompensé par le prix France Culture-Télérama et le grand prix de l'Humour noir. En 2018, le deuxième opus des Microfictions (Gallimard) a obtenu le Goncourt de la nouvelle. Publié récemment aux éditions du Seuil, *Le Dernier Bain de Gustave Flaubert* explore par la fiction les interstices des archives sur la vie de l'écrivain.

ELLE M'A EUE

par SUSIE MORGENSTERN

JE N'AI PAS choisi la France ! Comment peut-on choisir un pays que l'on ignore totalement ? Je connaissais Chanel n° 5 et j'avais vu le général de Gaulle à la télé à l'enterrement de JFK. C'est tout. MAIS... Je l'ai vu et je n'ai vu que lui de l'autre côté du restau U, au loin, et je me suis frayé un chemin parmi les étudiants jusqu'à lui, portée par un coup de foudre tellement fort que je volais. On était à Jérusalem au milieu de toutes les nationalités. Il aurait pu être israélien, italien, russe ou même américain comme moi. Manque de pot, il était français, mais j'ai été indulgente et je l'ai aimé malgré tout, ce Jacques, mathématicien de surcroît.

D'abord, il a vécu avec moi un an aux États-Unis en état de manque douloureux : son journal *Le Monde* et tout le reste... Heureusement qu'il avait été assez prévoyant pour mettre Proust dans sa valise. Il lisait *La Recherche* au compte-gouttes afin de faire durer le plaisir. Il ne voulait pas rester aux États-Unis, même avec Proust à ses côtés, et je savais que si je voulais garder le bonhomme, il fallait le suivre jusqu'en France.

OK, je l'aurais suivi jusqu'au bout de la Terre, malgré les lamentations de ma mère, convaincue que c'était un pays du tiers-monde. Les neuf malles ouvertes dans notre salon comme les mâchoires des crocodiles avalaient les articles qu'elle y plaçait : des rouleaux de papier toilette, des boîtes de thon, un couteau électrique au cas où il y aurait de la viande dans ce pays. À chaque contribution à la malle, Jacques protestait : « Mais nous avons des casseroles en France... » Je les ai laissé faire et dire. J'étais tellement nulle, débile, idiote, abrutie, imbécile que je suivais bêtement. Complètement inconsciente et trop hébétée pour me poser des questions. Je n'ai même pas eu l'idée de me renseigner sur les petits riens de ce pays lointain, comme son histoire, sa culture, sa géographie et surtout... sa langue. Je suis simplement partie, innocente et ignorante, heureuse d'aimer cet homme qui avait le malheur d'être français, ravie d'y importer bébé Lili. On est donc arrivés à Nice où Jacques avait des parents qui me paraissaient très bizarres. On a vécu dans leur minuscule appartement avant de trouver un meublé rien que pour nous près de l'université.

Si j'étais devenue sourde et muette, je n'étais pas aveugle et je voyais le ciel bleu, la mer et les montagnes environnantes. La beauté de cette ville m'a éblouie et j'avais l'impression que je n'étais pas si mal tombée, à part que je trouvais les Français complètement fous et terriblement râleurs. Comment peut-on râler quand on vit dans ce qui avait l'air d'être une démocratie sous un ciel si clément ?

Bon, il n'y avait rien de mangeable (sauf mes boîtes de thon). Je détestais le fromage, on me servait des mauvaises herbes (le mesclun) arrosées d'acide (la vinaigrette) et une boisson

Nice, vers 1960. © HARVEY MESTON / GETTY IMAGES

rouge qui me faisait tousser (le vin). Jacques m'a forcée à avaler mes premiers légumes. Je ne savais pas dire « poireau », « aubergine » ou « fenouil », même en anglais. Il ignorait, en concluant un contrat de mariage avec moi, à quel point il avait été arnaqué. Je faisais de vagues efforts pour lui servir des repas, mais je ne suis jamais arrivée à la cheville de ses espérances, ou seulement après sa mort (à laquelle j'ai sans doute contribué).

Il se réorienta pour moi et se dirigea dans une carrière académique. Je me suis inscrite à la fac où j'ai soutenu une thèse de doctorat sans envergure ni intelligence, mais avec une surabondance de fautes de français.

Oui, contrainte et forcée, j'ai appris le français sur le tas, manquant de discipline et de curiosité. Je n'ai pas eu l'idée de consulter un manuel de grammaire. Je lisais des romans… en anglais et j'enseignais l'anglais à l'université, ce qui n'est pas exactement la voie vers une intégration parfaite. Jacques soulignait les titres des articles dans *Le Monde* et *Le Nouvel Obs* qu'il voulait que je lise. Parfois, au milieu de la nuit, il me posait

LÀ, JE SUIS DEVENUE UNE VRAIE FRANÇAISE : JE ME SUIS MISE À RÂLER

sur l'oreille l'un de ses deux écouteurs pour partager *Les Nuits magnétiques* de France Culture.

Je n'étais pas hostile à la France avant que mes enfants ne commencent l'école mais, là, je suis devenue une vraie Française : je me suis mise à râler. Les enfants

Susie Morgenstern et Jacques, le jour de leur mariage en 1966 © COLLECTION PRIVÉE MORGENSTERN

EN FRANCE, JE M'OFFRAIS LE LUXE D'UNE CONSULTATION SI MON PETIT ORTEIL ME FAISAIT MAL

étaient tous énervés, irritables et surtout inquiets à la sortie des classes. Et moi, je voulais tout simplement tuer leurs profs, ce qui a donné à Jacques l'occasion de me dire : « Tu ne peux pas comprendre. » Ce qui était vrai.

Il y avait du bon en France aussi. Aux États-Unis, on n'allait jamais chez le médecin. Trop cher. Alors si on hurlait de douleur avec une otite ou une angine, la rengaine de ma mère était : « Ça va passer. » En France, je m'offrais le luxe d'une consultation si mon petit orteil me faisait mal. Je parlais à mes amis américains de la Sécurité sociale, et ils me prenaient pour une menteuse. Puis mes enfants ont (plus ou moins) survécu au lycée, ont eu le bac (ouf !) et, non seulement l'éducation était gratuite, mais ma fille Lili a carrément eu un salaire à l'École normale supérieure. Je commençais à me réconcilier avec l'école.

Après ma thèse, comme je ne voulais pas continuer à faire de la critique littéraire, je me suis mise à écrire des livres pour enfants. Et je suis entrée à l'école par une autre porte, en répondant aux invitations de classes à travers la France. J'ai rencontré des professeurs innovateurs, aux initiatives héroïques. Les enfants lisaient, les bibliothèques fournissaient les livres, mais encore elles incitaient à les lire. Inviter un auteur était pratiquement entré dans les programmes.

Tout n'est pas rose dans ce métier d'écrivain, mais les salons du livre sont rose bonbon. La France est le pays de l'exception culturelle par excellence. Je ne sais pas si les enfants qui bénéficient d'un salon du livre dans leur ville seront plus lecteurs, plus cultivés et plus curieux que les autres, mais je le pense. Pour nous, les auteurs, ces salons sont des fêtes qui ponctuent nos vies solitaires et disciplinées de leurs rencontres, de leurs échanges et de leurs festins. Dans les villes où les familles ne roulent pas sur l'or (comme à Villeurbanne), les parents savent qu'acheter les livres (dédicacés) est le meilleur investissement. Je suis toujours émue par ces familles de toutes les couleurs qui fréquentent ces salons dans la joie. C'est la culture vivante ! Mes parents ne m'ont jamais acheté de livre ! Mes livres m'ont fait voyager dans cette France aux paysages magnifiques et à travers le monde. Même au Canada anglophone et dans les pays où on ne parlait pas un mot de français, il fallait que je parle cette langue puisque je représentais la France. J'en suis fière !

Ma transformation en Française (que je n'ai pas l'illusion d'être) a été lente. Il y a eu beaucoup de résistance, de frustration, de larmes et de colère contre Jacques de m'avoir arrachée à ma mère, à mes sœurs, à ma langue et aux hot-dogs ! Mais il y a tant de choses que j'aime en France : la langue qui est ma langue d'écriture, l'esthétique, la radio (que la télé devrait imiter !) le cinéma, l'édition, la chanson. J'aime même sa politique théâtrale en grande pompe. Je me suis mise à apprécier la cuisine : je mange du fromage maintenant, du mesclun, et je bois du vin. Quel progrès ! Mais ce qui a été le facteur décisif dans mon amour, c'est l'hôpital (et là aussi, je sais qu'il y a des problèmes). Il n'y a pas de meilleur pays pour être malade. C'est à partir de ma maladie grave que j'ai su combien j'étais heureuse en France. J'ai reconnu ma chance, béni chaque employé de mon hôpital chéri, de l'ambulancier au chirurgien en passant par le jeune homme qui m'apportait mes repas et qui – je ne sais vraiment pas comment – a perçu mon accent et a crié de joie : « Vous êtes anglaise ? Attendez, ne bougez pas ! » (Je n'étais pas en état de bouger !) et deux minutes plus tard, il est revenu avec son trophée : une (véritable) Anglaise de la chambre voisine qui est devenue ma copine d'hôpital jusqu'au jour où, moins chanceuse que moi, elle n'a plus survécu à sa maladie. Je retourne à « mon » hôpital Lacassagne à Nice avec la même affection tous les mois, et tant, tant, tant de gratitude pour les soins, le système médical et la France.

Ma France ! Mes petits-enfants, tous nés et éduqués en France (y compris musique et danse au conservatoire) sont bilingues et gardent un petit coin de leur cœur pour leur brin de racines américaines. Ils voient le côté glamour des séries, mais ne connaissent pas la complexité de la déclaration d'impôts, les médecins avaricieux, le coût des universités. Ils ont grandi avec les transports en commun à Paris, les avancées obtenues grâce aux grèves, aux syndicats, et ont développé une conscience sociale. Ils vont bénéficier de la semaine de travail à 35 heures, des congés payés. Petits, ils se sont plaints des visites dans les musées, mais ils les ont appréciées plus tard.

Même si on n'est pas toujours d'accord, la France est présidée par des hommes qui maîtrisent leur langue et ne sont pas fous. Pendant les années Trump, j'ai dit à tout le monde que j'étais une réfugiée politique en France. Je m'y sens protégée (quoique ça n'ait pas toujours été le cas pour tous, par exemple en 1942 !) : avant d'être américaine ou française, je suis juive. Et dans ma synagogue à Nice, on me demande souvent de lire la prière pour la France :

« Regarde avec bienveillance depuis Ta demeure sainte, notre pays, la République française et bénis le peuple français.

Amen. »

J'ai grandi dans la certitude (inculquée depuis l'enfance) que je vivais dans le meilleur pays du monde, les États-Unis, et chaque fois que la France m'étonnait par ses qualités, cette idée enracinée s'érodait un peu plus. Je n'ai pas choisi la France, mais après cinquante-quatre ans de vie ici, je la choisis ! J'y reste. ♦

SUSIE MORGENSTERN est une autrice franco-américaine. Née à Newark, dans le New Jersey, elle se lance après sa thèse en tant qu'autrice et illustratrice de littérature pour la jeunesse en France et enseigne l'anglais à la faculté de Sophia-Antipolis de Nice jusqu'en 2005. Ses ouvrages, notamment *C'est pas juste !* (éditions de l'Amitié, 1982), *Un anniversaire en pomme de terre* (L'École des loïsirs, 1983) ou *Lettres d'amour de 0 à 10* (id., 1996), ont remporté de nombreux prix.

FAIRE ENSEMBLE
la chronique de MARIE DESPLECHIN
Illustrée par CAROLINE LAGUERRE

LA LUTTE CONTINUE

JE SUIS SEULE sur le quai désert, à la station Parc-des-Expositions. J'attends Alice, du Collectif pour les terres de Gonesse. Nous irons saluer la ZAD qui s'est implantée il y a quelques jours à proximité du chantier de la gare de la ligne 17, celle qui doit s'installer au milieu des champs.

Nous avons échangé des rafales de SMS ce matin, d'où il ressort qu'elle a failli être à l'heure et qu'elle aura finalement du retard. Il est déjà midi quand je suis montée dans le RER, gare du Nord, en direction de Roissy. Saint-Denis, Le Bourget, Aulnay, Sevran-Beaudottes, vingt minutes plus tard j'étais seule à sortir de la rame.

Maintenant, je contemple le paysage mélancolique et j'ai froid. De grands arbres balancent doucement de l'autre côté des rails. Le ciel est clair et le dimanche lumineux. Mais je ne vois pas d'abri pour échapper au vent glacé qui court sur les voies et s'engouffre dans la station. Je remonte mon écharpe, je souffle dans mes mains. Froid. Mais après tout, en février, c'est normal.

Un rapport récent sur le climat annonce des étés à 60 degrés à Paris avant la fin du siècle. Les gentils bacs à fleurs creusés autour des arbres de la capitale n'y suffiront pas, il faudrait prévenir les édiles. Admettons même que les climatologues s'amusent à affoler le bon peuple, négocions à 50 degrés. Nous aurons quand même du mal à nous y faire. Si seulement ce vent pouvait se calmer… Un train, puis deux, filent en direction de Roissy sans marquer l'arrêt. Bon sang, ce que j'ai froid.

Enfin, une rame arrive. Une petite dizaine de voyageurs en sortent, qui tous se rejoignent et se saluent. Sous son bonnet, je reconnais Alice qui s'est déplacée en famille. Nous grimpons dans le bus qui s'arrête sur le parvis. Il y a dans notre groupe quelque chose de joyeux, de franc et d'amical qui doit être contagieux. Le chauffeur, tout sourire, nous laisse descendre avant le rond-point, à l'endroit que nous lui demandons. Je n'irai pas jusqu'à jurer qu'il est solidaire, mais il est arrangeant, comme ses collègues qui assurent les liaisons avec les RER B et D, et se sont habitués aux visiteurs des champs.

Nous prenons le chemin qui s'enfonce dans les terres. La première fois, j'avais traîné avec moi une gamine de ma connaissance, nous étions une foule et il faisait très chaud. Le projet de parc de loisirs d'Europa City n'avait pas encore été débouté, et des jardiniers amateurs organisaient des rencontres sur le lopin qu'ils cultivaient symboliquement. Une joyeuse kermesse battait son plein. Ma jeune fille avait appris à pétrir le pain sur un stand tenu par de jeunes et gracieux boulangers. J'avais longuement discuté avec Alice avant d'acheter des badges et des tee-shirts, que nous portons toujours. Nous sommes moins nombreux aujourd'hui. Parce qu'il gèle et qu'on s'use à remporter des victoires en trompe-l'œil. C'est une stratégie vicieuse mais payante, pour les puissances décisionnaires, de feindre d'abandonner. Il suffit de revenir ensuite, quand les oppositions se sont dispersées. D'annuler une décision de justice. D'en faire sortir une autre du chapeau. D'ignorer la loi le cas échéant, et de lui préférer la pelleteuse.

La ZAD est là, au bord du chemin, protégée par une palissade blanche festonnée de banderoles. Elle a quelque chose du camp scout ou du village de Schtroumpfs, en plus désordonné. Il faut ne s'en être jamais approché pour entendre une menace dans l'acronyme ZAD. Tout ici donne une telle impression de fragilité. À proximité, un petit camp de nomades se cache derrière un rideau d'arbres. Ils font des voisins discrets et d'autant plus serviables qu'ils n'ont certainement rien à gagner à cette installation.

Juché sur un escabeau, un jeune homme surveille les entrées sur le terrain, à côté d'un feu de planches, d'un Thermos de café et d'une caisse de solidarité. Derrière lui, des jeunes gens athlétiques montent une charpente pour construire un lieu de réunion. On compte déjà quelques baraques où dormir, une cuisine collective, une salle de douche, des toilettes sèches, une tente pour s'abriter du froid et, bien sûr, une bibliothèque alimentée par les visiteurs. On devrait emmener les enfants des écoles en visite. Ils raffoleraient du mélange d'ingéniosité, d'improvisation et de débrouille qui préside à l'édification du lieu. Ils feraient l'expérience concrète de la délibération collective avant la prise de décision, du partage de l'essentiel, de l'accueil inconditionnel. Et ils pourraient peindre des fresques naïves sur les murs de planches.

La ZAD a quelque chose du camp scout ou du village de Schtroumpfs, en plus désordonné

Collée à un grand bidon qui sert de braséro, j'écoute un chercheur en agronomie expliquer pourquoi une terre qui a été bétonnée et qu'on rend à l'air libre ne revient pas à la vie, pas avant des dizaines et des dizaines d'années. Nous sommes une dizaine, les mains tendues au-dessus de la chaleur, à suivre son cours improvisé. C'est fou ce que j'aurai appris des uns et des autres au long de ces mois, sur le réel dans lequel je vis et que je connais de si loin.

À l'heure de repartir, gelée à cœur, j'éprouve un grand élan de reconnaissance pour la poignée de gens qui passeront la nuit sur place, et qui ne sont certains que d'une chose, l'évacuation à laquelle leur campement est déjà promis. C'est moins leur résistance à l'inconfort et au froid qui m'émeut que leur résistance à la résignation. Il est si facile de renoncer.

Fin février, au petit matin, après dix-sept jours d'occupation, voilà la ZAD évacuée par les forces de l'ordre. L'irréductible Bernard Loup, représentant du Collectif depuis ses débuts, est inculpé d'occupation illégale. Il est devenu, au fil des années, l'un des emblèmes de la désobéissance civile en France. Il va se défendre. ♦

MARIE DESPLECHIN est écrivaine, autrice de livres pour enfants et adultes. Née à Roubaix, elle a publié ses premières fictions à L'École des loisirs : *Rude samedi pour Angèle*, *Le Sac à dos d'Alphonse*, *Verte*. Son premier recueil de nouvelles, *Trop sensibles*, paraît aux éditions de l'Olivier en 1995. Son premier roman, *Sans moi* (*id.*), sort en 1998. Elle obtient le prix Médicis essai en 2005 avec *La Vie sauve*, cosigné par Lydie Violet. Elle a récemment publié *La Capucine* à l'École des loisirs.

jeudi 17 juin 2021 - 13h42
Après une visite dans une école à Poix, en PICARDIE, Emmanuel MACRON poursuit sa journée sur le thème de la LECTURE et de la LANGUE FRANÇAISE.
Il est attendu cet après-midi dans l'AISNE à
CHÂTEAU-THIERRY
POIX
AMIENS
REIMS
VILLERS-COTTERÊTS
CHÂTEAU-THIERRY
PARIS
LE RENDEZ-VOUS AVEC LES MEMBRES DU SERVICE DE PRESSE DE L'ÉLYSÉE EST PRÉVU À 14 HEURES "TAPANTES".
JUSTE DERRIÈRE LA MAISON NATALE DE JEAN DE LA FONTAINE.
COOL PIZZA
FABULONS
SAN
Sergent Major
Y A MACRON QUI PASSE À CHÂTEAU-THIERRY, IL PARAÎT.
OUAIS, HA HA !
?
Ici, LA FONTAINE est mis à toutes les sauces
sandwich avalé à la hâte
Ça se passe quelques jours après l'épisode de la "GIFLE" que le président a reçu lors d'un bain de foule près de VALENCE.
S'IL PASSE DEVANT NOUS, JE VAIS LE GIFLER, TU VAS VOIR !
!
Sur place les journalistes patientent sous un soleil accablant.
FAUT QUE JE RATTRAPE CE QUI S'EST PASSÉ CE MATIN À POIX...
IL A PARLÉ À XAVIER BERTRAND.
JE CHERCHE UNE FABLE DE LA FONTAINE POUR ILLUSTRER LA RENCONTRE.
TENEZ LES LOULOUS
HMM
une des responsables presse qui distribue les badges d'accès
médiathèque Jean de la FONTAINE

15 h 22. Emmanuel MACRON arrive à la maison natale de LA FONTAINE. En attendant la rencontre publique, la plupart des journalistes sont priés de poireauter dans la médiathèque voisine.
ALORS IL PARAÎT QUE MACRON A DIT QUE SA FABLE PRÉFÉRÉE C'ÉTAIT "LES ANIMAUX MALADES DE LA PESTE".
AH! ILS SONT DANS LE JARDIN DE LA MAISON.
FAIS VOIR...
?
Policier chargé de surveiller la salle
Guide de la MONGOLIE (Lonely Planet)
Certains regardent sur leur smartphone les infos envoyées par la poignée de confrères qui font partie du POOL.
...ALORS, ON EST À LA FOIS LÀ POUR PARLER DE LA LECTURE ET DE LA LANGUE FRANÇAISE...
ET ÉVIDEMMENT DE LA FONTAINE. FABRICE LUCHINI EN PARLE INTIMEMENT.
Fabrice LUCHINI commence à se livrer à une série de sketches et déclame de tête des fables du grand homme.
... C'EST LE MOMENT OÙ LA LANGUE ROMPT AVEC L'ACADÉMISME.
ELLE DEVIENT À LA FOIS TOTALEMENT PRISE DANS LA CONTRAINTE DES VERS...
...ET ELLE INTÈGRE À LA FOIS LES PATOIS, LE QUOTIDIEN...
Très vite, il prend le contrôle de la situation.
"TROIS SOLUTIONS" : JE VAIS ESSAYER DE VOUS LA DIRE. JE VOUS LA FAIS RAPIDE.
C'EST SUR L'AMITIÉ.
CELLE-LÀ, ÇA VAUT VRAIMENT POUR TOUT LE GOUVERNEMENT, TOUTE L'ANNÉE.
"CERTAIN OURS MONTAGNARD OURS À DEMI-LÉCHÉ..."
"À DEMI-LÉCHÉ" C'EST FORMIDABLE.

Le comédien s'éclate.
"CERTAIN OURS MONTAGNARD OURS À DEMI-LÉCHÉ, CONFINÉ..."
(LÀ, ÇA DEVIENT SUBLIME.)
"...CONFINÉ PAR LE SORT."
NOUS, ON A ÉTÉ CONFINÉS PAR LE COVID ; LUI, IL EST CONFINÉ PAR LE SORT.
HA HA !
"NOUVEAU BÉLLÉROPHON VIVAIT SEUL ET CACHÉ : IL FÛT DEVENU FOU (ÉCOUTEZ-MOI BIEN) LA RAISON, D'ORDINAIRE, N'HABITE PAS LONGTEMPS CHEZ LES GENS SÉQUESTRÉS."
TU VOIS, LÀ, C'EST UN GRAND CONSEIL QU'ON PEUT DIRE AU GOUVERNEMENT. À BLANQUER, À VÉRAN...
Il enchaîne les bons mots et se moque de l'heure qui avance.
J'ADORE, Y A TOUS LES CONSEILLERS DU PRÉSIDENT QUI, AU LIEU D'ÉCOUTER LA FONTAINE, SE DISENT : "ON EST DANS LES TEMPS ?"
HA HA !
ÇA, C'EST LE DRAME DE LA TECHNOCRATIE, TU VOIS.
Y A UN MOMENT SUBLIME MAIS Y A UN TRUC À RESPECTER.
responsable du service PRESSE et communication
Aujourd'hui, c'est lui le maître des horloges.
C'EST COMME LA CONTRAINTE CHEZ LA FONTAINE : AU MILIEU DE LA CONTRAINTE, Y A DE LA LIBERTÉ.
OUI !

Dans un numéro bien réglé l'artiste et le président se renvoient la balle.
IL Y A PLUSIEURS CHOSES QUI SONT IMPORTANTES DANS CE QUI VIENT D'ÊTRE DIT.
C'EST QUE LE GÉNIE RESSORT QUAND IL Y A CETTE LIBERTÉ.
IL RESSORT PARCE QU'IL Y A UNE MAÎTRISE QUI ARRIVE À PRENDRE SON COMPTE DE LA CONTRAINTE ET DE LA FORME CLASSIQUE.
MAIS LE GÉNIE EST LÀ.
16h 20. La presse descend au rez-de-chaussée de la médiathèque où doit avoir lieu une rencontre avec des élèves de l'école. Peu après, Emmanuel MACRON et sa délégation sortent de la maison de Jean DE LA FONTAINE pour les rejoindre.
dentiste
rue Jean de LA FONTAINE
cour
médiathèque
jardin
maison natale de JdLF
dentiste
Emmanuel MACRON
Brigitte MACRON
C'EST SURRÉALISTE.
Y A UN TYPE QUI SE FAIT DÉTARTRER LES DENTS JUSTE DE L'AUTRE CÔTÉ DE LA RUE.
HAHA
journaliste
Tout le monde se lève (sauf les journalistes).
BONJOUR, MESSIEURS-DAMES.
ENCHANTÉ.
ÇA VA, JEUNE HOMME ?

Puis l'échange se termine et arrive le moment (très attendu) où le président vient se prêter au jeu du "micro tendu" avec la presse.

Le président tente de répondre tout en éludant.
C'EST IRRÉDUCTIBLE.
PARCE QU'IL Y A EU TROP D'ÉTAPES.
Il préférerait parler de la lecture à voix haute, du PASS'CULTURE ou des écoles françaises qui sont restées ouvertes quand le reste de l'EUROPE fermait les siennes.
JE CITAIS TOUT À L'HEURE "LES ANIMAUX MALADES DE LA PESTE" QUI CORRESPOND, POUR UNE PARTIE DE LA FABLE, À CE QUE NOUS AVONS VÉCU ENSEMBLE.
Il enchaîne sur un cours sur la langue française au XVIIe siècle, mais ce n'est pas ce que les journalistes ont envie d'entendre.
EST-CE QU'IL Y EN A UNE MALGRÉ TOUT QUI POURRAIT SERVIR DE GUIDE POUR UN CANDIDAT À LA PRÉSIDENTIELLE ?
UNE DONT LES ENSEIGNEMENTS SE RÉVÉLERAIENT PLUS... JUDICIEUX ?
J'AI COMPRIS QU'IL Y AVAIT EN CE MOMENT BEAUCOUP DE CANDIDATS.
POSEZ-LEUR LA QUESTION...
MAIS JE VAIS PLUTÔT CONTINUER À LIRE LA FONTAINE POUR CE QU'IL EST. INUTILE DE CHERCHER UN PRÉTEXTE.
C'EST UN AUTEUR QU'ON NE PEUT PAS ÉCRASER DERRIÈRE L'ACTUALITÉ.
MAIS VAUT-IL MIEUX COURIR OU PARTIR À POINT ?
VOUS ÊTES...
JE VAIS VOUS RÉPONDRE EN CITANT AUDIARD.
"VOUS ÊTES LA PROIE DES IDÉES FIXES".
J'AI COMPRIS QUE VOUS VOULIEZ ME FAIRE RÉPONDRE SUR QUELQUE CHOSE, MAIS QUI N'A RIEN À VOIR AVEC LE SCHMILBLICK.

17h10. En sortant de la médiathèque, Emmanuel et Brigitte MACRON descendent la rue Jean de LA FONTAINE à pied pour aller saluer la petite foule qui se tient en contrebas derrière des barricades.

Je me demande bien ce que Jean de LA FONTAINE aurait pensé en voyant un dirigeant de la FRANCE venir déambuler devant sa maison, lui qui était persona non grata à la cour en son temps...

17h55. Il est temps de repartir. La délégation ainsi qu'une poignée de journalistes s'engouffrent dans les véhicules officiels et filent vers la suite du programme.

Chichery, le 4 juillet 2021